国家“双高”建设项目系列教材

全国测绘地理信息职业教育新形态教材

建筑CAD

主　编　张　伟　吴　笛

副主编　方　辉　邵新妍　刘舒宇

WUHAN UNIVERSITY PRESS

武汉大学出版社

图书在版编目(CIP)数据

建筑 CAD / 张伟,吴笛主编 . -- 武汉 : 武汉大学出版社, 2025.9.
国家“双高”建设项目系列教材　全国测绘地理信息职业教育新形态教材. -- ISBN 978-7-307-25192-2

Ⅰ. TU201.4

中国国家版本馆 CIP 数据核字第 2025TJ7555 号

责任编辑:史永霞　　　责任校对:汪欣怡　　　版式设计:马　佳

出版发行:**武汉大学出版社**　(430072　武昌　珞珈山)

(电子邮箱:cbs22@ whu.edu.cn 网址:www.wdp.com.cn)

印刷:湖北诚齐印刷股份有限公司

开本:787×1092　1/16　印张:14.5　字数:368 千字

版次:2025 年 9 月第 1 版　2025 年 9 月第 1 次印刷

ISBN 978-7-307-25192-2　定价:45.00 元

前　　言

随着建筑行业数字化转型的推进，计算机辅助设计（CAD）已成为建筑设计、施工与管理的核心工具。“建筑 CAD”作为建筑类专业核心课程，旨在培养学生掌握现代 CAD 技术的基本操作、绘图规范及工程应用能力，助力其适应行业需求，成长为高素质应用型技术人才。

本教材以项目式教学为核心，紧密结合建筑行业实际需求，系统整合中望 CAD 基础操作、二维绘图、施工图设计及图纸输出等内容。通过“做中学、学中做”模式，帮助学习者快速掌握从设计理念到图纸表达的完整流程，提升规范绘图、问题解决及创新应用的能力。

本教材共设 11 个项目，覆盖中望 CAD 在建筑领域的核心技能与工程应用：

基础操作模块（项目 1～3）：包括中望 CAD 软件环境配置、基本绘图命令、编辑工具及图层管理，夯实操作基础。

理论与识读模块（项目 4、5）：聚焦建筑制图规范与施工图识读能力培养，为后续绘图奠定理论基础。

施工图绘制模块（项目 6～10）：系统讲解建筑平面、立面、剖面及详图的绘制方法，强化工程实践技能。

输出与布局模块（项目 11）：重点介绍图纸打印设置、布局管理及批量输出技巧，覆盖工程交付全流程。

每个项目均以真实工程案例为载体，配套思维导图式知识框架，清晰呈现“任务目标—技术要点—实践步骤—拓展提升”的学习路径，实现理论与实践深度融合。

本书由张伟（广东工贸职业技术学院）、吴笛（广东工贸职业技术学院）担任主编，由方辉（广东工贸职业技术学院）、邵新妍（东北农业大学）、刘舒宇（广州中望龙腾软件股份有限公司）担任副主编。全书由张伟统稿，吴笛校验。张伟负责编写项目 3、项目 6、项目 7 和项目 8，吴笛负责编写项目 1 和项目 2，方辉负责编写项目 4 和项目 5，邵新妍负责编写项目 9 和项目 10、刘舒宇负责编写项目 11。

教学安排：建议 48～64 学时，其中实践课时不低于 60%，可结合翻转课堂、分组协作等方式提升教学效果。

学习方法：建议跟随案例分步操作，注重快捷键使用与绘图效率提升，课后通过习题与综合项目练习巩固所学。

教材配套操作视频，可扫描二维码观看；电子课件与案例源文件等资料，可联系出版社免费索取，助力自主学习与教学实施。

本教材对应的“建筑 CAD”课程已在学银在线开设在线课程，欢迎扫描二维码参与学习。

“建筑 CAD”在线课程

本书适用于高职高专建筑工程技术、建筑智能化工程技术、建筑室内设计、智能建造技术等专业的教学用书，也可供从事建筑设计、施工图绘制、工程制图审核、CAD 技术应用等工作的一线技术人员参考。

本教材的编写得到了行业企业专家、一线教师及武汉大学出版社的大力支持，特别感谢参与案例审核的工程师们，其宝贵意见确保了内容的实用性与严谨性。因编者水平有限，书中难免存在不足，欢迎广大专家和读者提出宝贵意见，可通过电子邮件（E-mail：464026128@qq. com）联系我们，我们将不胜感激。

在本书编写过程中，我们广泛参阅并引用了有关文献资料，也得到了诸多老师帮助，在此一并致谢。

编者

2025 年 8 月

目　　录

项目1　ZWCAD基本操作

项目概述

本项目将介绍ZWCAD（即中望CAD）教育版的相关基础知识，包括其工作空间、基本操作、图形显示、对象选择以及属性管理等内容，这些知识是利用ZWCAD绘制建筑工程图样的基础。

学习目标

知识目标：①了解ZWCAD的启动方法、界面组成；②熟悉ZWCAD的鼠标操作、菜单操作、对话框操作；③熟悉图形文件管理方法；④熟悉命令调用方法；⑤了解视窗控制方法。

素养目标：①培养学生的生产质量观及按国家规范完成生产任务的意识；②培养学生的沟通交流能力及分工协作的团队意识；③让学生逐渐养成发现问题、分析问题、解决问题的习惯，形成认真细致、精益求精的工作作风。

关键内容

重点：①ZWCAD的基本知识；②ZWCAD的基本操作；③图形文件的管理方法；④命令的调用方法。

难点：①ZWCAD的鼠标操作、菜单操作；②命令的调用方法。

任务1.1　ZWCAD基础知识

基于Windows操作系统的应用程序通常具有统一的界面风格，主要包括标题栏、菜单栏、功能选项卡（或工具栏）以及成果显示窗口等组件，其操作逻辑遵循通用规范——菜单项后的三角符号“▶”表示包含子菜单，而省略号“…”则提示将弹出对话框。ZWCAD教育版在遵循这一通用规范的同时具有其特殊性，用户需从工作空间入手，系统掌握该软件的基础操作知识。

ZWCAD教育版显著提升了设计绘图的高效性与稳定性，通过持续迭代更新不断拓展CAD功能边界，其可持续发展能力充分体现了中国工业软件的自主创新与技术进步，标志着国产软件正逐步完成从“基本可用”向“高效好用”的跨越式发展，这一成就彰显了我国工业软件领域的突破性进展，值得国人自豪。

ZWCAD教育版（本教材基于ZWCAD 2023版）提供两种主要工作空间界面，分别为传统风格的“ZWCAD经典”界面和现代化风格的“二维草图与注释”界面。其默认启动界面为“二维草图与注释”界面，该界面采用选项卡式布局；而“ZWCAD 经典”界面则采用深色系设计风格。

熟练掌握工作空间界面并进行个性化设置是高效使用 ZWCAD 的前提。

1.1.1 启动 ZWCAD 教育版

启动中望CAD

ZWCAD 教育版有两种启动方式：

（1）直接双击桌面快捷方式图标。

（2）通过 Windows 开始菜单：依次选择“开始”→“ZWSOFT”→“ZWCAD2023”程序组启动。软件启动后将默认进入“二维草图与注释”界面，如图 1-1-1 所示。

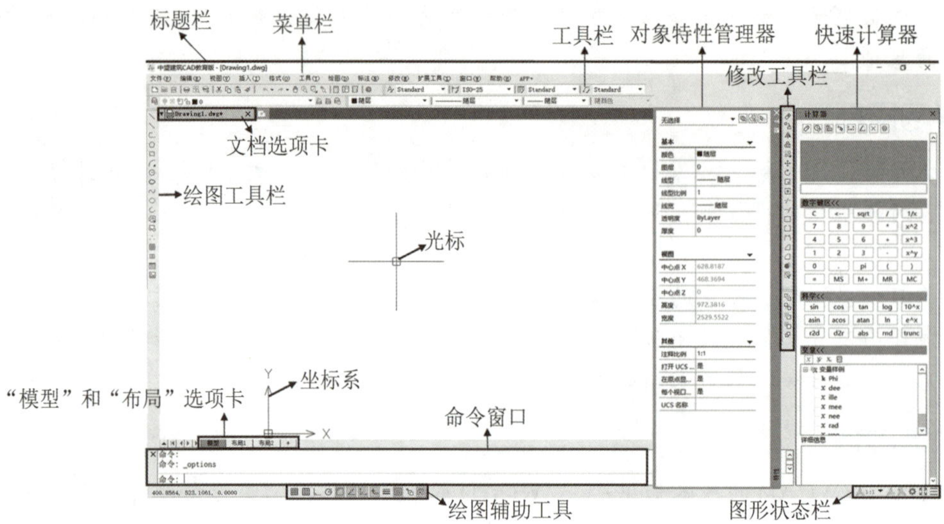

图 1-1-1 ZWCAD 的“二维草图与注释”界面

1.1.2 界面组成

工作界面

对于用户而言，选择何种工作空间进行绘图主要取决于个人操作习惯。各工作空间虽然呈现形式差异明显，但底层功能架构完全相同，所有内部命令相同，仅命令组织方式不同。用户只要熟练掌握其中一种工作空间，就能快速适应其他工作空间界面。用户可通过图形状态栏随时切换工作空间或自定义个性化绘图环境，如图 1-1-2 和图 1-1-3 所示。

下面介绍“ZWCAD 经典”工作空间界面的组成。

1. 标题栏

标题栏位于应用程序窗口顶部，当首次启动 ZWCAD 时，系统会自动生成一个默认文件名为“Drawing1. dwg”的新建文档（其中“. dwg”为 CAD 图纸文件的标准扩展名），该文件名将显示在标题栏的相应位置。

图 1-1-2　图形状态栏中的工作空间切换

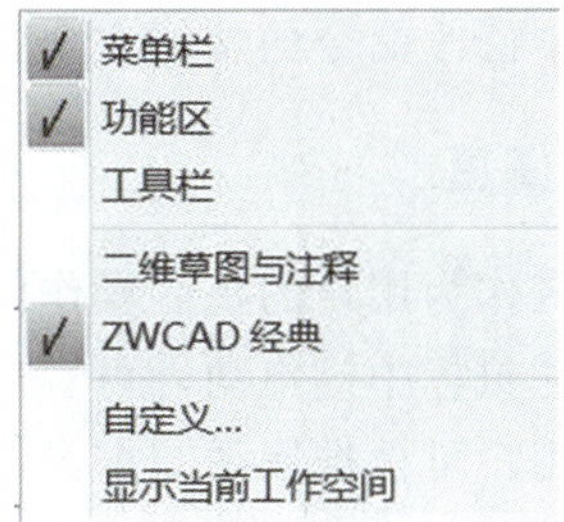

图 1-1-3　工作空间选项界面

2. 菜单栏

菜单栏位于标题栏下方，集中了 ZWCAD 的主要操作命令。用户单击任一菜单项即可展开对应的下拉菜单，通过移动鼠标选择目标功能项后单击即可执行命令。在操作过程中，用户可通过以下方式取消当前操作：在标题栏或绘图区单击鼠标左键，或直接按【Esc】键。需特别注意的是：菜单项末尾显示“…”，表示选择后将弹出参数设置对话框；菜单项右侧显示黑色三角符号“▶”，则表示该菜单包含次级子菜单。

3. 工具栏

工具栏由直观的工具按钮组成，为用户提供便捷高效的绘图操作方式。系统通常显示标准工具栏、特性工具栏、样式工具栏、绘图工具栏和修改工具栏等常用工具栏，这些工具栏通常位于菜单栏下方或界面两侧。当鼠标悬停在工具按钮上时，系统会显示该按钮的功能名称；单击按钮即可执行相应命令。

若启动软件后未显示常用工具栏，用户可在工具栏空白处右击鼠标，在弹出的快捷菜单中选择“ZWCAD”选项，通过勾选“标准”“特性”“样式”“绘图”“修改”等所需工具栏名称来显示对应工具栏；若要隐藏某工具栏，只需取消相应选项的勾选即可。

工具栏支持自由拖动功能，用户可根据操作习惯调整其停靠位置。

标准工具栏：常位于菜单栏下方，集成了常用的操作命令，如图 1-1-4 所示。工具栏按钮分为两种类型：单一功能按钮和嵌套功能组按钮。对于嵌套功能组按钮，用户只需在其上按住鼠标左键不放，即可展开该组相关的所有工具。

图 1-1-4　标准工具栏

特性工具栏：提供了图层颜色、线型、线宽等图形对象属性的控制命令，用户可通过该工具栏快速查看和修改选定对象的各类特性参数。

样式工具栏：集中文字样式、标注样式、表格样式等功能按钮，用户单击相应按钮，即可快速访问并配置各类样式参数。

绘图工具栏：通常停靠在绘图区左侧，集成了与“绘图”菜单相对应的常用绘图工具，用户可通过单击工具栏中的各工具按钮快速执行直线、圆、多边形等基本绘图操作，其功能与菜单栏中绘图命令的功能完全一致。

修改工具栏：通常停靠在绘图区右侧，整合了与“修改”菜单相对应的常用编辑命令，用户可通过单击工具栏中的各功能按钮快速执行移动、复制、旋转等图形编辑操作，其功能与菜单栏中修改命令的功能完全相同。

4. 绘图区

绘图区作为用户的核心操作区域，位于界面中央，采用无边界设计，可容纳任意尺寸的图形。按住鼠标中键拖动，可实现图形的平移浏览；双击中键，则自动将视图缩放至最佳显示范围。用户可根据制图需求灵活设置图形界限，亦可保持默认的无界限绘图模式。该区域支持实时显示所有绘图操作的结果，是进行图形创建与编辑的主要工作空间。

图形显示视窗实质上是无限延伸的三维空间，通过该视窗可以观察图形并实现显示控制功能。

文档选项卡用于显示当前打开文件的名称，在其上单击鼠标右键，可调出快捷菜单，执行文件操作；单击 + 选项卡，可创建一个新文件。

在绘图区左下角设有三个空间切换标签，依次为“模型”“布局 1”和“布局 2”。用户单击相应标签，即可在模型空间与布局空间之间切换。其中：模型空间作为主要的设计绘图环境，用于创建和编辑图形对象；而布局空间（包括布局 1 和布局 2）则专用于图纸排版、打印输出及页面参数设置，两个布局空间可分别存储不同的图纸输出方案。

模型空间和布局空间中坐标系的图标显示不同，模型空间的坐标系图标为 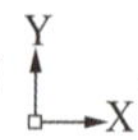

，布局空间的坐标系图标为 

。

在绘图区左下角固定显示 WCS（世界坐标系）图标，其中水平向右为 X 轴正方向，垂直向上为 Y 轴正方向。

光标作为鼠标指针的视觉表征，其形态会随界面区域及系统运行状态的不同而动态变化，每种形态均对应特定的操作含义。

光标进入绘图区域时，将显示为十字准线光标，该光标兼具定位与选择双重功能：既可用于精确指定坐标点位置，也可用于选取图形对象。坐标系显示与光标定位功能共同构成了精确绘图的基础参照系统。

绘图区默认采用黑色背景，用户可根据需要自定义背景颜色及十字光标属性。具体操作方法为：单击菜单栏“工具”→“选项”，或在绘图区单击鼠标右键，在弹出的快捷菜单中选择“选项”命令，此时将弹出“选项”对话框，如图 1-1-5 所示。在“选项”对话框的

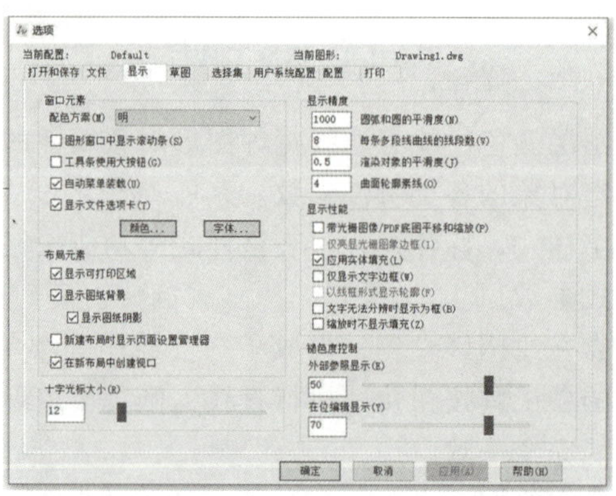

图 1-1-5　绘图区设置

“显示”选项卡中单击“颜色”按钮，弹出图 1-1-6 所示的“图形窗口颜色”对话框，在该对话框中可修改背景色，并可同步调整十字光标的大小参数。

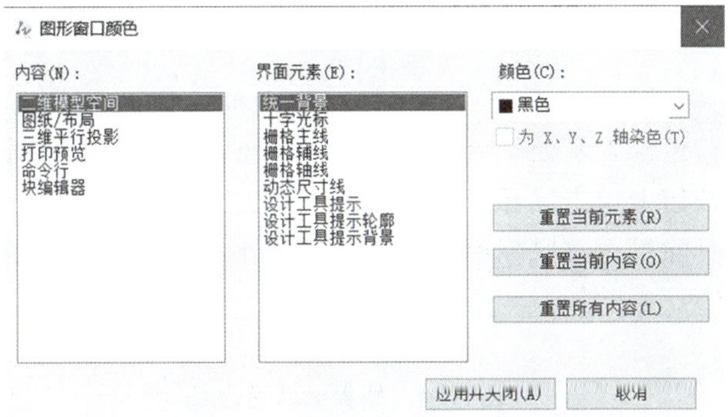

图 1-1-6　“图形窗口颜色”对话框

5. 命令窗口

命令窗口位于绘图区下方，是用户与 ZWCAD 交互的重要窗口，由命令历史窗口和命令行两部分组成：上部为命令历史窗口，下部为命令行。在绘图过程中，命令行实时显示当前操作状态及命令提示，用户可根据提示选择相应操作。该窗口支持直接输入绘图命令的操作，其与相应菜单操作和工具栏按钮完全等效，为用户提供了多样化的命令输入方式。

命令历史窗口完整记录用户自启动 ZWCAD 以来执行的所有命令及系统提示信息。在绘图过程中，用户需密切关注命令窗口的实时提示，以确保绘图操作的准确性和效率。按【F2】键可激活扩展的命令文本窗口（见图 1-1-7），该窗口提供更详尽的命令历史记录查询功能，辅助用户获取完整的操作信息。

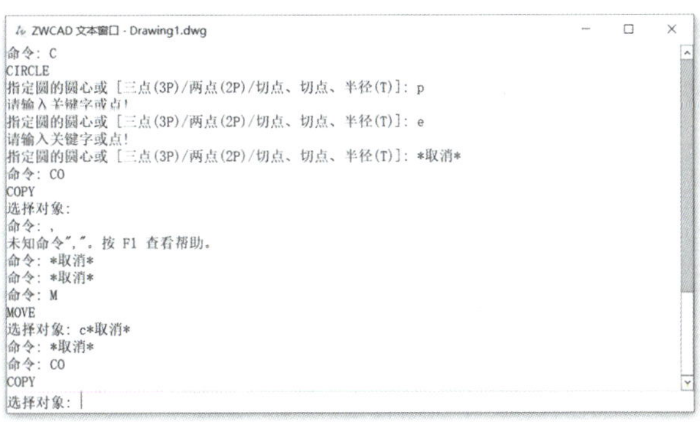

图 1-1-7　命令文本窗口

6. 状态栏

状态栏位于整个界面的底部，由三部分组成：左侧实时显示绘图区十字光标的绝对坐标值，并随光标移动而动态更新，如图 1-1-8 所示；中部为绘图辅助工具开关按钮组，包含捕捉模式、栅格显示、正交模式、极轴追踪、对象捕捉、对象捕捉追踪、动态 UCS、动态输入、线宽显示及透明度显示等功能按钮，鼠标悬停时可显示功能名称；右侧为图形状态栏。

图形状态栏集成注释比例、注释可见性、自动缩放、工作空间切换及全屏显示等功能控件。

图 1-1-8

各功能按钮为浅蓝色，表示处于启用状态；为白色，表示处于禁用状态。用户在按钮上单击可切换状态；在按钮上单击鼠标右键，选择“设置”命令，可进行详细的参数配置。

这些绘图辅助工具除可通过鼠标单击启用或关闭外，还支持快捷键操作，各快捷键功能说明详见表 1-1-1。

表 1-1-1　快捷键的功能

快捷键	功　　能	快捷键	功　　能
F1	打开 ZWCAD 的帮助功能	F8	正交模式开关
F2	文本窗口开关	F9	栅格捕捉开关
F3	对象捕捉开关	F10	极轴追踪开关
F5	等轴测平面开关	F11	对象捕捉追踪开关
F6	坐标开关	F12	动态输入开关
F7	栅格显示开关		

1.1.3　亮显界面

启动后的默认界面为暗色模式（暗显），用户可将其切换为亮色模式（亮显）。在绘图区单击右键，从快捷菜单中选择“选项”，或直接输入命令“ OPTIONS”，打开“选项”对话框。按图 1-1-9 设置后，界面将切换为亮显模式。

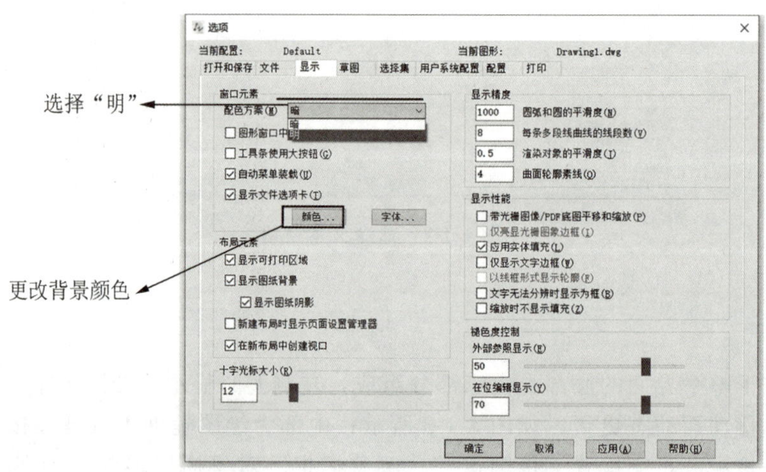

图 1-1-9　亮显界面的参数设置

通过“选项”对话框还可自定义绘图区背景颜色。

1.1.4　切换、修改、创建和删除工作空间

1. 切换工作空间

切换工作空间的步骤为：单击状态栏的“工作空间切换”按钮 →选择某一工作空间，如图 1-1-3 所示。

2. 修改工作空间

无论选择哪一种工作空间，用户都可以对其进行更改。

例如，修改“ZWCAD 经典”工作空间，单击按钮 →单击“自定义”→右击“ZWCAD 经典（当前）”→在弹出的快捷菜单中，单击“自定义工作空间”→修改自定义设置→单击“完成”→单击“保存所有当前自定义文件”，如图 1-1-10 所示。

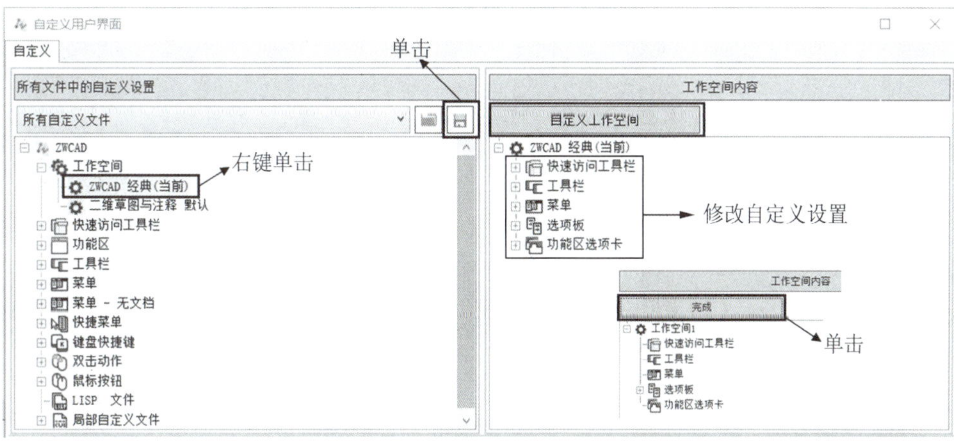

图 1-1-10　修改工作空间

3. 创建工作空间

ZWCAD 教育版可以创建新工作空间，方法如下：

单击按钮 →单击“自定义”→在弹出的对话框中右键单击“工作空间”→单击“新建工作空间”→单击“工作空间 1”，可修改工作空间名称，这里保持默认→单击右键，在弹出的快捷菜单中，单击“自定义工作空间”→修改自定义设置→单击“完成”→单击 “保存所有当前自定义文件”→单击“确定”，如图 1-1-11 和图 1-1-12 所示。

4. 删除工作空间

将新创建的工作空间删除的步骤为：右键单击“工作空间 1”→在弹出的快捷菜单中单击“删除”，如图 1-1-13 所示。

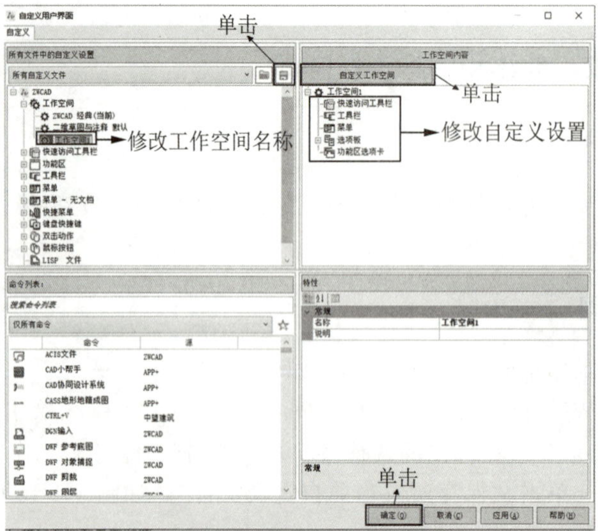

图 1-1-11　创建新工作空间

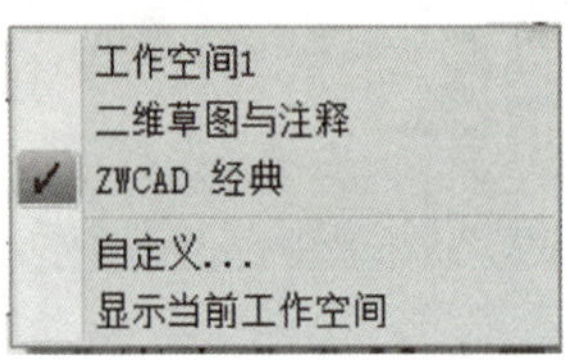

图 1-1-12　创建新工作空间成功

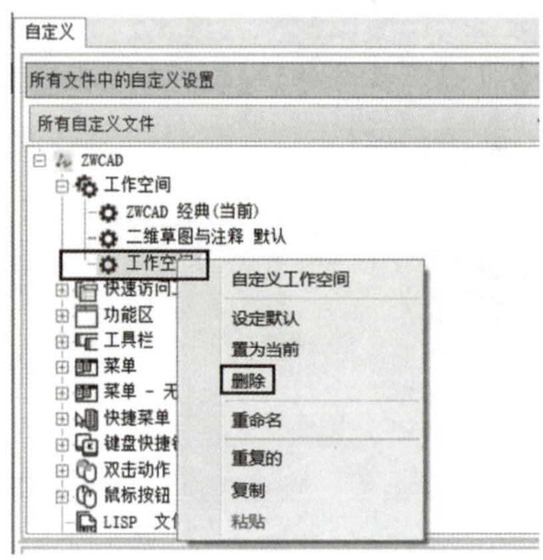

图 1-1-13　删除新创建的工作空间

【技能提升】

（1）通过界面设置，可自定义符合个人操作习惯的工作环境。

（2）不同工作空间的界面布局虽有差异，但其核心功能是一致的，仅视觉呈现方式不同。熟悉某一工作空间后，可快速适应其他工作空间的操作。

（3）在动态输入模式下，可直接输入相对坐标值。

（4）状态栏实时显示光标当前位置的坐标值，该坐标值支持两种显示模式：静态显示模式和动态显示模式。其切换方法如下：

① 右键单击状态栏坐标显示区域，通过快捷菜单选择所需模式。

② 使用【F6】键进行模式切换。

任务 1.2　ZWCAD 基本操作

ZWCAD 的基本操作包括鼠标操作、菜单操作和对话框操作。

1.2.1　鼠标操作

鼠标是 ZWCAD 绘图操作中主要的输入设备，可用于绘图、编辑等操作。其基本操作包括单击（左键/右键，不明确指出时，“单击”默认为单击左键，单击右键也称为右击）、左键双击（快速单击两次鼠标左键，简称“双击”）、拖拽（左键拖拽）以及滚轮操作。

鼠标的操作

（1）单击左键：用于选择文件或对象，打开菜单、命令或对话框等操作。

（2）单击右键：弹出快捷菜单以选择命令；在工具栏任意位置单击右键，可打开工具选项菜单，用于显示/隐藏工具栏（功能等同于回车键）。

（3）拖拽：用于移动工具栏或窗口位置。

（4）滑动滚轮：实时缩放视图，前滚放大、后滚缩小；按住滚轮拖拽可平移视图（光标变为手形）。

（5）双击滚轮：将视图缩放到刚好完整显示图形的状态，方便用户快速查看全部内容。

（6）【Shift】＋按住滚轮拖拽：执行三维旋转操作。

1.2.2　菜单操作

1. 打开菜单

方法一：用鼠标左键在相应的菜单上单击即可打开。

方法二：按组合键。例如：按下【Alt＋F】组合键，会弹出“文件”下拉菜单；按下【Ctrl＋S】组合键，可以保存文件。

菜单的操作

2. 菜单介绍

ZWCAD 默认包含 12 个主菜单，依次为文件（F）、编辑（E）、视图（V）、插入（I）、格式（O）、工具（T）、绘图（D）、标注（N）、修改（M）、扩展工具（X）、窗口（W）和帮助（H）。

①“文件”菜单：提供文件管理功能，包括新建、打开、保存、打印、关闭等操作。

②“编辑”菜单：包含文件编辑命令，支持选择、剪切、复制、粘贴、撤销、重做等操作。

③“视图”菜单：管理视图显示，提供缩放、平移、三维动态观察、视窗设置、渲染等功能。

④“插入”菜单：用于插入各类对象，包括图块、图形、OLE 对象和图元文件等。

⑤“格式”菜单：设置绘图参数，包括图层、线型、文字样式、标注样式、点样式、表格样式、多线样式、图形界限和单位等。

⑥“工具”菜单：配置绘图辅助工具，如手势精灵、选项板、工作空间、草图设置、自定义界面等。

⑦“绘图”菜单：集成基本绘图命令，涵盖直线、矩形、圆、多边形、多线、表格、文字、块、图案填充等。

⑧“标注”菜单：提供完整的尺寸标注功能，包括线性标注、对齐标注、半径标注、角度标注、基线标注和连续标注等。

⑨“修改”菜单：包含所有编辑命令，如阵列、复制、镜像、偏移、修剪、打断、移动、旋转和三维编辑等。

⑩“扩展工具”菜单：提供增强功能，包括图层工具、图块工具、文本工具、标注工具等专项工具。

⑪“窗口”菜单：管理文档窗口，支持关闭、平铺、层叠等窗口操作。

⑫“帮助”菜单：提供软件帮助文档和支持信息。

1.2.3 对话框操作

对话框的操作

在 ZWCAD 中，当用户单击带有“...”的菜单项时，系统会自动弹出对应的对话框，要求用户进行相关参数设置或选择操作。

1. 对话框的组成

对话框一般由标题栏、标签、单选框、复选框、下拉列表框、控制按钮、命令按钮组成，如图 1-2-1 所示。

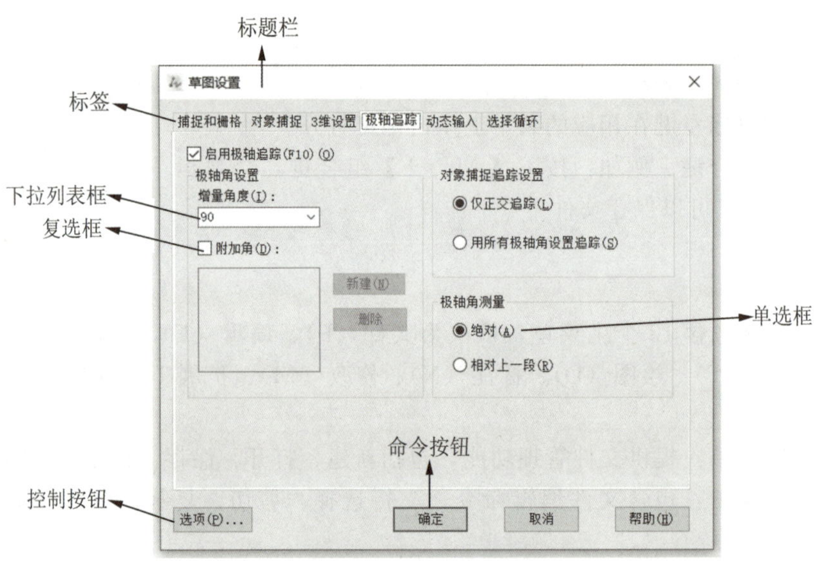

图 1-2-1 对话框的组成

① 标题栏：位于对话框顶部，显示对话框名称及关闭按钮（×）。

② 标签：将功能相关的选项框集合为多页形式，通过单击标签名称实现页面切换。

③ 单选框：提供互斥选项组，即每次只能选择该选项框中多个选项中的一项。选中项前有一个实心圆点（•），表示该选项当前起作用，其他选项不起作用。

④ 复选框：可同时选择该选项框中符合要求的多个选项，选中项前显示勾选标记

(√)。

⑤ 控制按钮：带有“...”标记的按钮。单击控制按钮后，可展开次级对话框进行详细设置。

⑥ 下拉列表框：提供预设选项列表，用户可选择单一选项或保留默认值。

⑦ 命令按钮：通常有三个，分别是“确定”“取消”和“帮助”。用户可单击“确定”按钮，确认并应用当前设置，然后关闭该对话框；单击“取消”按钮，放弃修改并关闭对话框；单击“帮助”按钮，打开当前对话框的联机帮助文档，以便用户了解该对话框的功能及使用。

2. 对话框的操作

操作对话框的常用方法包括以下两种：

(1) 鼠标操作：

① 左键单击目标标签页（或称选项卡）；

② 在文本框中单击，激活输入区域，输入所需文本内容；

③ 选择相应的单选项或复选项；

④ 单击“确定”按钮完成操作。

(2) 键盘操作：

① 按【Tab】键或方向键切换选项；

② 完成设置后按回车键执行确定操作。

任务 1.3　管理图形文件

在使用 ZWCAD 教育版进行绘图时，掌握基本的文件管理操作是必要前提。这些操作包括新建图形文件、打开图形文件、保存图形文件、关闭图形文件、设置自动保存文件间隔时间和恢复文件等。熟练运用这些文件管理方法，能够为后续的绘图工作奠定良好基础。

图形文件的管理

1.3.1　新建图形文件

在系统中新建图形文件可通过以下五种途径实现：

(1) 菜单操作：单击菜单栏中的“文件”→选择“新建”命令 新建(N)...。

(2) 文档选项卡：单击 或在文档选项卡上单击右键，从快捷菜单中选择“新建”选项。

(3) 工具栏快捷操作：单击标准工具栏中的“新建”按钮。

(4) 命令行输入：在命令窗口中直接输入“NEW”命令并执行。

(5) 快捷键操作：使用组合键【Ctrl+N】。

执行上述任一操作后，系统将弹出“选择样板文件”对话框，如图 1-3-1 所示，用户可在此选择所需的模板文件进行新建操作。

在“选择样板文件”对话框中，用户可选择合适的样板文件并单击“打开”按钮 打开(O)，系统将基于所选样板创建新图形文件。样板文件（.dwt 格式）预先配置了图形输出布局、标题栏样式、单位制（公制/英制）等基础设置。用户可根据项目需求创建自定

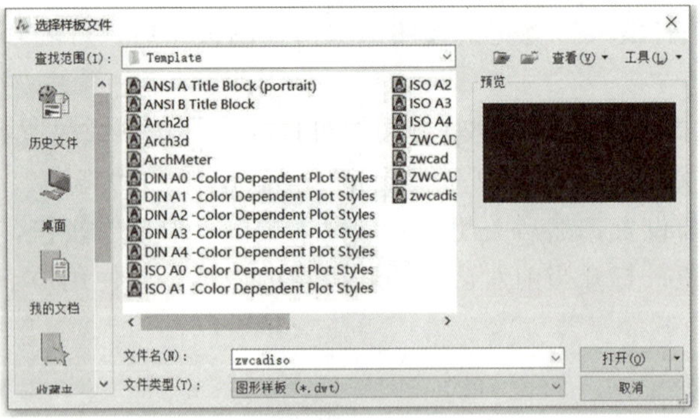

图 1-3-1 “选择样板文件”对话框

义样板文件。此外，单击“打开”后面的按钮，用户可选择无样板公制（基于 ISO 标准，单位为毫米）或无样板英制（基于 ANSI 标准，单位为英寸）方式新建文件。

1.3.2 打开图形文件

在系统中打开图形文件可通过以下五种途径实现：

（1）菜单操作：单击菜单栏中的“文件”→选择“打开”命令 打开(O)...。

（2）文档选项卡：在文档选项卡上单击右键，从快捷菜单中选择“打开”选项。

（3）工具栏快捷操作：单击标准工具栏中的“打开”按钮。

（4）命令行输入：在命令窗口中直接输入“OPEN”命令并执行。

（5）快捷键操作：使用组合键【Ctrl+O】。

执行该命令后，系统将弹出“选择文件”对话框，如图 1-3-2 所示。在该对话框中，用户可按住【Ctrl】键选择多个不连续文件，或按住【Shift】键选择连续范围内的多个文件（操作方式与 Windows 标准文件的选择操作一致）。选择完成后单击“打开”按钮 打开(O) 即可加载文件；若要以只读方式打开文件，可单击按钮，勾选“以只读方式打开”选项，则打开的文件将处于只读状态，无法进行编辑修改。

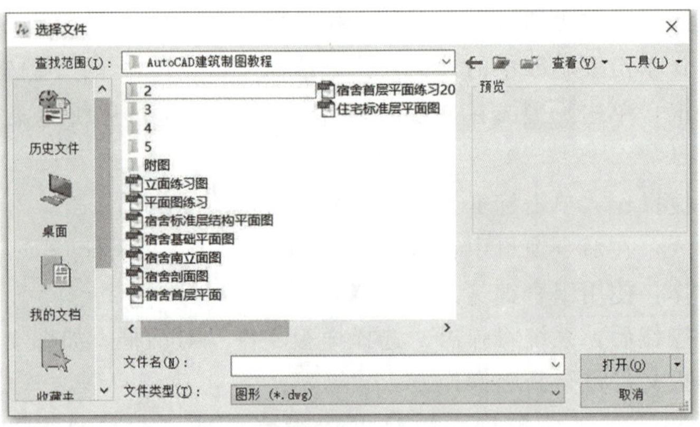

图 1-3-2 “选择文件”对话框

1.3.3　保存图形文件

在系统中保存图形文件可通过以下四种途径实现：

（1）菜单操作：单击菜单栏中的“文件”→选择“保存”命令 保存(S) 或“另存为”命令 另存为(A)... 。

（2）工具栏快捷操作：单击标准工具栏中的“保存”按钮。

（3）命令行输入：在命令窗口中直接输入“SAVE”或“SAVE AS”命令并执行。

（4）快捷键操作：使用组合键【Ctrl＋S】或【Shift＋Ctrl＋S】。

ZWCAD 教育版支持多种文件格式的保存操作，默认以“AutoCAD 2013 图形（.dwg）”高版本格式保存，同时兼容低版本格式保存，例如“AutoCAD 2000 图形（.dwg）”；此外，还支持保存为“AutoCAD 2000 DXF（.dxf）”“图形样板（.dwt）”等多种格式。

图 1-3-3 具体展示了将文件保存为“AutoCAD 2004 图形（＊.dwg）”版本的操作过程：在“图形另存为”对话框中，选择保存文件的位置，设置文件名称，选择文件类型，即版本，最后单击“保存”按钮。

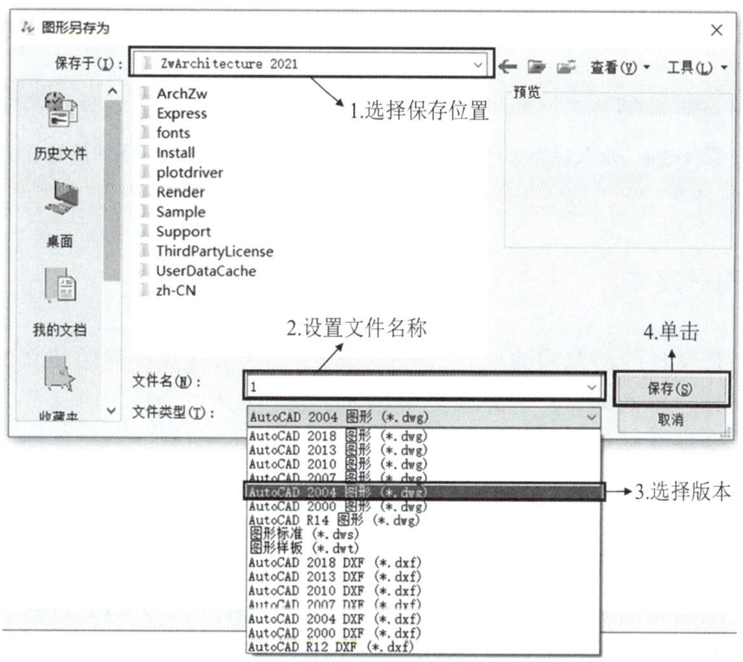

图 1-3-3　文件保存为“AutoCAD 2004 图形（＊.dwg）”版本的过程

将文件永久保存为“AutoCAD 2000 图形（＊.dwg）”版本的步骤为：单击菜单“文件”→单击 另存为(A)... →在“图形另存为”对话框中单击“工具”→选择“选项”→弹出“另存为选项”对话框→在“所有图形另存为”中选取“AutoCAD 2000 图形（＊.dwg）”，如图 1-3-4 所示→单击“保存”按钮。

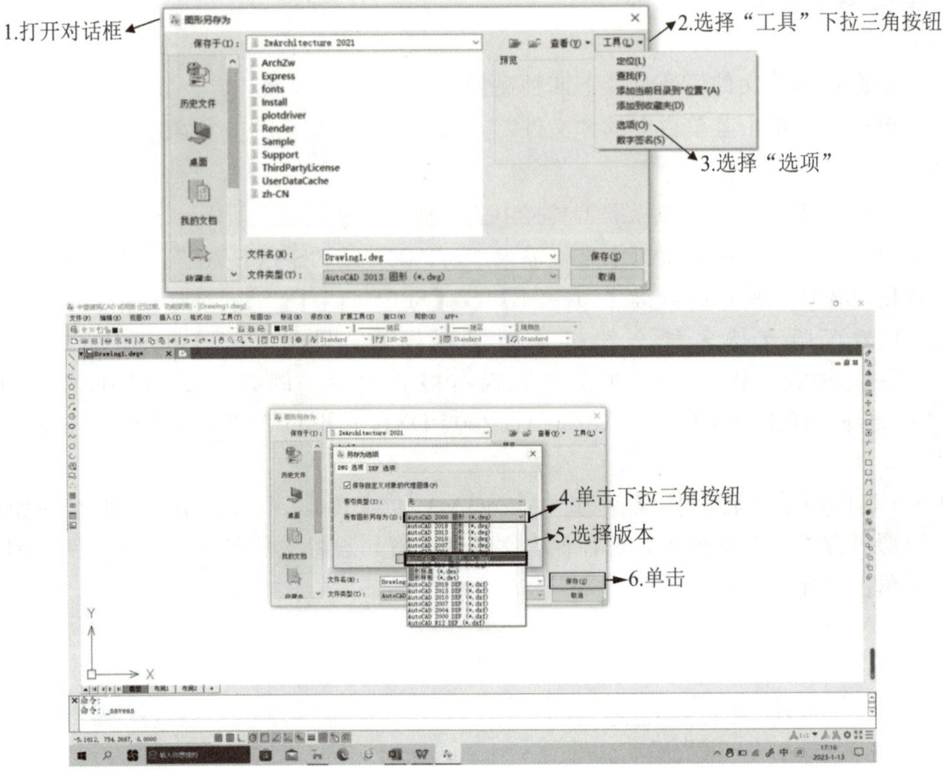

图 1-3-4　永久保存为“AutoCAD 2000 图形（*.dwg）”版本的过程

1.3.4　关闭图形文件

完成当前图形文件的绘制和编辑后，可通过以下四种方式保存并关闭文件：

（1）菜单操作：单击菜单栏中的“文件”→选择“关闭”命令 关闭(C)，或直接单击窗口右上角的关闭按钮（×）；

（2）文档选项卡：在文档选项卡中单击对应文件如 Drawing1.dwg × 的 ×；

（3）命令行操作：在命令窗口中输入“CLOSE”并执行；

（4）快捷键操作：使用组合键【Ctrl＋F4】或【Ctrl＋Q】快速关闭。

注意：若当前编辑的图形文件尚未命名，执行关闭操作时，ZWCAD 教育版将弹出“图形另存为”对话框，提示用户指定文件保存路径及名称。

1.3.5　设置自动保存文件间隔时间

在 CAD 设计过程中，为避免因系统断电、软件崩溃等意外情况导致工作数据丢失，建议用户启用自动保存功能并合理设置保存间隔。具体设置方法如下：

（1）打开“选项”对话框，方法有以下两种：

① 菜单操作：在菜单栏依次单击“工具” 工具(T) →“选项” 选项(N)...，在弹出的“选

项”对话框中选择“打开和保存”选项卡进行配置。

② 命令操作：在命令行输入“OPTIONS”命令，快速调出“选项”对话框，同样选择“打开和保存”选项卡。

(2) 参数设置：系统默认自动保存间隔为 10 分钟，可根据需要修改（如调整为 5 分钟）。但需注意：不建议设置过短间隔（如 2 分钟），频繁保存会占用系统资源，影响绘图流畅度；推荐保持 10 分钟的保存间隔，这样在数据安全性和系统性能间可取得平衡。

图 1-3-5 展示了设置自动保存时间间隔为 10 分钟的过程。

提示：合理的自动保存设置能最大限度地降低意外情况导致的工作损失，建议结合手动保存操作（使用组合键【Ctrl+S】）形成双重保障。

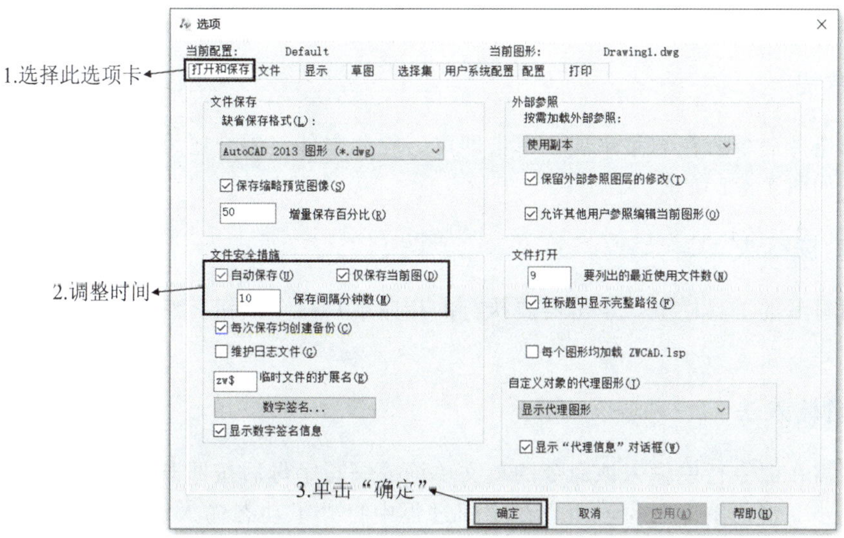

图 1-3-5　设置文件自动保存时间

1.3.6　恢复文件

在 ZWCAD 使用过程中，系统会自动生成与设计文件同名的 . bak 备份文件，以提供数据安全保障。当需要恢复文件时，可通过以下步骤操作：

(1) 在文件保存目录中找到对应的 . bak 备份文件；

(2) 右键单击该文件，在弹出的菜单中选择“重命名”；

(3) 将文件后缀名由“. bak”修改为“. dwg”；

(4) 按【Enter】键（即回车键）确认修改。

完成上述操作后，该文件就可以作为标准 DWG 图形文件在 ZWCAD 中正常打开和使用。此功能为用户提供了有效的文件恢复方案，可避免因误删或文件损坏导致的数据丢失。

注意：为确保备份文件可用，建议不要关闭软件的自动备份功能，并定期检查备份文件的完整性。

【技能提升】

(1) 建议设置合理的自动保存时间间隔，并养成手动保存的习惯，以避免数据丢失。

（2）执行 QSAVE 命令时，若当前图形未保存，系统将弹出“图形另存为”对话框，需指定保存路径和文件名后单击“保存”按钮完成操作。

任务 1.4 命令的调用方法

命令的调用方法

使用 ZWCAD 进行绘图时，会涉及命令的使用，如命令的执行、命令的确认与重复、命令的撤销与恢复、命令的退出。因此，在绘图之前，学会命令的使用方法是有必要的。

1.4.1 命令的执行

ZWCAD 中命令的输入方法主要有三种：菜单法、命令按钮法、键盘输入法。

1. 菜单法

用鼠标选择命令所在的菜单项，单击即可。除此之外，用户还可使用右键快捷菜单方式调用命令，如图 1-4-1 所示。

2. 命令按钮法

在界面显示的工具栏上，单击需要执行的相应工具命令按钮，然后按照命令行提示进行操作。

3. 键盘输入法

用户只需在命令行中输入该命令的英文单词或缩写字母后按回车键确认，然后根据命令行提示，逐步完成绘图即可。若用户在绘图过程中打开了动态输入 DYN，则在执行命令的过程中，十字光标附近会动态显示键盘输入的内容。图 1-4-2 展示执行绘制正多边形命令时显示的内容。

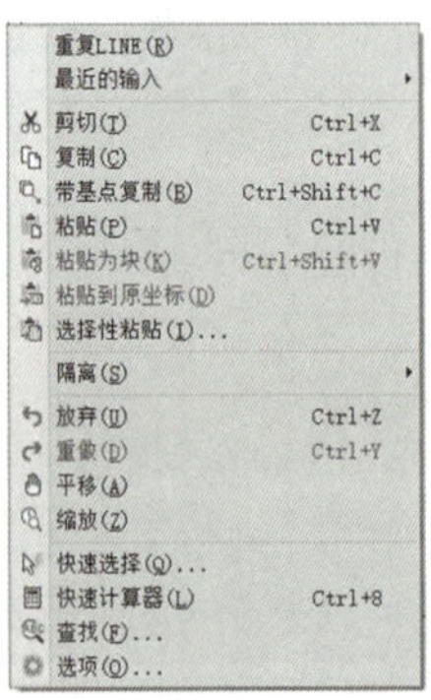

图 1-4-1 右键快捷菜单

图 1-4-2 动态输入打开时十字光标处会提示信息

当用户执行命令时，可依据命令窗口出现的提示进行操作。提示符主要有三种，其含义如下：

（1）“/”分隔符号，用来分隔 ZWCAD 命令中的不同选项，用户可根据需要直接键入选项的字母，按回车键执行即可。

（2）“＜＞”尖括号，此括号内为缺省输入值或当前要执行的选项，如不符合用户的绘图要求，可输入新的数值或选项。

（3）“[]”中括号，其中包含命令的所有可选项，用户可输入相应的命令缩写进行选择并进入下一步操作。

1.4.2 命令的确认与重复

1. 命令的确认

在用户绘图过程中，我们需要对选择的命令操作进行确认。例如，采用菜单法或工具栏法调用命令时，单击相应的按钮就表示开始执行该命令；而采用键盘输入法时，需要按回车键，才能调用该命令。

除此之外，我们还需要在绘图过程中对每一步操作进行确认。ZWCAD提供了三种方法进行确认操作，具体如下：

（1）按键盘上的【Enter】键确认。

（2）按键盘上的空格键确认。

（3）单击鼠标右键，在弹出的快捷菜单中选择“确认”命令进行确认。

2. 命令的重复

重复调用刚执行完的命令有以下两种方法：

（1）命令行为空时，直接按空格键或回车键，可自动重复刚刚使用的命令；若需回顾历史命令，可在历史命令列表中找到刚执行的命令，并选择执行。

（2）命令行为空时，在绘图区单击鼠标右键，在弹出的快捷菜单中选择“重复［刚执行命令名］”选项（如刚执行“直线”命令，则显示“重复LINE”），即可再次调用该命令。

1.4.3 命令的撤销与恢复

1. 撤销已执行的命令

撤销已执行的命令有以下三种方法：

（1）在图形编辑过程中，用户可以在命令提示区输入“U”命令或使用“UNDO”命令，撤销一个或若干个命令。

（2）单击标准工具栏中的↶按钮，可取消刚才所绘制的图形或取消最近一次的命令操作。

（3）按键盘上的快捷键【Ctrl+Z】进行操作。

2. 恢复已撤销的命令

恢复已撤销的命令有以下两种方法：

（1）用户可以使用REDO命令或单击工具栏中的↷按钮来恢复之前已经撤销、现在又想恢复的命令。

（2）按键盘上的快捷键【Ctrl+Y】进行操作。

1.4.4 命令的退出

在使用 ZWCAD 进行绘图的过程中，可以随时退出正在执行的命令，具体有以下三种方法：

（1）在执行命令过程中按键盘上的【Esc】键即可退出该命令。

（2）按键盘上的【Enter】键退出正在执行的命令（有的操作要按多次才能退出）。

（3）使用鼠标右键退出命令。

任务 1.5　视窗控制

在绘图过程中，为了更清楚地观察或修改图形，经常会用到 ZWCAD 提供的视窗控制功能。

视窗控制

1.5.1 图形的重画与重生成

图形的重画命令（REDRAW）或图形的重生成命令（REGEN）能够实现视图的重新显示，从而方便看图和绘图。两者的作用如表 1-5-1 所示。

表 1-5-1　REDRAW 命令与 REGEN 命令的作用

命令	REDRAW	REGEN
作用	①刷新当前视口显示 ②清除“显示残留”	①重新生成整个图形 ②重新计算所有对象的坐标

1. 图形重画

图形重画的调用方法如下：

菜单法：单击“视图”→“重画”菜单。

键盘输入法：输入“REDRAW”。

图形重画命令可以刷新当前视口显示，清除绘图或编辑过程中留下的点标记。其刷新显示的速度比图形重生成命令的快，因为它不需要对图形进行重新计算和生成，它只刷新当前视口，而 REGEN 命令可以刷新模型空间中的所有视口。

2. 图形重生成

图形重生成的调用方法如下：

菜单法：单击“视图”→选择“重生成”→“全部重生成”菜单。

键盘输入法：输入“REGEN”“ RE”或“REGENALL”。

图形重生成命令可以使图形重新生成，在此过程中不仅删除图样中的点记号、刷新屏幕，而且根据当前坐标更新图样中所有图形的数据库。

使用 REGEN 和 REGENALL 命令都能实现对图形的重生成，其不同在于：REGEN 可用于在当前视口中重生成整个图形并计算所有对象的坐标；而 REGENALL 命令可用于重生成所有视口的整个图形并重新计算所有对象的坐标。

1.5.2 视图的缩放与平移

1. 视图缩放

在绘图过程中，用户可以通过对鼠标的控制实现图形的放大或缩小。使用视图缩放命令并不会影响对象的位置和实际尺寸。例如滚动鼠标中键（滑轮），向外滚动可以放大图形，向内滚动可缩小图形。除此之外，系统还将此功能集成在工具栏和菜单中，用户可以通过以下方法对图形进行缩放控制。

1）调用方法

菜单法：单击“视图”→选择“缩放”→选择所需菜单选项（图1-5-1）。

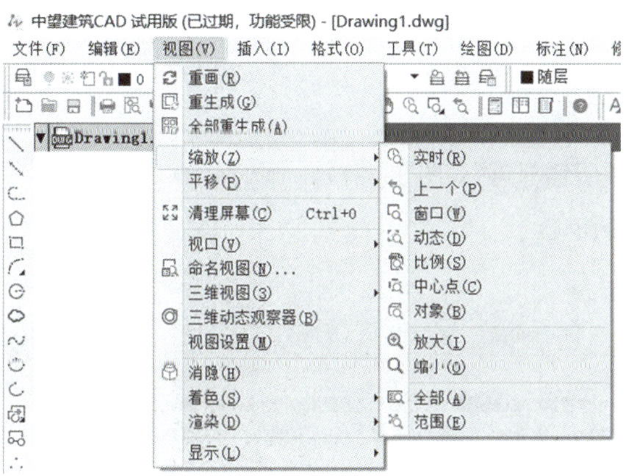

图 1-5-1 视图缩放菜单

图 1-5-2 视图缩放按钮

命令按钮法：单击工具栏中的缩放按钮（放大、缩小）（图1-5-2）。
键盘输入法：输入“ZOOM”或“Z”。

2）命令及提示

```
命令:ZOOM
指定窗口的角点,输入比例因子[nX 或 nXP],或者
[全部(A)/中心(C)/动态(D)/范围(E)/上一个(P)/比例(S)/窗口(W)/对象(O)] <实时>:
```

3）参数说明

【全部（A）】：显示当前视窗中的整个图形，包括图形界限以外的图形，此选项同时对图形进行视图重生成操作。

【中心（C）】：可通过该选项指定缩放中心点和放大倍数，缩放后的图形将以指定点作为视窗中图形显示的中心点，按给定的缩放系数进行缩放。

【动态（D）】：对图形进行动态缩放，可以一次完成缩放和平移。

【范围（E）】：使当前视口中的图形最大限度地充满整个屏幕，此时的显示效果与图形

界限无关。

【上一个（P）】：返回上一个视窗显示的图形。

【比例（S）】：以屏幕的中心点为缩放中心，对图形进行比例缩放。其中，在命令执行后，需要输入比例因子 nX 或 nXP，nX 表示图形相对于当前可见视图的缩放倍数，nXP 表示当前视图相对于当前的图纸界限缩放的倍数。例如：输入 0.5 时，新图显示为原始图大小的一半；输入 0.5X 时，新图显示为当前视图大小的一半。

【窗口（W）】：分别指定矩形窗口的两个对角点，将框选的区域放大显示。

【对象（O）】：将所选对象尽可能大地显示在屏幕上。

【实时】：为系统默认项，输入缩放命令后，直接按回车键，即执行实时缩放命令。鼠标向上移动，图形放大显示；向下移动，图形缩小显示；水平左右移动，图形无变化。

2. 视图平移

利用平移命令可快速定位显示图形。执行该命令后，光标形状变成手状，即可平移图形。用户可以使用按住滚轮的方式实现对图形的平移操作，也可单击鼠标右键，在弹出的快捷菜单中选择“平移”，如图 1-5-3 所示。

1）调用方法

菜单法：单击“视图”→“平移”→选择所需选项（图 1-5-4）。

命令按钮法：单击标准工具栏中的平移按钮。

键盘输入法：输入“PAN”或“P”。

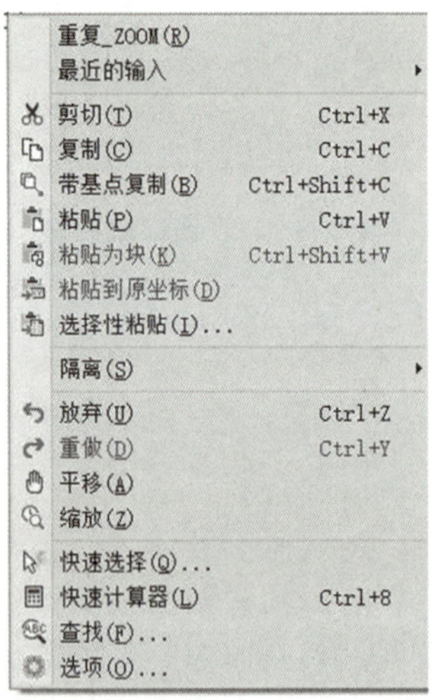

图 1-5-3　在快捷菜单中选择“平移”

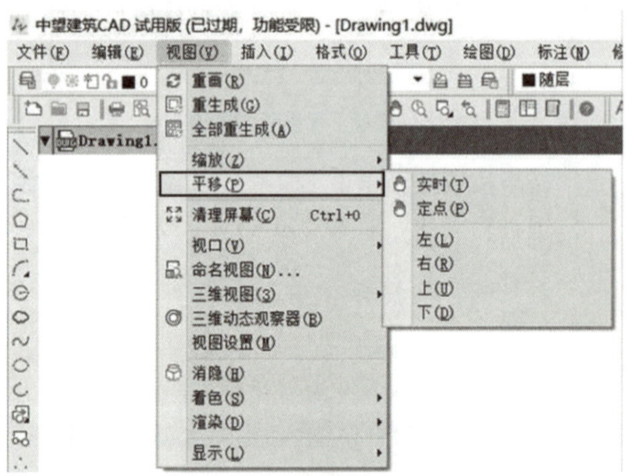

图 1-5-4　平移菜单

2）命令及提示

当用户调用平移命令后，命令行提示 PAN，光标变成手状。

【实践题】

（1）打开 ZWCAD 教育版，将绘图区域的背景颜色更改为另一种颜色。

(2) 将工作空间从“ZWCAD经典”切换为“二维草图与注释”。

(3) 练习鼠标的基本操作。

(4) 打开“草图设置”对话框，将“极轴角设置”中的“增量角度”设为45度。

(5) 练习使用快捷键进行文件管理，并将自动保存时间间隔设置为10分钟。

(6) 将当前图形另存为“AutoCAD 2004图形（*.dwg）”文件类型。

(7) 完成图形文件的常规管理操作，如打开、保存、关闭。

(8) 利用缩放命令ZOOM观察图形。

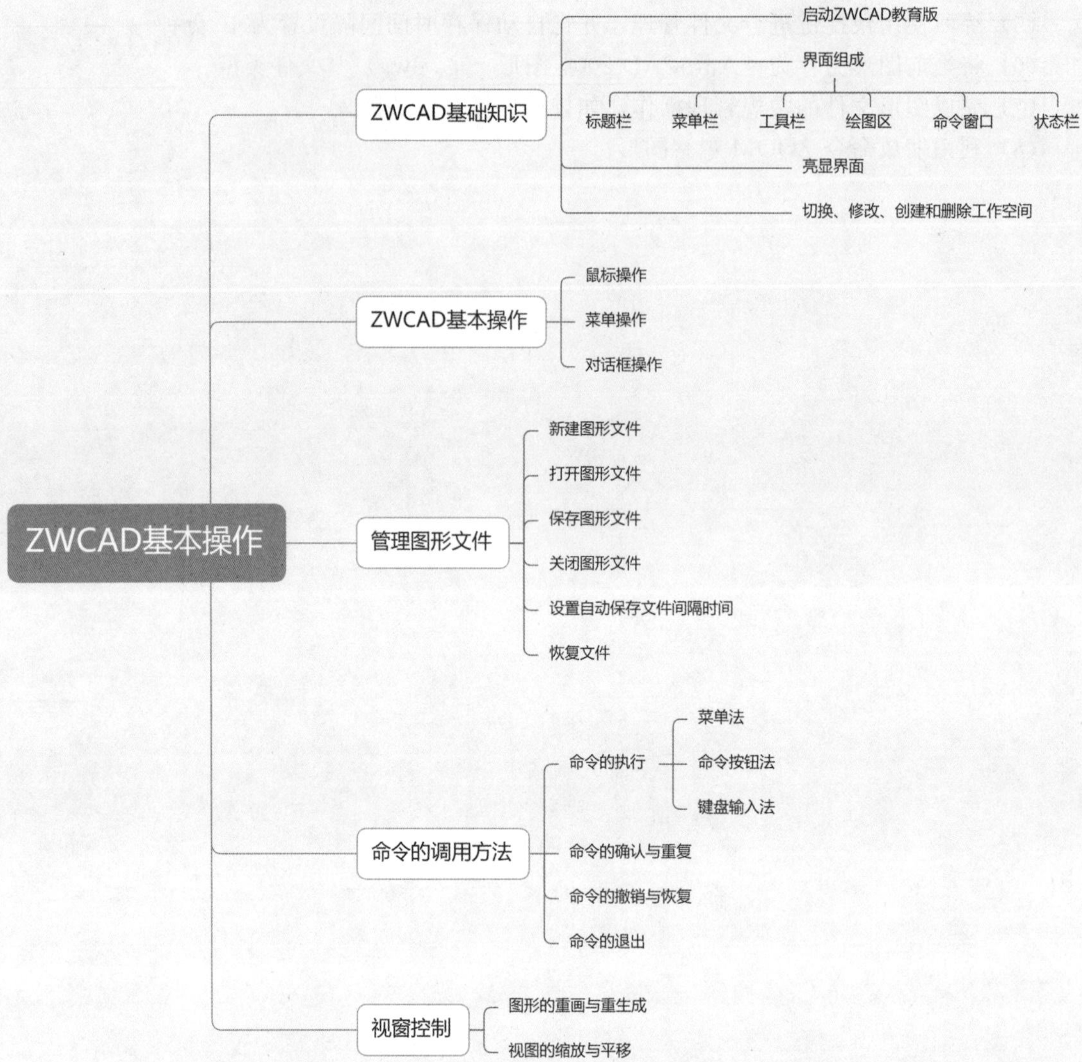
ZWCAD基本操作
ZWCAD基础知识
启动ZWCAD教育版
界面组成
标题栏
菜单栏
工具栏
绘图区
命令窗口
状态栏
亮显界面
切换、修改、创建和删除工作空间
ZWCAD基本操作
鼠标操作
菜单操作
对话框操作
管理图形文件
新建图形文件
打开图形文件
保存图形文件
关闭图形文件
设置自动保存文件间隔时间
恢复文件
命令的调用方法
命令的执行
菜单法
命令按钮法
键盘输入法
命令的确认与重复
命令的撤销与恢复
命令的退出
视窗控制
图形的重画与重生成
视图的缩放与平移

项目 2　设置绘图环境

项目概述

在使用 ZWCAD 绘图之前，我们需要对绘图的纸张大小，绘笔的颜色、线型、粗细等进行设置。只有准备工作做好了，才能保证之后绘图的准确、快速，也才能绘制出符合建筑行业标准、易懂的通用建筑图形。

本项目将依据建筑制图规范及标准，讲述图形单位、图形界限、图层及对象特性等的设置方法。

学习目标

知识目标：①掌握图形单位及图形界限的设置方法；②熟悉图层的概念及特点。

素养目标：①树立生产质量观，培养按国家规范完成生产任务的意识；②培养学生沟通交流的能力及分工协作的团队意识；③养成发现问题、分析问题、解决问题的习惯，形成认真细致、精益求精的工作作风。

关键内容

重点：①图形单位的设置、图形界限的概念及设置；②图层的概念与特点；③图层的设置方法；④对象特性的设置。

难点：设置图层及对象特性。

任务 2.1　设置图形单位和图形界限

图形绘制环境主要包括图形的单位及精度、图形的视窗、图形的界限等。只有在绘图前将这些参数都设置好，才能更方便地对图形进行管理，增强图形的表达能力和可读性。

绘图环境的设置

2.1.1　设置图形单位

ZWCAD 的“图形单位”对话框主要用来设置长度和角度的类型和显示精度。在建筑图中，一般使用毫米作为绘图单位。ZWCAD 中的绘图单位采用十进制。若有不同的图形需要，可以在类型和精度中重新设置。

1. 调用方法

菜单法：单击“格式”→“单位”菜单。

键盘输入法：输入“UNITS”或“DDUNITS”。

2. 命令及提示

在选择设置绘图单位的命令后，会弹出图 2-1-1 所示的“图形单位”对话框。

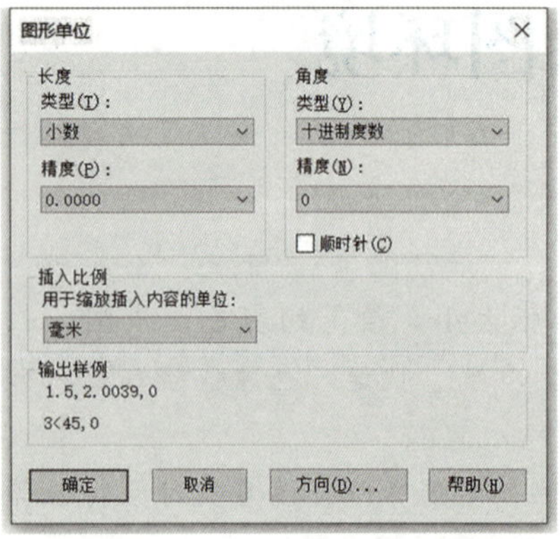

图 2-1-1　“图形单位”对话框

3. 参数说明

【长度】：包括类型和精度；在类型中可以根据不同图形的需要选择“分数”“工程”“建筑”“科学”“小数”等不同类型的计数单位，一般情况下采用十进制，选择“小数”类型；精度表示设置线型测量值显示的小数位数或分数大小，一般情况下选择“0.0000”。

【角度】：包括类型和精度；类型中有“十进制度数”“百分度”“度/分/秒”“弧度”“勘测单位”五种类型，一般选用默认值“十进制度数”；精度表示当前角度显示的精度。

【插入比例】：图形绘制好后，要输出到图纸上，这里可以选择合适的比例因子，用来放大或者缩小图形，让其满足实际输出纸张的大小。

【方向】：用来控制角度测量的起止位置。

【顺时针】：以顺时针方向计算正角度值，默认的正角度方向是逆时针方向。

2.1.2　设置图形界限

图形界限用来界定绘图时的工作区域和图纸的边界线。对于初学者而言，为了更方便地观察图形的绘制范围，用户可在图形界限的四周绘制矩形，这样绘制的图形边界就一目了然了。如果用户需要在一个图形文件中绘制多张图纸，这时设置的图形界限就没有太大的意义。因此，在一般的绘图中，我们可根据个人需要设置图形界限。

1. 调用方法

菜单法：单击“格式”→“图形界限”菜单。

键盘输入法：输入“LIMITS”。

2. 命令及提示

```
命令:LIMITS
重新设置模型空间界限:
指定左下角点或界限[开(ON)/关(OFF)] < 0,0> :
指定右上角点 < 420,297> :
```

3. 参数说明

【开（ON）/关（OFF）】：表示图形界限打开或关闭。当状态开启时，只能在设置的范围内绘图；当状态关闭时，可在任意位置绘图。

4. 实例应用

实例： 请设置以坐标原点为起始点，A3 横式图纸的图形界限（1∶1 绘制）。

实例分析： A3 横式放置的图纸尺寸为 420mm×297mm，因此设置其图形界限的左下角点为（0，0），右上角点为（420，297）。

操作过程：

```
命令:LIMITS
重新设置模型空间界限:
指定左下角点或界限[开(ON)/关(OFF)] < 0,0> :0,0
//设置绘图界限左下角 A 点坐标
指定右上角点< 420,297> :420,297
//设置绘图界限右上角 B 点坐标
//回车,命令结束,图形界限设置完毕
//图形界限设置完,可执行全部缩放(ZOOMALL)命令,将绘图的界限全部显示在可见范围内
```

任务 2.2　设置图层及对象特性

2.2.1　图层的概念与特点

1. 图层的概念

图层类似于手绘工程图的图纸。通常情况下，为了更快捷地绘图，使其具有更好的观看效果，我们通常将所有的图元按照一定的规律进行组织整理。图层相当于一张张透明的纸，如我们在一张纸上绘制墙体，一张纸上绘制门窗，一张纸上绘制洁具，一张纸上标注尺寸和文本，最后将其叠加，组成一幅完整的建筑平面图。当不需要其中一个图层时，可将其暂时隐藏或锁定，这样不会影响对其他图层的操作。

图层的相关命令

图 2-2-1 所示为图层特性管理器。

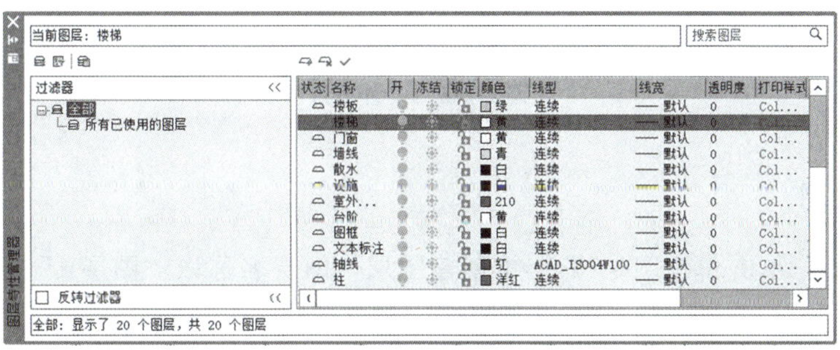

图 2-2-1　图层特性管理器

图层特性管理

2. 图层的特点

(1) 在设置图层时，应遵循够用、精简的原则。如果图形过密，绘制时可关掉一些暂时

不用的图层，使视图更清晰，画图更快捷。如果想修改图层上对象的属性值，可利用图层的特性进行操作。

(2) 0 层一般是用来绘制图块的图层，且该层不能被删除。尺寸标注时会产生 Defpoints 图层，用于改善系统性能，但不能被打印；用户不需要删除这些图层，因为其余图层需要用户自己来创建。

(3) 可以对图层进行打开、关闭、冻结、锁定等操作，以决定各图层的可见性和可操作性。

(4) 图层名称采用中英文均可，英文没有字母大小写之分。在当前文件中图层名是唯一的，不能重名。

(5) 一般来说，不同的图层，其颜色要不同。0 层和 Defpoints 层一般设置成白色。

2.2.2 设置图层

设置图层的可见性可以简化图形，提高操作和显示效率；锁定图层，可以防止一些图形被意外修改。

1. 调用方法

菜单法：单击“格式”→“图层”菜单。

命令按钮法：单击图层工具栏→图层特性管理器按钮。

键盘输入法：输入“LAYER”或“LA”。

2. 命令及提示

当用户调用设置图层命令后，弹出图 2-2-2 所示的设置窗口。

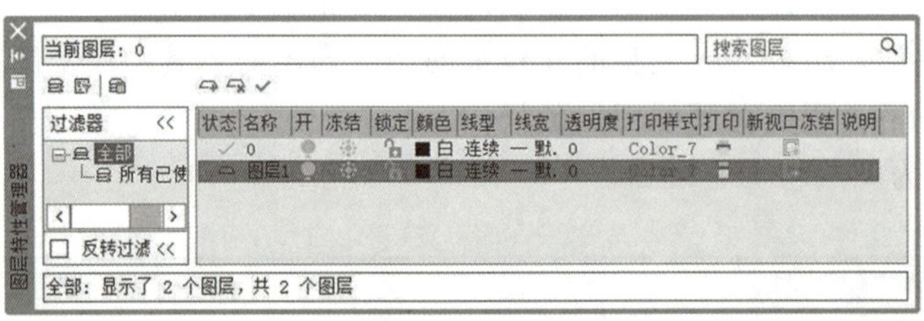

图 2-2-2 设置图层

3. 参数说明

【新建图层】：单击新建图层按钮创建图层，图层名称以“图层 1”开始按递增顺序命名。

【图层的开关、冻结和锁定】：从表现结果来看，开关和冻结的效果类似，都可以控制图形的可见性，但实际上两者对显示数据的处理是不一样的。与开关不同的是，冻结是与视窗相关联的，有“所有视窗冻结”“当前视窗冻结”和“新视窗冻结”几种选项。“所有视窗冻结”的效果和开关差不多，“当前视窗冻结”和“新视窗冻结”只应用于布局空间的视窗，只在进入布局空间才会被激活。锁定表示图层上的现有对象不能进行编辑，但是可以添加新的对象，且一旦对象被添加，就被锁定。

【Defpoints 图层】：该层与 0 层一样，都是 ZWCAD 在创建图层时自动生成的一个图层，用于放置标注的定义点，且该层默认被设置为“不打印”。

【置为当前】：单击选中需要设置为当前的图层后，单击 ✓ 按钮，即可将选中的图层置为当前；也可在图层上双击。

【删除图层】：单击选中需要删除的图层后，单击按钮，即可删除被选中的图层；也可选中图层后右击删除。

【颜色】：设置选定图层对象的颜色。用户可单击颜色下方的□白按钮，在弹出的窗口中选择颜色即可。

【线型】：设置选定图层对象的线型。默认线型为连续的实线，用户可根据需要单击线型“连续”按钮，在弹出的对话框中选择需要的线型。

【线宽】：设置选定图层对象的线宽。用户可单击——默认按钮，设置线宽。

4. 实例应用

实例：请设置符合制图需要的图层，设置要求如表 2-2-1 所示。

表 2-2-1　图层设置要求

图层名称	颜色	线型	线宽
特粗	白色	连续	1.0
粗实线	青色	连续	0.5
中实线	绿色	连续	0.35
细实线	黄色	连续	0.18
虚线	蓝色	ZWCAD _ ISO02W100	0.35
单点划线	红色	ZWCAD _ ISO04W100	0.18

2.2.3　设置对象特性

对象特性一般指的是对象的一般特性和几何特性。一般特性是指对象的颜色、线型、线宽等。这些特性可以直接在特性工具栏中进行设置，也可在“格式”菜单中进行设置。若此时图层特性已经设置完毕，则一般将这个特性设置为“随层”，如图 2-2-3 所示。

图 2-2-3　对象特性工具栏

1. 颜色

对象的属性

在绘制工程图纸时，为了更清晰地区分各类图形，我们可以将图层设置为不同的颜色，这样就可以通过图层的颜色控制该图层上对象的颜色。

1）调用方法

菜单法：单击“格式”→“颜色”菜单。

命令按钮法：单击特性工具栏→颜色控制下拉列表框向下的按钮 ▾ 选择颜色，如图 2-2-4 所示。

键盘输入法：输入“COLOR”或“COL”

执行上述任一操作后，会弹出“选择颜色”对话框，如图 2-2-5 所示。

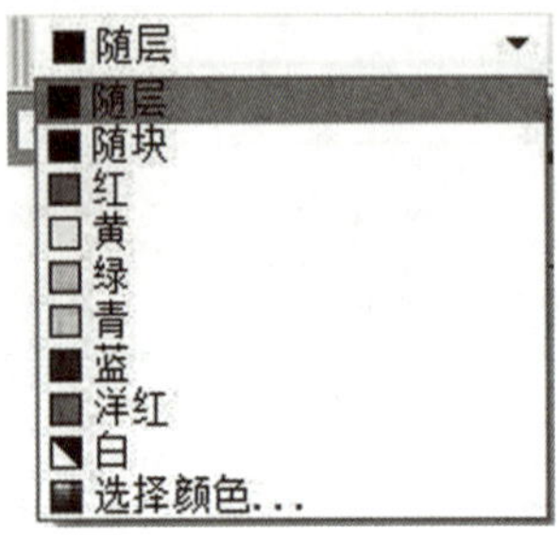

图 2-2-4 颜色设置下拉列表框

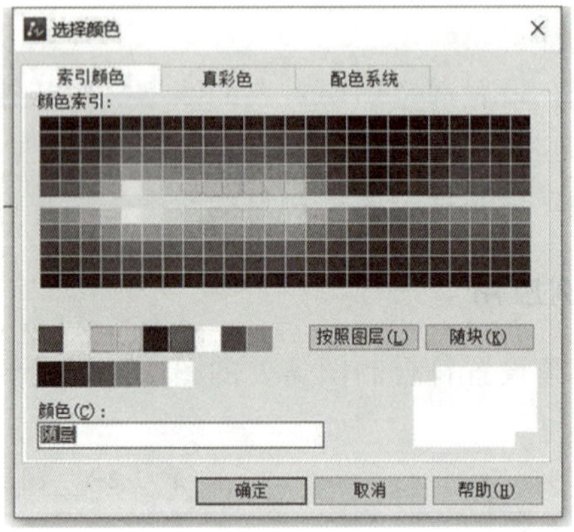

图 2-2-5 “选择颜色”对话框

2）参数说明

【索引颜色】：单击颜色按钮，选择颜色。每种颜色具有确定的编号和名称，其中 1～7 号为常用的颜色，分别为红、黄、绿、青、蓝、洋红和白/黑，8～255 号颜色为全色。

注意：如果想用颜色来控制打印线宽，那么只有选择索引颜色才能控制打印效果。

【真彩色】：通过颜色的色调、饱和度和亮度来选择颜色。

【配色系统】：通过配色系统的数值，选择颜色。

2. 线型

在图层中需要设置线型，并且必须符合工程制图标准。线型有连续线型和不连续线型。如果系统内置的线型不符合制图需要，我们还可以自行对线型进行定义和添加。

1）调用方法

菜单法：单击“格式”→“线型”菜单。

命令按钮法：单击特性工具栏→“线型”下拉列表框向下的按钮 ▾ 选择线型。

键盘输入法：输入“LINETYPE”或“LT”。

2）命令及提示

调用线型设置命令后，弹出图 2-2-6 所示的“线型管理器”对话框。在该对话框中单击“加载”按钮，会弹出图 2-2-7 所示的“添加线型”对话框。

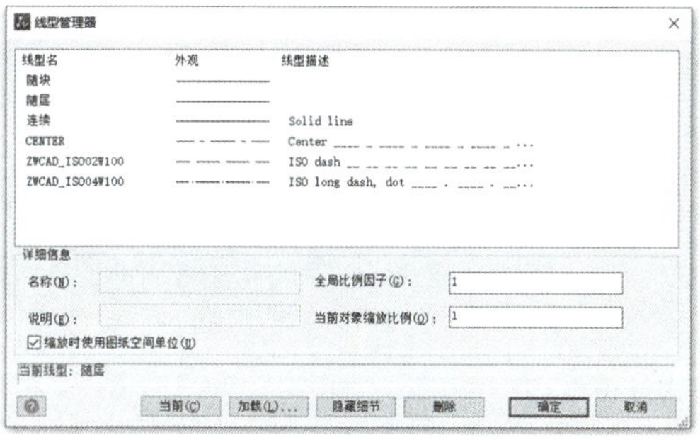

图 2-2-6　“线型管理器”对话框

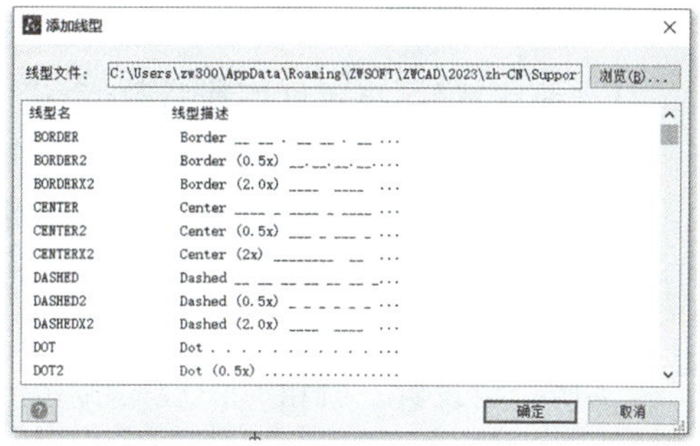

图 2-2-7　“添加线型”对话框

3）参数说明

【加载】：显示“添加线型”对话框，可选择相应的线型添加到线型列表中。

【删除】：从图形中删除未使用的线型。

【当前】：将选定的线型设定为当前线型。

【全局比例因子】：用于控制所有线型的全局比例。

【当前对象缩放比例】：用于设定新建对象的线型比例，可输入 ITSCALE 或 ITS 对线型比例进行设置。

3. 线宽

线宽用于直观地区分不同的实体信息，其可以在屏幕上显示或输出，在打印图纸上也起作用。

1）调用方法

菜单法：单击“格式”→“线宽”菜单。

命令按钮法：单击特性工具栏→“线宽”下拉列表框向下的按钮 ▼ 选择线宽，如图 2-2-8 所示。

键盘输入法：输入“LWEIGHT”或“LW”。

2）命令及提示

当调用线宽命令后，弹出图 2-2-9 所示的“线宽设置”对话框。

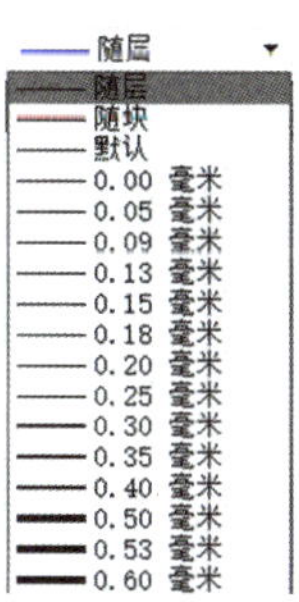

图 2-2-8　线宽下拉列表框

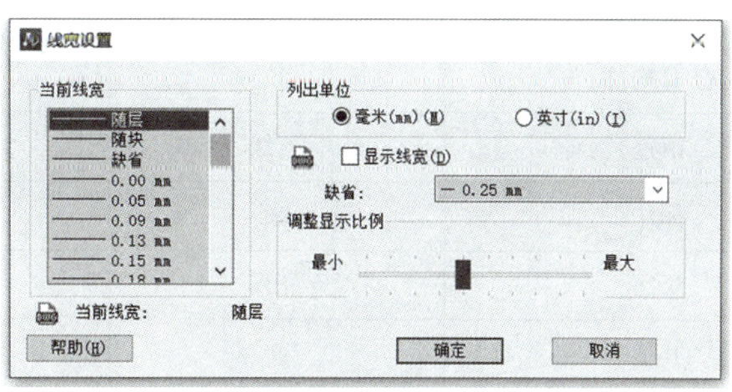

图 2-2-9　“线宽设置”对话框

3）参数说明

【当前线宽】：显示可用线宽数值。
【列出单位】：指定线宽的显示单位为毫米或英寸。
【显示线宽】：用于控制线宽是否在当前图形中显示。

4）实例应用

实例：请设置“特粗”图层的线宽，要求线宽为 1mm。
操作步骤：
第一步：在图层特性管理器对话框中单击“特粗”图层，在线宽位置上单击。
第二步：打开“线宽”对话框，选择“1.00mm”的线宽，如图 2-2-11 所示。

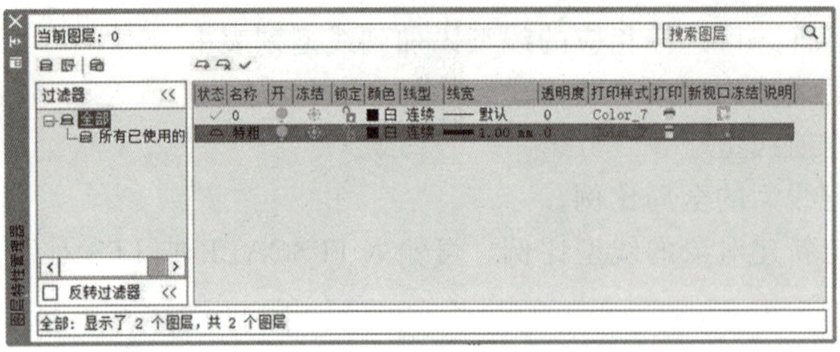

图 2-2-10　图层设置窗口

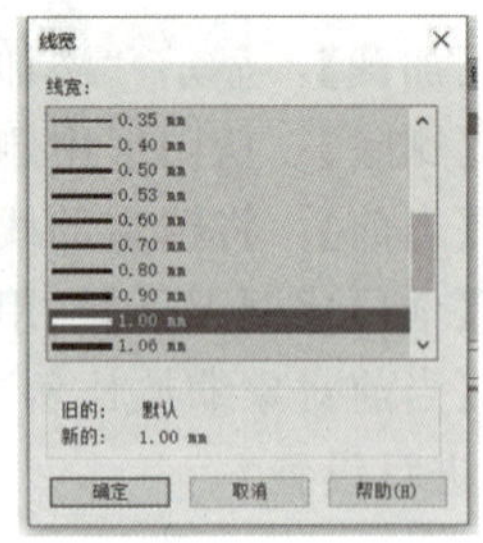

图 2-2-11　选择线宽

第三步：单击“确定”按钮，返回图层特性管理器对话框，完成线宽设置。
第四步：单击×按钮，关闭图层特性管理器对话框。

【实践题】

按如下要求设置图层。

图层名称	颜色	线型	线宽
轴线	红	CENTER	0.15
墙体	130	连续	0.5
门	黄	连续	0.2
幕墙玻璃和窗	96	连续	0.2
金属构件	30	连续	0.2
雨篷	洋红	连续	0.2
标注	绿	连续	0.2
汉字	白	连续	0.2
其他	9	连续	0.15

- 设置绘图环境
  - 设置图形单位和图形界限
    - 设置图形单位
      - “图形单位”对话框主要用来设置长度和角度的类型和显示精度
      - 命令：“UNITS”或“DDUNITS”
    - 设置图形界限
      - 界定绘图时的工作区域和图纸的边界线
      - 命令：“LIMITS”
  - 设置图层及对象特性
    - 图层的概念与特点
      - 类似于手绘工程图的图纸
      - 0层不能被删除，Defpoints图层默认不打印
    - 设置图层 —— 命令：“LAYER”或“LA”
    - 设置对象特性
      - 颜色
        - 命令：“COLOR”或“COL”
        - 参数有索引颜色、真彩色和配色系统
      - 线型
        - 命令：“LINETYPE”或“LT”
        - 参数有加载、删除、当前等
      - 线宽
        - 命令：“LWEIGHT”或“LW”
        - 参数有当前线宽和显示线宽等

项目 3　平面图形绘制

项目概述

本项目通过对基本绘图命令的讲解，让学生能够绘制生活中常见的图案。

学习目标

知识目标：①熟悉点的坐标及直线的绘制方法；②熟悉绘图辅助功能的应用；③掌握点、矩形、正多边形、圆、圆环、圆弧、椭圆、椭圆弧等基本绘图命令的使用方法；④掌握复杂二维图形的绘制，能够使用修剪、复制、镜像、移动等基本编辑命令对图形进行修改操作。

素养目标：培养学生严谨的治学态度和工匠精神。

关键内容

重点：①利用基本绘图命令和修改命令，绘制简单二维图形；②绘图辅助功能的应用；③绘制复杂的二维图形。

难点：①对辅助绘图功能的应用；②绘制图形的方法不唯一，善于选择更便捷的方法。

任务 3.1　点的坐标及直线的绘制

所有工程图的基本图元都是由直线和曲线构成的。本任务我们通过点的精确输入绘制一些基本图形。

ZWCAD 坐标知识是学习 ZWCAD 绘图的基础，只有正确对点坐标进行输入，才能准确地绘制图形。

3.1.1　ZWCAD 坐标系统概述

ZWCAD 绘图区左下角显示的就是 ZWCAD 坐标系统，通过点坐标的输入来实现对图形的精确绘制。通常情况下，我们可在世界坐标系（WCS）和用户坐标系（UCS）中对图形进行绘制。

1. 世界坐标系（WCS）

在 ZWCAD 中，世界坐标系采用笛卡儿直角坐标系来确定对象的位置，坐标原点和方向在默认情况下，规定 X 轴以水平向右方向为正方向，Y 轴以垂直向上方向为正方向，世界坐标系始终固定，以屏幕左下角的点为坐标原点（0，0），如图 3-1-1 所示。

2. 用户坐标系（UCS）

为了方便用户绘图，ZWCAD 提供了可变的坐标系统，我们把它称为用户坐标系。

在默认情况下，用户坐标系统与世界坐标系统重合。在绘制三维实体图形时，用户可根据具体需要，调用 UCS 命令来调整当前图形绘制的坐标系统，如图 3-1-2 所示。一个图形中可以设置多个 UCS，还可以用命令保存 UCS，需要时调出即可。

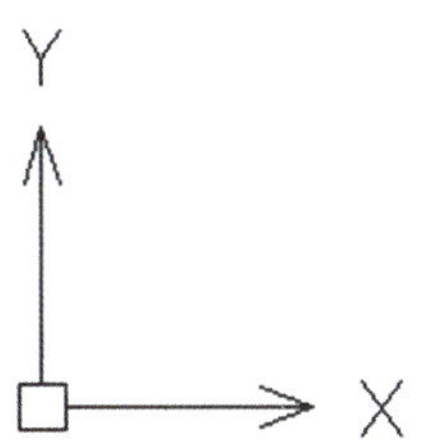

图 3-1-1　世界坐标系

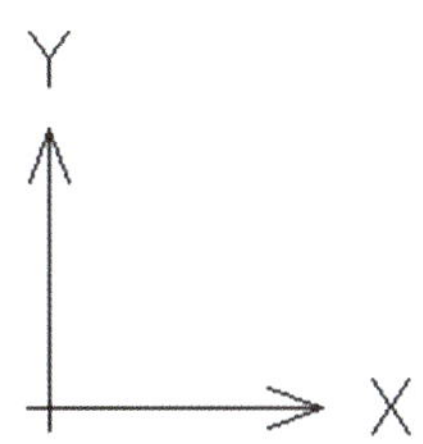

图 3-1-2　用户坐标系

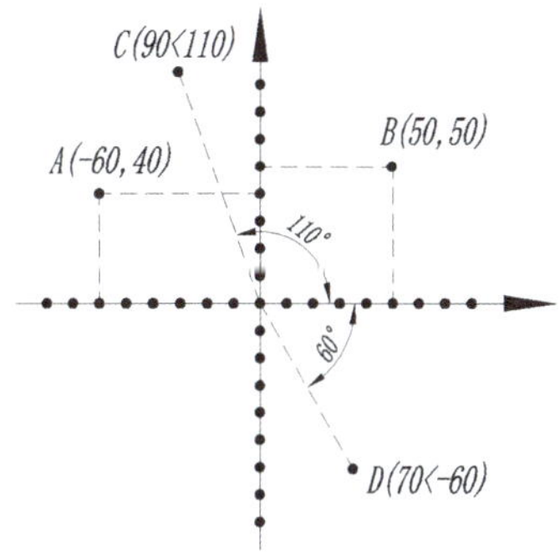

图 3-1-3　坐标表示

3.1.2　坐标点的输入

为了在绘图时确定图形的准确位置，大部分的数据输入都可以采用坐标点的输入方式来实现。通常坐标点的输入包括绝对直角坐标、相对直角坐标、绝对极坐标、相对极坐标四种。

1. 直角坐标

直角坐标用（x，y，z）确定一个三维坐标点，用（x，y）确定二维图形中的一个二维坐标点。下面我们以二维图形中的点坐标输入为例，介绍坐标的表示方式。

（1）绝对直角坐标的输入格式：“x，y”。

在绝对直角坐标中，x 为该点的横坐标，y 为该点的纵坐标。两坐标值之间用“,”分隔开，该逗号为英文输入状态下的逗号。例如，输入点坐标（−60，40）、(50，50) 分别表示图 3-1-3 中的 A 点、B 点。

（2）相对直角坐标的输入格式：“@Δx，Δy”。

在相对直角坐标中，Δx 表示相邻两点之间的横坐标增量，Δy 表示相邻两点之间的纵坐标增量。例如，在输入完 A 点坐标（−60，40）后可以输入（@110，10）表示 B 点坐标，其中 Δx 等于 110，Δy 等于 10。

2. 极坐标

极坐标一般使用距离和角度定义一个点，其坐标表示方式如下。

（1）绝对极坐标的输入格式：“$R<\alpha$”。

在绝对极坐标中，距离为该点与坐标原点的距离，角度表示该点与坐标原点连线与 X 轴的夹角角度。在输入的格式表示中，R 表示点到原点的距离，α 表示极轴方向与 X 轴正方向之间的夹角。若从 X 轴正方向逆时针旋转到极轴方向，则 α 为正；反之，α 为负。例如，输入坐标（90<120）、（70<−60），分别表示图 3-1-3 中的 C 点、D 点。

（2）相对极坐标的输入格式：$@\Delta R<\alpha$。

在相对极坐标中，ΔR 表示该点与上一点之间的距离，α 表示该点与上一点连线与水平向右方向的夹角角度。例如直线 OC，则可输入（0，0），（@90<120）即可。

3.1.3 直线的绘制

直线命令

直线是图形最简单的构成要素。用户可以调用直线命令绘制建筑图纸中的各种实线和虚线。

1. 调用方法

菜单法：单击“绘图”→“直线”菜单。

命令按钮法：单击绘图工具栏→直线按钮╲。

键盘输入法：输入“LINE”或“L”。

2. 命令及提示

```
命令:L// LINE
指定第一个点:
指定下一点或 [角度(A)/长度(L)/放弃(U)]: :
指定下一点或 [角度(A)/长度(L)/闭合(C)/放弃(U)]:
```

3. 参数说明

【角度（A）】：输入直线与 X 轴正方向之间的夹角，逆时针旋转为正。

【长度（L）】：输入两点之间的距离。

【放弃（U）】：放弃当前点的操作，返回上一次输入状态。

【闭合（C）】：将该点与起点连接。

4. 实例应用

实例 1： 请用绝对直角坐标法和相对直角坐标法分别绘制图 3-1-4 所示图形。

绝对直角坐标法的操作步骤：

```
命令:LINE// 或 L
指定第一个点: 30,10
指定下一点或 [角度(A)/长度(L)/放弃(U)]: 80,10
指定下一点或 [角度(A)/长度(L)/放弃(U)]: 80,50
指定下一点或 [角度(A)/长度(L)/闭合(C)/放弃(U)]: C
```

相对直角坐标法操作步骤：

```
指定第一个点: 30,10
指定下一点或 [角度(A)/长度(L)/放弃(U)]: @50,0
指定下一点或 [角度(A)/长度(L)/放弃(U)]: @0,40
指定下一点或 [角度(A)/长度(L)/闭合(C)/放弃(U)]: C
```

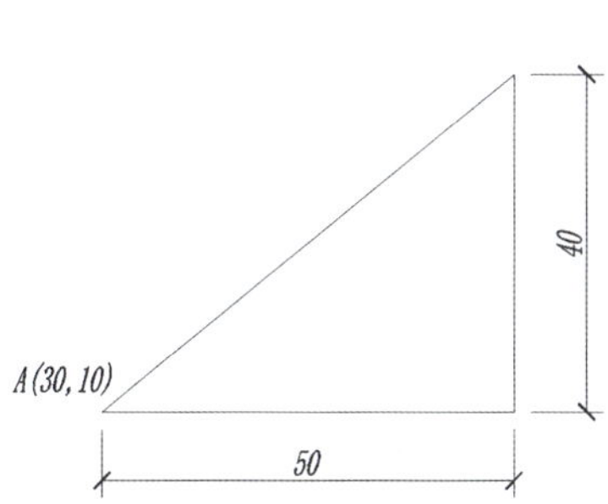

图 3-1-4　实例 1（直线的绘制）

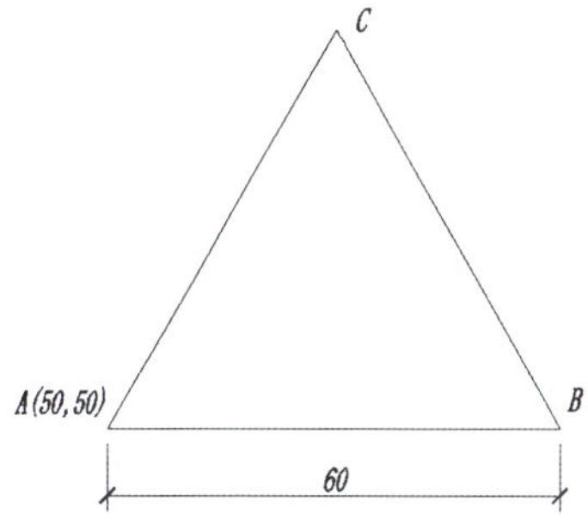

图 3-1-5　实例 2（直线的绘制）

实例 2：用相对极坐标法绘制边长为 60mm 的正三角形，如图 3-1-5 所示。

操作步骤：

```
命令:LINE
指定第一个点: 50,50  //指定 A 点位置
指定下一点或 [角度(A)/长度(L)/放弃(U)]: @60< 0     //指定 B 点位置
指定下一点或 [角度(A)/长度(L)/放弃(U)]: @60< 120   //指定 C 点位置
指定下一点或 [角度(A)/长度(L)/闭合(C)/放弃(U)]: C
```

3.1.4　ZWCAD 选择技巧

在 ZWCAD 中，常使用的选择对象方法是点选和框选。对图形进行编辑修改之前，必须选择相应的对象。用户可逐个拾取被编辑的对象，选中的对象会显示出来。一般来说，我们可以在命令行中输入“SELECT”命令，根据提示进行选择即可，但是这种方法在选择多个对象时，其效率很低。因此，下面介绍几种实用的选择技巧。

选择对象

1. 点选

该方法一般在用户选取单个对象的时候使用。处于选中状态的对象会呈虚线，同时出现几个夹点，如图 3-1-6 所示。

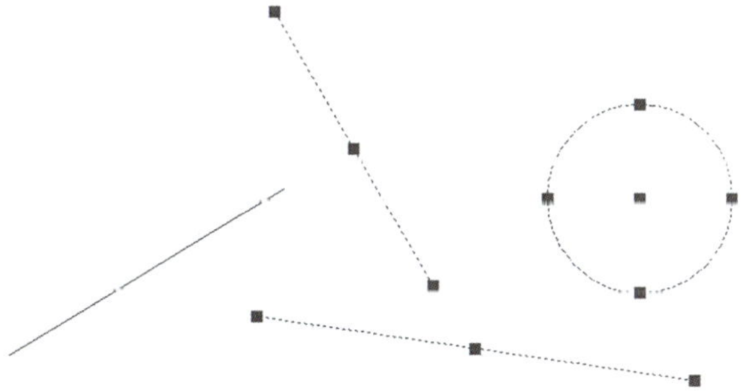

图 3-1-6　点选对象

2. 矩形框选

该方法适用于选取多个对象。在选取对象时，鼠标的拖拽方向与选取的对象集合会有差异。

按住鼠标左键从左向右框选：矩形窗口为实线框，且完全包含在该窗口内的对象才能够被选中，如图 3-1-7 所示。

按住鼠标左键从右向左框选：矩形窗口为虚线框，只要对象和矩形框有交集，对象就被选中，如图 3-1-8 所示。

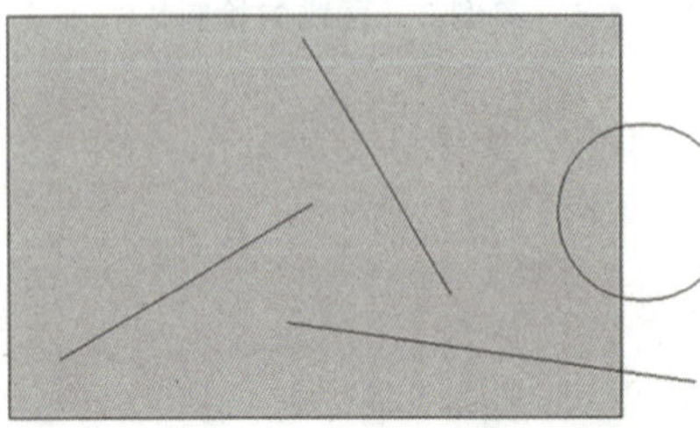

图 3-1-7　从左向右框选

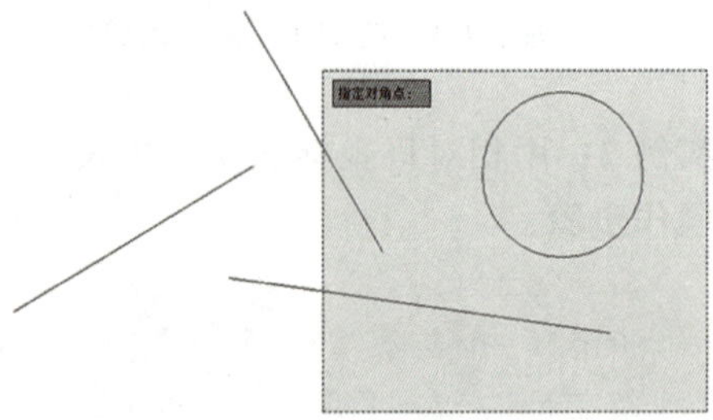

图 3-1-8　从右向左框选

3. 全部选中

（1）在未执行任何命令的情况下，按下键盘上的【Ctrl＋A】组合键可选中绘图区中的全部对象，按【Esc】键取消选择。

（2）在执行编辑命令对图形进行修改时，若命令行提示“选择对象：”，在该提示下执行 ALL 命令，按【Enter】键，即可实现对绘图区域全部对象的选择。

4. 局部选择

（1）栏选：在执行编辑命令时，当命令行提示“选择对象：”时，输入“F”，画任意折线，凡与折线相交的目标对象均被选中。

（2）圈围：在执行编辑命令时，当命令行提示“选择对象：”时，输入“WP”，画任意形状的多边形，完全被围住的被选中，部分被围住的不被选中，该法与矩形框选从左到右框选类似。

（3）圈交：在执行编辑命令时，当命令行提示“选择对象：”时，输入“CP”，画任意形状的多边形，完全被围住的和部分被围住的都被选中，该法与矩形框选从右到左框选类似。

5. 快速选择

当需要选择具有共性的对象时，可利用“快速选择”对话框（见图 3-1-9），根据对象的图层、线型、颜色、填充和图案等特性构造选择集。

打开“快速选择”对话框的方法如下：

（1）菜单法：单击“工具”→单击“快速选择” 快速选择(K)... →打开“快速选择”对话框。

（2）快捷菜单：在绘图区右击→选择 快速选择(Q)... →打开“快速选择”对话框。

（3）命令：执行“QSELECT”命令后，系统弹出“快速选择”对话框。

6. 循环选择

在图形非常密集并重叠的情况下，拾取框接触到的对象不止一个，系统选择的对象往往是距离靶心最近的对象，此对象可能不是我们想要的，这时不需要放大视图或者调整拾取框的大小进行操作，而是需要使用循环选择对象的功能。

循环选择对象的方法有两种：

（1）在提示“选择对象”时，将光标置于最前面的对象之上，然后按住【Shift】键，并反复按空格键，会拾取框中的对象，出现希望选取的对象后，松开【Shift】键并单击鼠标确认。

（2）启用状态栏上的辅助工具循环选择按钮，在选择密集或重叠的对象时，系统将弹出“选择集”对话框，框中将所有可能被选对象列出，移动光标到列表上，该对象将高亮显示，这时单击即可，如图 3-1-10 所示。

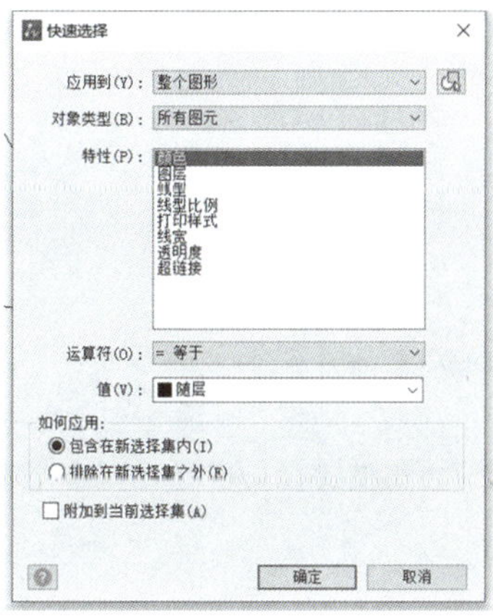

图 3-1-9　“快速选择”对话框

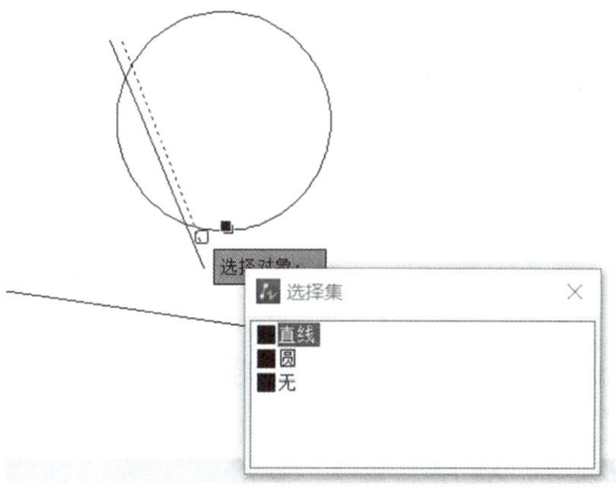

图 3-1-10　选择密集或重叠对象

7. 反向选择

在选择图形的过程中，往往会不小心选错了对象或选多了对象，在这种情况下，我们可以按住【Shift】键进行反选，单击不想选择的对象即可取消多余的选择。

3.1.5　删除

在绘图的过程中，经常会有绘制错误的图元，需要将其删除。

删除命令

1. 调用方法

菜单法：单击“修改”→“删除”菜单。

命令按钮法：单击修改工具栏→删除按钮。

键盘输入法：输入“ERASE”或“E”。

2. 命令及提示

```
命令:ERASE 或 E              //调用删除命令
选择对象: 找到 1 个          //选择要删除的对象,回车确认
选择对象:
```

3.1.6 修剪

修剪命令

修剪命令可以将一个或多个对象作为边界，并对其余对象进行修剪，使其止于边界。选定区域，单击修剪工具，光标会变成“口”形，单击不需要的部位进行修剪即可。

1. 调用方法

菜单法：单击“修改”→“修剪”菜单。

命令按钮法：单击修改工具栏→修剪按钮。

键盘输入法：输入“TRIM”或“TR”。

2. 命令及提示

```
命令:TR// TRIM
当前设置:投影模式 = UCS,边延伸模式 = 不延伸(N)
选择剪切边...
选择对象或 < 全选> : 指定对角点: 找到 2 个      //选择要修剪的对象或全选
选择对象或 < 全选> :      //按回车键确认选择
选择要修剪的实体,或按住 Shift 键选择要延伸的实体,或 [边缘模式(E)/围栏(F)/窗交(C)/投影(P)/删除(R)/放弃(U)]:
选择对象:
```

3. 参数说明

【边缘模式（E）】：当命令调用为延伸模式时，边是否延伸。

【围栏（F）】：可以用鼠标以画直线的方式与某些对象有交集，则这些部分被修剪掉。

【窗交（C）】：可以用鼠标以对角线的方式拉出一个矩形框，这个矩形框只要和对象有交集，则选择相交部分被修剪。

【投影（P）】：在三维空间中修剪或延伸。在三维空间中，可以修剪对象或将对象延伸到其他对象，而不必考虑对象是否在同一个平面上，或对象是否平行于剪切或边界的边。

【删除（R）】：选择此命令后，选择的对象都被删除。

【放弃（U）】：放弃之前的选择。

4. 实例应用

实例： 如图 3-1-11 所示，请将左图修剪成右图。

操作步骤：

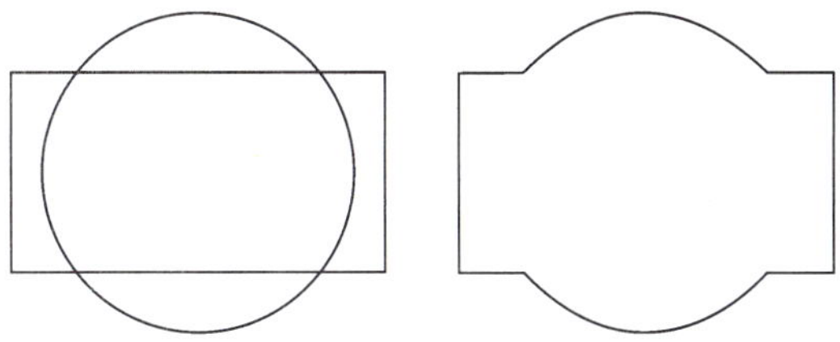

图 3-1-11　修剪实例应用

```
命令:TRIM
当前设置:投影模式 = UCS,边延伸模式 = 不延伸(N)
选择剪切边...
选择对象或 < 全选> :            //按回车键选择全部对象为剪切边界
选择要修剪的实体,或按住 Shift 键选择要延伸的实体,或 [边缘模式(E)/围栏(F)/窗交(C)/投影(P)/删除(R)/放弃(U)]:            //选择对象 A
选择要修剪的实体,或按住 Shift 键选择要延伸的实体,或 [边缘模式(E)/围栏(F)/窗交(C)/投影(P)/删除(R)/放弃(U)]:            //选择对象 B
点击 ESC 键退出
```

3.1.7　延伸

延伸命令

延伸命令可以将指定的图形对象延长到指定的边界上。在延伸图形对象时，要先选择边界，即将要延伸到的对象，然后按回车键确认，再选择被延伸的对象。

1. 调用方法

菜单法：单击“修改”→“延伸”菜单。

命令按钮法；单击修改工具栏→延伸按钮--/。

键盘输入法：输入“EXTEND”或“EX”。

2. 命令及提示

```
命令: EX//或 EXTEND
当前设置:投影模式 = UCS,边延伸模式 = 不延伸(N)
选取边界对象作延伸<回车全选> :找到 1 个
选择要延伸的实体,或按住 Shift 键选择要延伸的实体,或 [边缘模式(E)/围栏(F)/窗交(C)/投影(P)/放弃(U)]:
```

3. 参数说明

【边缘模式（E）】：将对象延伸到另一个对象的隐含边，或仅延伸到三维空间中与其相交的对象。

【围栏（F）】：选择与选择栏相交的所有对象。

【窗交（C）】：选择矩形区域（由两点确定）内部或与之相交的对象。

【投影（P）】：指定延伸对象时使用的投影方法。

【放弃（U）】：放弃最近由延伸命令所做的更改。

4. 实例应用

实例：用延伸命令将直线 A、直线 B 延伸到直线 C，如图 3-1-12 所示。

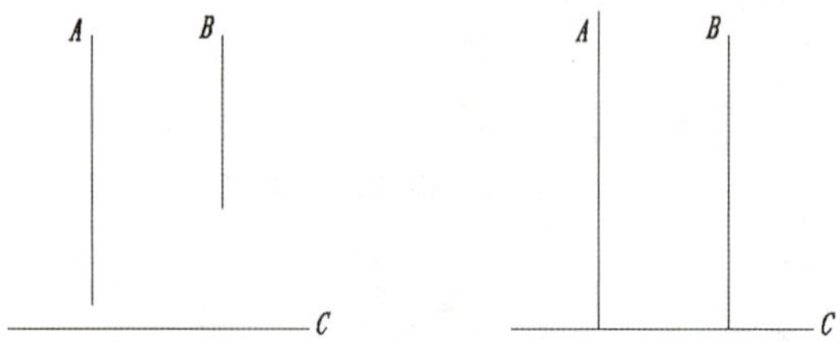

图 3-1-12　延伸实例应用

操作步骤：

第一步：调用延伸命令。

第二步：选择延伸到的对象。

第三步：选择需要延伸的对象。

注意：在使用延伸命令时，圆和矩形不能延伸，因为被延伸的对象必须是没有封闭的；射线可以往一个方向延伸，而构造线本身已向两边无限延伸，故不能再延伸；选择延伸的对象时，应从靠近要延伸到的对象边界的那一端来选择延伸对象。

【实践题】

绘制图 3-1-13 所示的三角形。

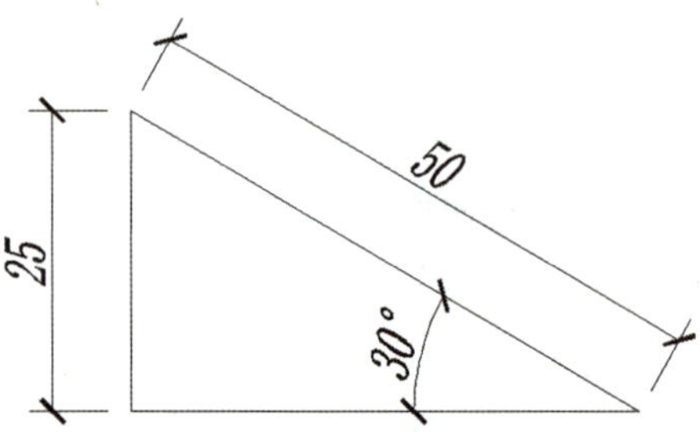

图 3-1-13　要绘制的三角形

任务 3.2　绘图辅助功能的应用

【任务描述】

在 ZWCAD 绘图中，为了省去多次输入点坐标的烦琐操作，经常要用到捕捉、栅格、正交、极轴、对象捕捉、对象捕捉追踪等辅助功能，用好这些辅助功能，可以提高绘图速度和绘图的准确性。

3.2.1　使用对象捕捉等命令绘制图形

每种图形都具有一些几何特征点，而几何特征点一般指的是图形位置关键点，如直线的端点和中点、圆的圆心和象限点、矩形的四个端点和四边的中点。对象捕捉命令就是捕捉已经绘制好的图形上的这些特殊点来做其他操作或定位。这种定位能保证图形对象之间准确的位置关系，是一种精确的相对定位方法。

快速精确绘图的技巧

ZWCAD 提供了多种对象捕捉类型，使用合适的对象捕捉方式，可以快速准确地捕捉到特殊点的位置，提高绘图速度。

1. 捕捉

捕捉命令可设置十字光标以用户指定的 X、Y 间距做跳跃式移动。设置光标捕捉模式，可以很好地控制绘图精度，加快绘图速度。系统默认的捕捉间距值是 10，必要时，可将捕捉间距重新设置。

1）调用方法

菜单法：单击“工具”→“草图设置”→“捕捉和栅格”菜单。

命令按钮法：单击“捕捉模式”命令按钮▦可打开或关闭该功能。

键盘输入法：输入“SNAP”或“SN”。

快捷键法：F9。

2）命令及提示

```
命令:SNAP// 或 SN
指定捕捉间距(X 和 Y = 10)或 [打开(ON)/旋转(R)/样式(S)/类型(T)/纵横向间距(A)]:
```

3）参数说明

【打开（ON）】：用户可单击窗口下方状态栏上的“捕捉”按钮，打开或关闭光标捕捉模式。

【旋转（R）】：可指定一个角度，使十字光标连同捕捉方向以指定基点为轴旋转预先设定好的角度。

【样式（S）】：设置光标捕捉样式，有标准和等轴测两种类型。

【类型（T）】：选择捕捉类型为极轴捕捉或栅格捕捉。

【纵横向间距（A）】：设置水平间距和竖直间距。

2. 栅格

在绘图中，我们可以利用栅格掌握绘图尺寸的大小。栅格是由一组规则的点组成的，类似于方形格子纸，结合捕捉功能一起使用，就能使光标落在栅格点上。它虽然在屏幕上可见，但栅格不是图形实体，不能用编辑实体的命令进行编辑。它既不会随图形打印输出，也不影响绘图位置。栅格只在绘图范围内显示，提供比较直观的距离和位置参照，是绘制图形的参考背景。

1）调用方法

菜单法：单击“工具”→“草图设置”→“捕捉和栅格”菜单。

命令按钮法：单击“栅格显示”命令按钮▦打开或关闭该功能。

组合键法：Ctrl+G。

快捷键法：F7。

2）参数说明

执行菜单“捕捉和栅格”操作后会出现“草图设置”，在此对话框进行设置：选择“工具”菜单→选择“草图设置”→选择“捕捉和栅格”选项卡→进行设置，如图 3-2-1 所示。设置后栅格的显示结果如图 3-2-2 所示。

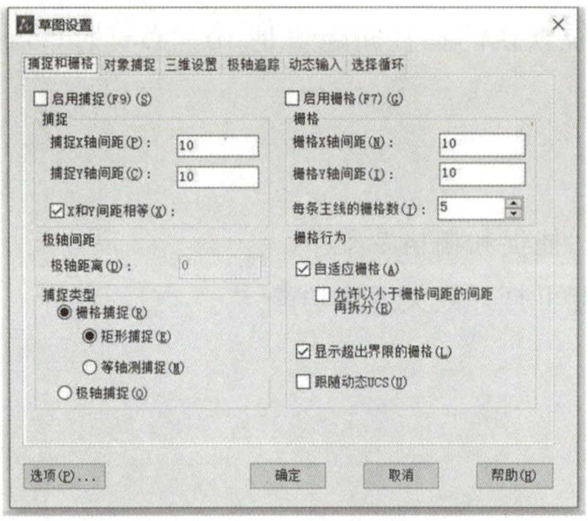

图 3-2-1 “捕捉和栅格”选项卡

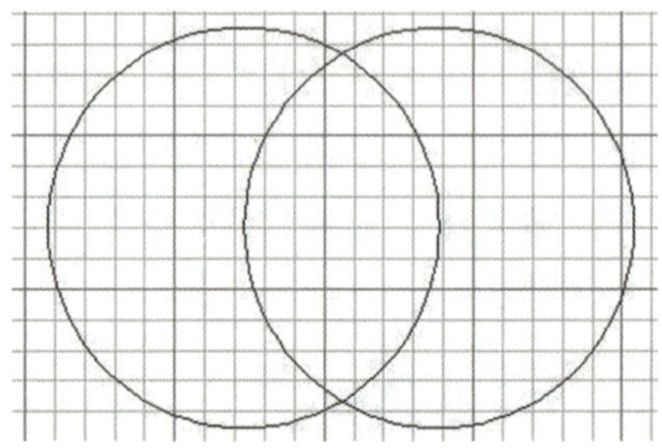

图 3-2-2 栅格显示

3. 对象捕捉与对象捕捉追踪

对象捕捉和对象捕捉追踪功能可以将光标定位到已知点，因此我们可以使用这两类命令实现对图形精确位置的捕捉。启用对象捕捉方式的常用方法有以下几种。

（1）利用工具栏进行调用。

在任意工具栏按钮处单击鼠标右键，选择“ZWCAD”中的“对象捕捉”，打开对象捕捉工具栏，在该工具栏中选择相应的捕捉方式即可，如图 3-2-3 所示。

图 3-2-3 对象捕捉工具栏

（2）在“草图设置”对话框“对象捕捉”选项卡中进行调用。

在状态栏“对象捕捉”按钮上右击，在弹出的菜单中选择“设置”，打开“草图设置”对话框，或选择“工具”菜单中的“草图设置”选项，打开“草图设置”对话框，选择“对象捕捉”选项卡，如图 3-2-4 所示，从中对对象捕捉和对象捕捉追踪的选项进行勾选。当其状态开启时，绘图窗口的状态栏上“自动捕捉”按钮◻会亮显；若状态关闭，则该按钮为灰色，即处于未开启状态。

（3）利用快捷键方法调用。

在绘图过程中，用户可按住【Shift】键或【Ctrl】键，单击鼠标右键，在弹出的快捷菜单中选择相应的捕捉方式，如图 3-2-5 所示。

（4）通过输入命令来进行捕捉，各种捕捉命令见表 3-2-1。

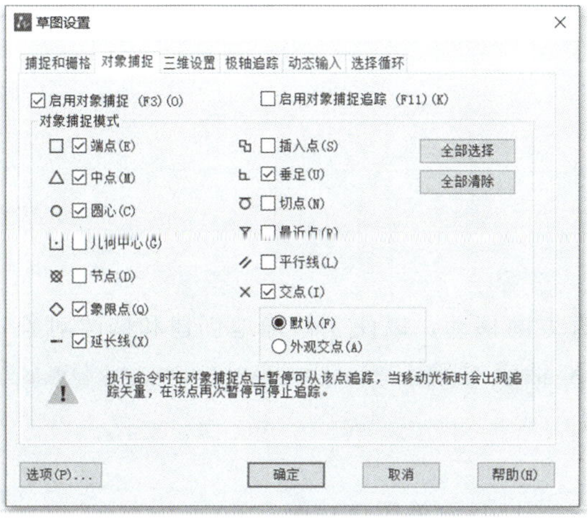

图 3-2-4　“对象捕捉”选项卡

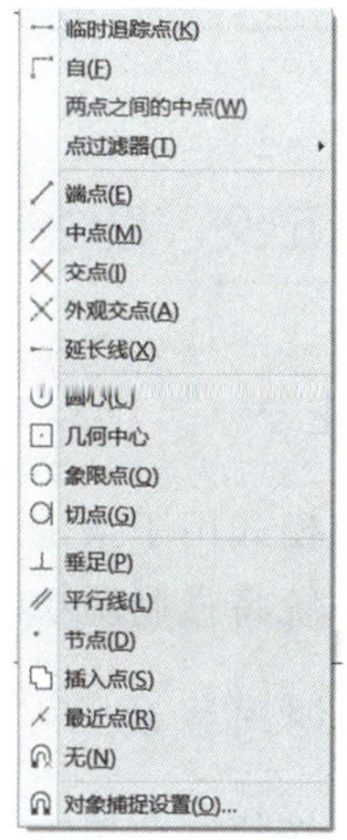

图 3-2-5　对象捕捉快捷菜单

表 3-2-1　ZWCAD 对象捕捉方式

捕捉类型	表示方式	功　能
端点	□	捕捉直线、圆弧或多段线距离拾取点最近的端点
中点	△	捕捉直线、多段线或圆弧等的中点
圆心	○	捕捉圆弧、圆或椭圆的圆心
几何中心	⊡	捕捉闭合多段线和样条曲线的几何中心
节点	⊗	捕捉点对象，包括尺寸的定义点
象限点	◇	捕捉圆、圆弧或椭圆上 0°、90°、180°、270°处的点
延长线	----	捕捉对象后再在其延长线方向移动出现的延长线上的点
插入点	⧉	捕捉插入图形文件中的文字、属性和块的插入点
垂足	⊾	捕捉新对象到另一对象的垂足
切点	⊼	捕捉所画对象与圆、圆弧、椭圆相切的切点
最近点	⧗	捕捉对象上最接近十字光标中心的最近点
平行线	//	捕捉绘制与指定对象平行的直线
交点	×	捕捉对象的交点
外公交点	⊠	捕捉不在同一个平面，但从当前视图上看起来可能相交的两个对象的视觉交点

续表

捕捉类型	表示方式	功　　能
最近点		捕捉对象上最接近十字光标中心的最近点
无捕捉		关闭单点捕捉方式
对象捕捉设置		设置对象捕捉

3.2.2　正交、极轴追踪

1. 正交

正交模式用于指定光标在水平或垂直方向移动，以便于精确地创建和修改对象，该模式打开，系统将强制所绘制的直线平行于 X 轴或 Y 轴。

1）调用方法

命令按钮法：单击“正交”命令按钮打开或关闭该功能。
键盘输入法：输入“ORTHO”。
快捷键法：F8。

2）实例应用

实例： 绘制图 3-2-6 所示的折线段。

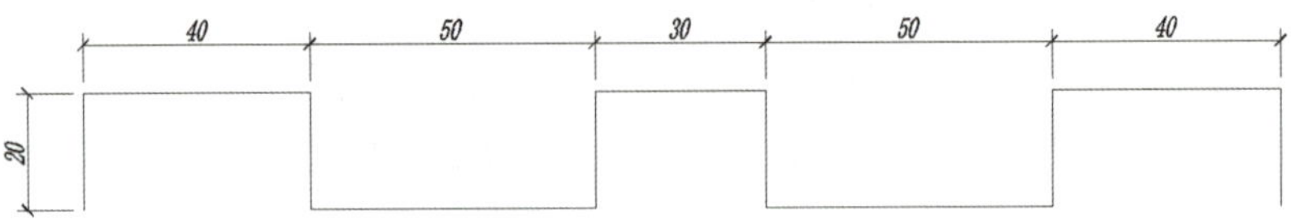

图 3-2-6　正交实例应用

操作步骤：
第一步：调用直线命令（L），打开正交功能。
第二步：确定第一点，由鼠标指定直线的方向，输入线段长度后回车。
第三步：重复第二步操作，直至绘制结束。

2. 极轴追踪

使用极轴追踪功能后，光标将按指定角度进行捕捉。极轴追踪与正交的作用有些类似，正交可以看作限定光标在 90°及其倍数上移动，而极轴追踪是限定光标在预先设定的角度及其倍数上移动。

极轴追踪设置在“草图设置”对话框中完成，如图 3-2-7 所示。启用极轴追踪功能后，系统会以设定的角度增量为间隔，显示一条虚线，即极轴线，作为辅助参考线。

1）调用方法

菜单法：单击“工具”→“草图设置”→“极轴追踪”菜单。

命令按钮法：单击“极轴追踪”命令按钮可打开或关闭该功能。

快捷键法：F10。

2）参数说明

【启用极轴追踪】：打开或关闭极轴追踪。

【极轴角设置】：设定极轴追踪的对齐角度。

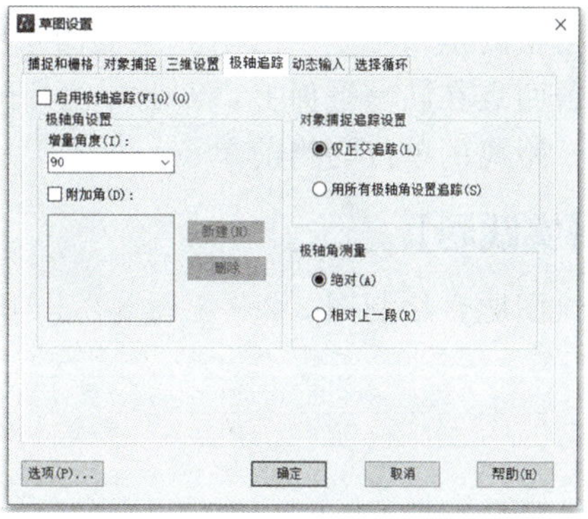

图 3-2-7　极轴追踪设置窗口

【增量角度】：设定用来显示极轴追踪对齐路径的极轴角增量。可以输入任何角度，也可以从列表中选择 90、45、30、22.5、18、15、10 或 5 这些常用角度。

【附加角】：对极轴追踪使用列表中的附加角度。附加角度是绝对的，而非增量的。

3）实例应用

实例：利用极轴追踪绘制边长为 60 的正六边形。

操作步骤：

第一步：选择“极轴追踪”选项卡，输入增量角为 60°，设置附加角为开启状态。

第二步：调用直线命令（L），在水平方向上绘制边长等于 60mm 的线段，鼠标在逆时针移动过程中，在 60°或 60°的倍数角依次会沿鼠标方向出现极轴线（虚线），按照顺序分别在虚线方向上输入 60 即可。

3.2.3　查询

利用工具菜单下的查询菜单查询(Q)，我们可以查询距离、半径、角度、面积等信息。绘制建筑施工图时，较常用的是查询距离。以下主要介绍查询距离的方法。

图形查询命令

1. 调用方法

功能区：工具→ 实用工具→ 距离。

工具栏：查询 → 距离。

菜单法：“工具” → “查询” → “距离”。

键盘输入法：输入“DIST”或“DI”。

2. 命令及提示

```
命令：DI//或 DIST
指定第一个点：
指定第二个点或 [多个点(M)]：
距离 = 113.8098,XY 面上角 = 126,与 XY 面夹角 = 0
X 增量 = - 67.3394,Y 增量 = 91.7500,Z 增量 = 0.0000
```

其中，距离是两点之间的三维距离，XY 面上角指的是相对于当前 X 轴的角度。与 XY 面夹角指的是相对于当前 XY 平面的角度。

若两点在同一平面上，Z 坐标值相同，DIST 计算距离时将采用第一点或第二点的当前标高。距离的单位为当前单位。

【实践题】

绘图题：绘制图 3-2-8 至图 3-2-10 所示的图形。

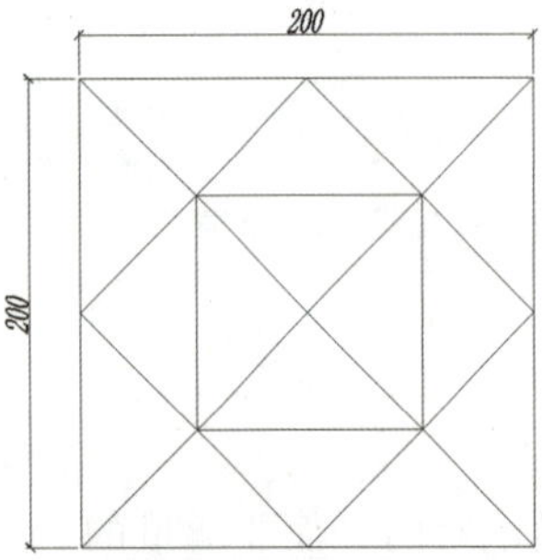

图 3-2-8　绘制图形 1

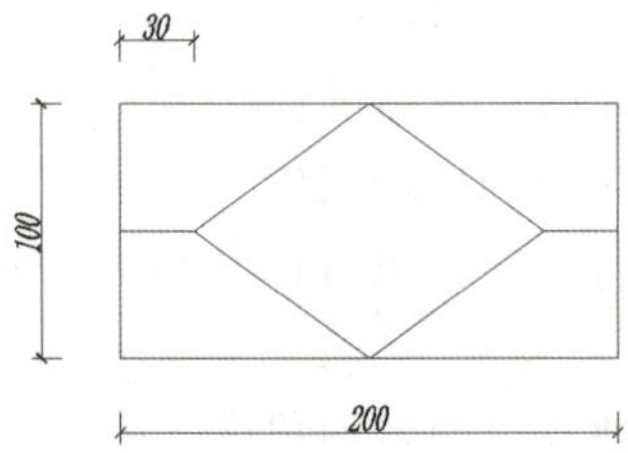

图 3-2-9　绘制图形 2

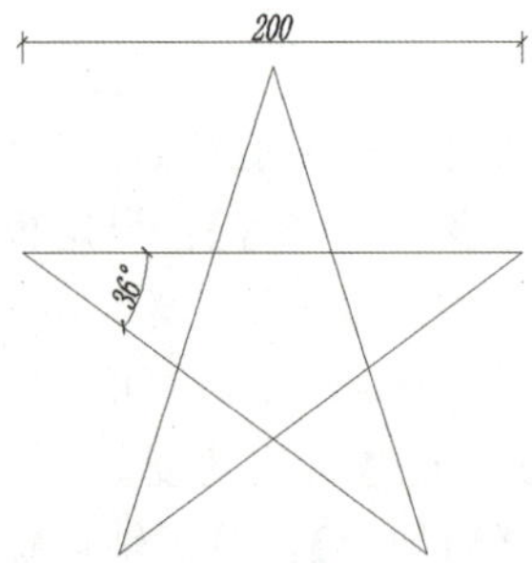

图 3-2-10　绘制图形 3

任务 3.3　简单二维图形的绘制

点及相关命令

二维图形的绘制需要使用一些简单的绘图命令和编辑命令，本任务会以基本图形的绘制为基础进行介绍。绘制的方法不是唯一的，需要同学们在日后的学习中不断探索和钻研。

3.3.1　点的绘制

点是组成图形最基本的要素，可作为捕捉和偏移对象的节点或参考点。在 ZWCAD 中，可以通过“单点”“多点”“定数等分”“定距等分”四种方法来创建点对象。为了增强点的可视性，便于观察，我们一般在绘制点对象之前先设置点的样式。

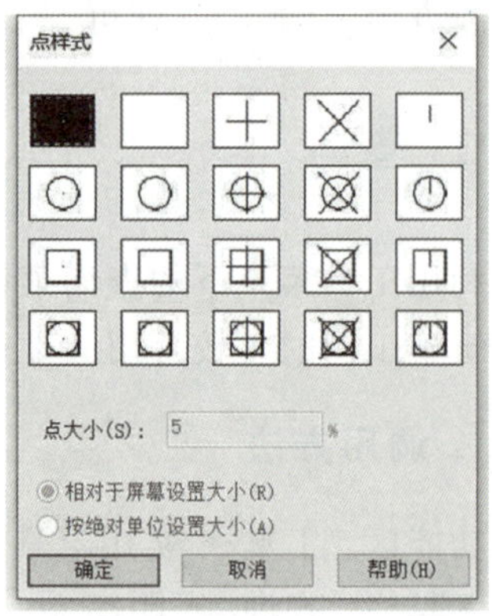

图 3-3-1　“点样式”对话框

1. 点样式的设置

点样式命令可以设置点的大小和样式，如图 3-3-1 所示。

1）调用方法

菜单法：单击“格式”→“点样式”菜单。

键盘输入法：输入“DDPTYPE”。

2）参数说明

【点大小】：设定点的显示大小，可以相对于屏幕设定点的大小，也可以用绝对单位设定点的大小。

2. 绘制单点及多点

1）调用方法

菜单法：单击“绘图”→“点”→“单点”菜单；单击“绘图”→“点”→“多点”菜单。

键盘输入法：输入“POINT”或“PO”。

2）命令及提示

```
命令:POINT//或 PO
指定点定位或［设置(S)/多次(M)］:
//指定点的位置或输入点的坐标
设置(S):        //设置点样式
多次(M):        //绘制多点
```

3. 点的定数等分

使用点的定数等分命令会将选定的对象（如线段、圆或圆弧等）平均分成若干等分，并在等分点处设置点标记，如图 3-3-2 所示。

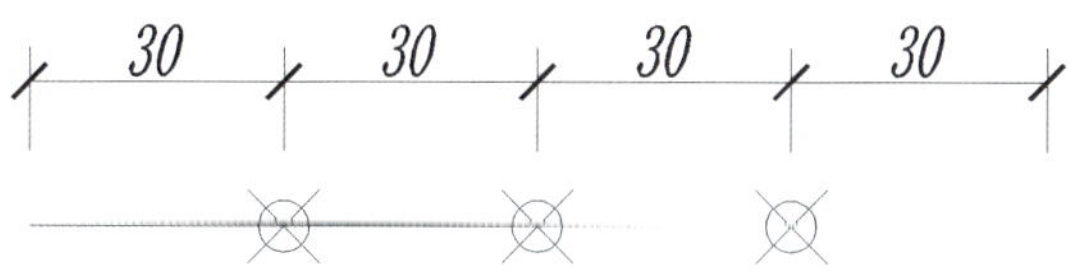

图 3-3-2　点的定数等分

1）调用方法

菜单法：单击“绘图”菜单→“点”→“定数等分”菜单。

键盘输入法：输入“DIVIDE”或“DIV”。

2）命令及提示

```
命令:DIVIDE  //或 DIV
选取分割对象:
输入分段数或［块(B)］:
```

3）参数说明

【分段数】：输入要等分成几份。

【块（B）】：沿选定对象等间距放置指定的块。块将插入最初创建选定对象的平面中。

【是】：根据选定对象的曲率对齐块。插入块的 X 轴方向与选定的对象在等分位置相切或对齐。

【否】：根据用户坐标系的当前方向对齐块。插入块的 X 轴将平行于等分位置的 UCS 的

X 轴。

4）实例应用

实例：将线段长度为 120mm 的线段定数等分成四等分，如图 3-3-2 所示。

操作步骤：

```
命令:DIVIDE
选择要定数等分的对象:            //选择等分的对象
输入线段数目或[块(B)]:4          //输入等分的数目,回车即可
```

4. 点的定距等分

使用点的定距等分命令将把等分对象（如线段、圆弧等），沿对象的长度或周长按测定间隔创建点对象或块，如图 3-3-3 所示。

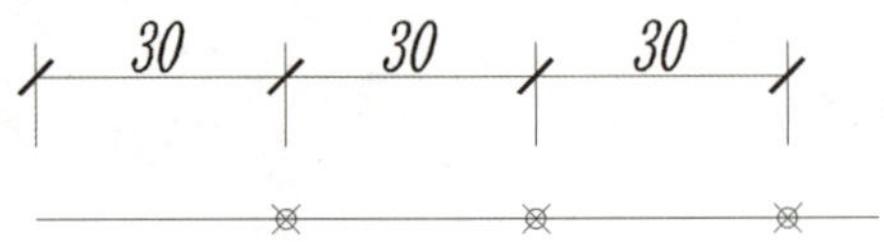

图 3-3-3　定距等分

1）调用方法

菜单法：单击“绘图”→“点”→“定距等分”菜单。

键盘输入法：输入“MEASURE”或“ME”。

2）命令及提示

```
命令:MEASURE   //或 ME
选取量测对象:
指定分段长度或 [块(B)]:
```

3）参数说明

【分段长度】：沿选定对象按指定间隔放置点对象，从最靠近用于选择对象的点的端点处开始放置。相邻两点之间的间隔即为线段长度。

【块（B）】：沿选定对象按指定间隔放置块。

【是】：块将围绕其插入点旋转，这样其水平线就会与测量的对象对齐并相切绘制。

【否】：始终使用 0 旋转角度插入块。

4）实例应用

实例：将长度为 100mm 的线段按照 30mm 的距离进行定距等分，如图 3-3-3 所示。

操作步骤：

```
命令:MEASURE          //调用定距等分命令
选取量测对象:          //选择等分的对象
指定分段长度或 [块(B)]:30    //输入被等分线段长度 30,回车确认即可
```

3.3.2 矩形的绘制

矩形命令

矩形是 ZWCAD 绘图中最常用的几何图形之一，通常情况下，我们可以从指定的矩形参数（长度、宽度、旋转角度、圆角、倒角或直角）创建矩形多段线，如图 3-3-4 所示。

1. 调用方法

菜单法：单击“绘图”→“矩形”菜单。

命令按钮法：单击绘图工具栏→矩形按钮□。

键盘输入法：输入“RECTANG”或“REC”。

2. 命令及提示

```
命令:RECTANG// 或 REC
指定第一个角点或 [倒角(C)/标高(E)/圆角(F)/正方形(S)/厚度(T)/宽度(W)]:
//指定矩形的一个角点或输入参数
指定其他的角点或 [面积(A)/尺寸(D)/旋转(R)]:
//指定矩形的另一个角点或其他方式绘制
```

3. 参数说明

【第一个角点】：指定矩形的一个角点。

【其他的角点】：使用指定的点作为对角点创建矩形。

【倒角（C）】：设定矩形的倒角距离。

【标高（E）】：指定矩形的标高。

【圆角（F）】：指定矩形的圆角半径。

【正方形（S）】：选择绘制正方形。

【厚度（T）】：指定矩形的厚度。

【宽度（W）】：为要绘制的矩形指定多段线的宽度。

【面积（A）】：使用面积与长度或宽度创建矩形。如果“倒角”或“圆角”选项被激活，则区域将包括倒角或圆角在矩形角点上产生的效果。

【尺寸（D）】：使用输入矩形的长度和宽度来绘制矩形。

【旋转（R）】：按指定的旋转角度创建矩形。

4. 实例应用

实例：请按照要求绘制图形，如图 3-3-4 所示。

实例分析：按不同方式绘制图示矩形，练习矩形绘制命令。

3.3.3 圆的绘制

圆命令

在 ZWCAD 中，默认用指定圆心和半径的方法绘制圆，也可以用圆心和直径、直径上的两点、圆周上的三点等其他方法绘制圆。

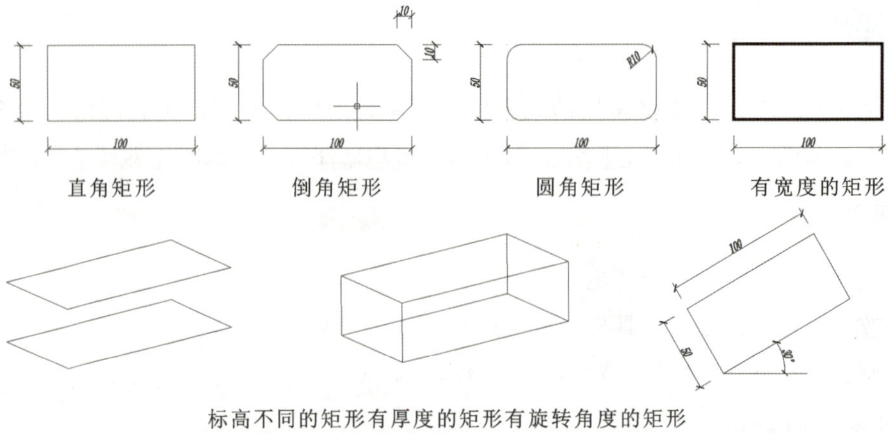

图 3-3-4　用不同方式绘制矩形

1. 调用方法

菜单法：单击“绘图”→“圆”菜单。

命令按钮法：单击绘图工具栏→圆按钮。

键盘输入法：输入“CIRCLE”或“C”。

在绘制圆时，若用菜单法进行绘制，则只需直接选择绘制的方式；若用命令或工具栏按钮法绘图，则需要输入相应的命令参数才能进行下一步绘制。

2. 命令及提示

(1)“圆心、半径”方式，如图 3-3-5 所示。

```
命令:C//CIRCLE
指定圆的圆心或 [三点(3P)/两点(2P)/切点、切点、半径(T)]:
//指定圆心位置
指定圆的半径或 [直径(D)] < 28.2843> :  //给定圆的半径值
```

(2)“圆心、直径”方式，如图 3-3-6 所示。

```
命令: C或//CIRCLE
指定圆的圆心或 [三点(3P)/两点(2P)/切点、切点、半径(T)]:
//指定圆心的位置
指定圆的半径或 [直径(D)] < 100> :D  //选择用直径法来绘制圆
指定圆的直径 < 100> :  //给定圆的直径值
```

(3) 两点法画圆，如图 3-3-7 所示。

```
命令: C或//CIRCLE
指定圆的圆心或 [三点(3P)/两点(2P)/切点、切点、半径(T)]: 2P
//选择用两点法画圆
指定圆的直径的第一个端点:        //确定直径的一个端点
指定圆的直径的第二个端点;        //确定直径的另一个端点
```

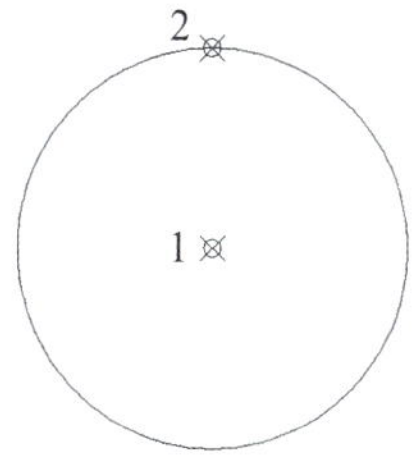

图 3-3-5 圆心、半径法画圆

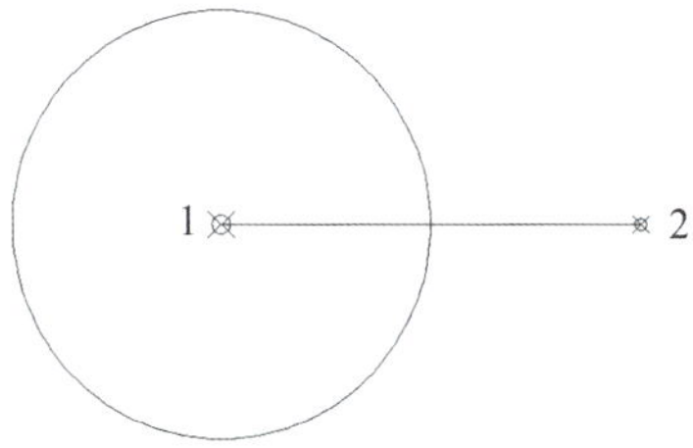

图 3-3-6 圆心、直径法画圆

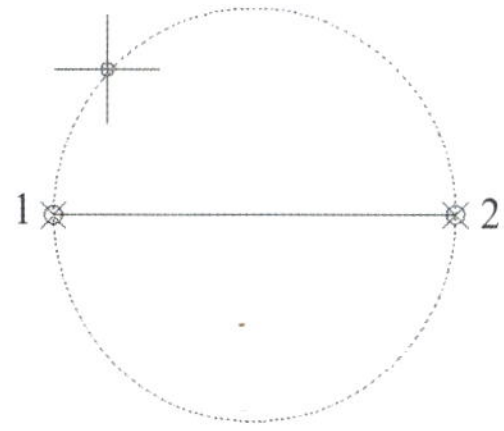

图 3-3-7 两点法画圆

(4) 三点法画圆，如图 3-3-8 所示。

```
命令:C 或// CIRCLE
指定圆的圆心或 [二点(3P)/两点(2P)/切点、切点、半径(T)]: 3P
//选择用三点法画圆
指定圆上的第一个点:        //确定圆周上的第一个点的位置
指定圆上的第二个点:        //确定圆周上的第二个点的位置
指定圆上的第三个点:        //确定圆周上的第三个点的位置
```

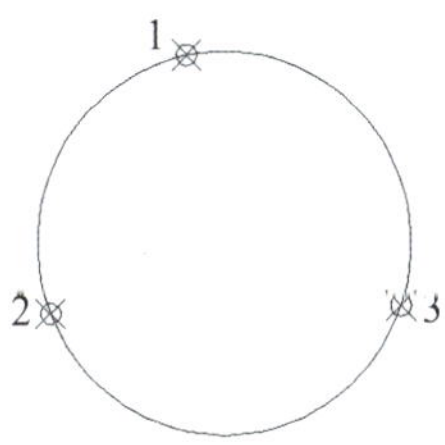

图 3-3-8 三点法画圆

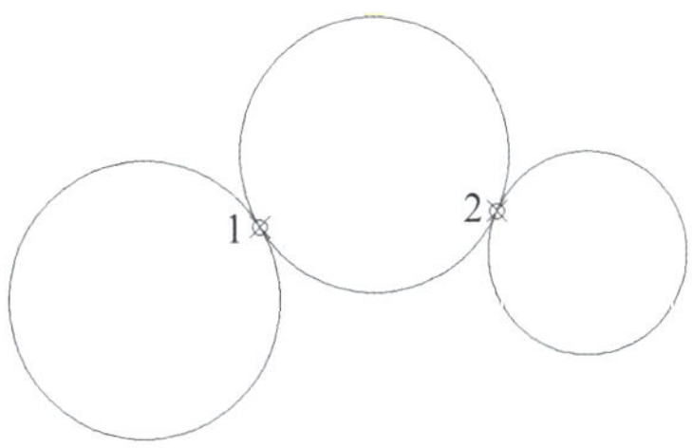

图 3-3-9 相切、相切、半径法画圆

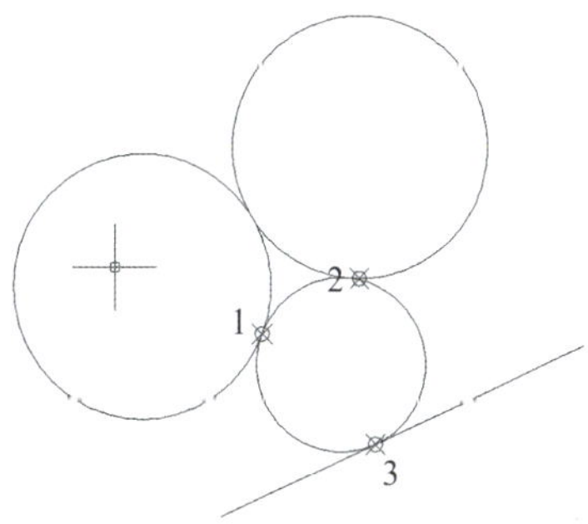

图 3-3-10 相切、相切、相切法画圆

(5) 相切、相切、半径法画圆，如图 3-3-9 所示。

```
命令:C 或// CIRCLE
指定圆的圆心或 [三点(3P)/两点(2P)/切点、切点、半径(T)]:T
指定对象与圆的第一个切点:      //确定圆周上的第一个切点的位置
指定对象与圆的第二个切点:      //确定圆周上的第二个切点的位置
指定圆的半径 < 22.0853> :30      //输入与上两个对象都相切的圆的半径
```

(6) 相切、相切、相切法画圆，如图 3 3 10 所示。

菜单法：单击“绘图”→“圆”菜单→选择“相切、相切、相切（A）”。

```
指定圆的圆心或 [三点(3P)/两点(2P)/切点、切点、半径(T)]: 3P
指定圆上的第一个点: _tan      //单击选择与圆相切的第一个点
指定圆上的第二个点: _tan      //单击选择与圆相切的第二个点
指定圆上的第三个点: _tan      //单击选择与圆相切的第三个点
```

3. 参数说明

【圆心】：基于圆心和直径（或半径）绘制圆。

【半径】：定义圆的半径。输入值或指定点。

【直径】：定义圆的直径。输入值或指定第二个点。

【两点（2P）】：基于圆直径上的两个端点绘制圆。

【三点（3P）】：基于圆周上的三点绘制圆。

【相切、相切、半径（T）】：基于指定半径和两个相切对象绘制圆。

【相切、相切、相切】：创建相切于三个对象的圆。

4. 实例应用

实例：绘制各种复杂的圆，如图 3-3-11 至图 3-3-13 所示。

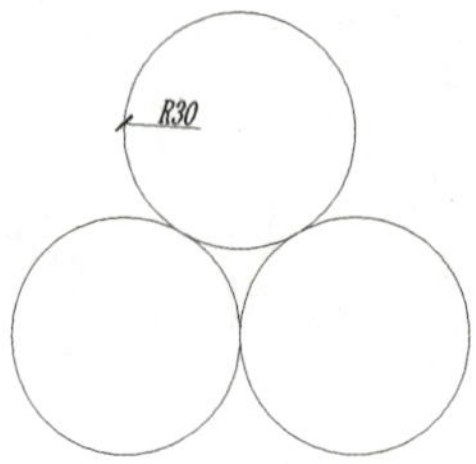

图 3-3-11 复杂的圆 1

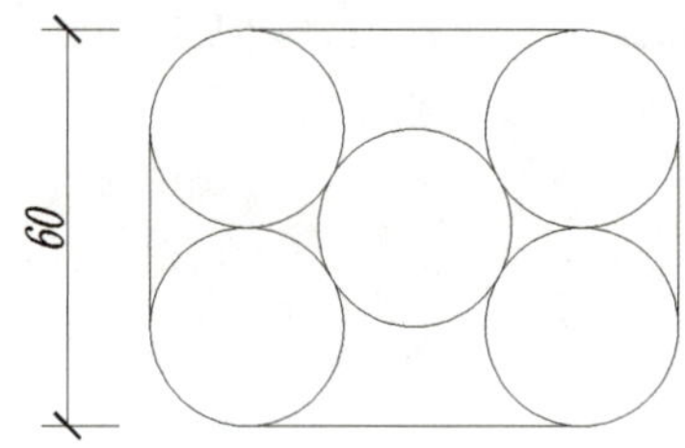

图 3-3-12 复杂的圆 2

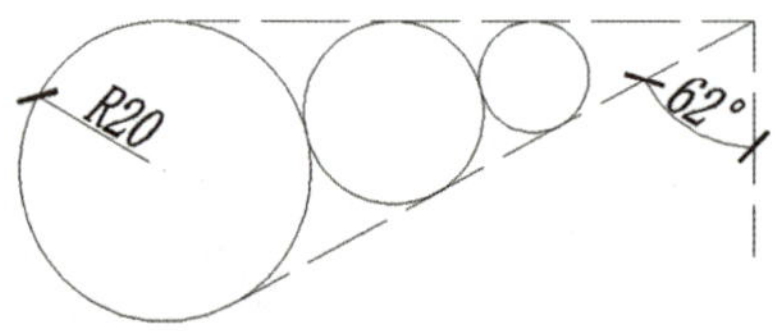

图 3-3-13 复杂的圆 3

实例分析：该实例需要结合坐标知识、极轴捕捉知识来绘制。

操作步骤（以图 3-3-11 为例）：

第一步：绘制水平方向边长等于 60 的正三角形。

第二步：以正三角形的顶点为圆心绘制半径等于 30 的圆。

第三步：删除正三角形。

3.3.4 正多边形的绘制

正多边形的绘制

使用正多边形命令可以绘制等边、等角的多边几何图形。创建正多边形时，可选用“内接圆”“外切圆”或“边”三种方式来进行绘制，如图 3-3-14 所示。

1. 调用方法

菜单法：单击“绘图”→“正多边形”菜单。

命令按钮法：单击绘图工具栏→正多边形按钮。

键盘输入法：输入“POLYGON”或“POL”。

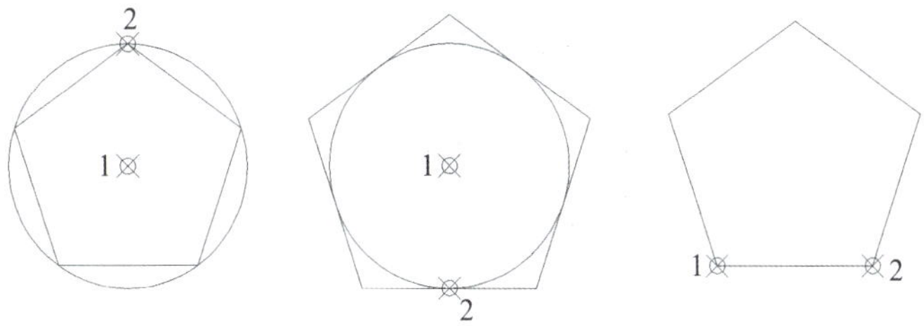

图 3-3-14　正多边形的创建

2. 命令及提示

```
命令：POL// POLYGON
输入边的数目 < 4> 或 [多个(M)/线宽(W)]：
指定正多边形的中心点或 [边(E)]：
输入选项 [内接于圆(I)/外切于圆(C)] < 外切于圆> ：
指定圆的半径：
```

3. 参数说明

【输入边的数目】：用户可以输入边的数目范围是 3～1024，命令行中显示的为最近设置。

【正多边形的中心点】：指定多边形的中心点的位置，以及新对象是内接还是外切。

【边（E）】：通过指定第一条边的端点来定义正多边形。

【内接于圆（I）】：指定外接圆的半径，正多边形的所有顶点都在此圆周上。

【外切于圆（C）】：指定从正多边形圆心到各边中点的距离。

4. 实例应用

实例：请绘制图形，如图 3-3-15 所示。

操作步骤：

第一步：绘制内部半径为 30 的圆。

第二步：绘制内接正三边形。

第三步：绘制半径为 30 的圆的外切正四边形。

第四步：绘制同心圆，其半径为圆心到正四边形顶点的距离。

第五步：绘制外切正五边形，捕捉正五边形的边与圆的切点。

3.3.5　圆环

圆环是由两个直径不相等的同心圆构成的一个整体图形。圆环的命令没有显示在绘图工具栏中，要通过“绘图”菜单来调用或者在命令行中输入命令来绘制圆环，如图 3-3-16 所示。

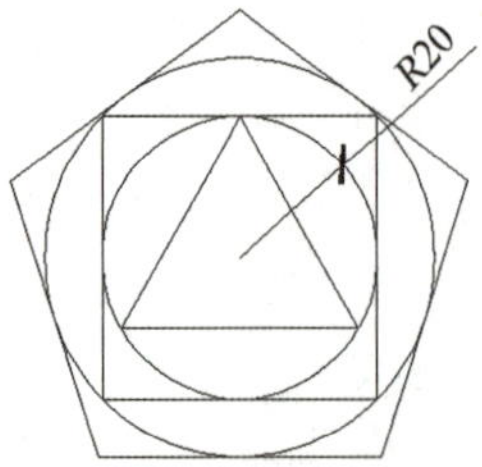

图 3-3-15　正多边形实例应用

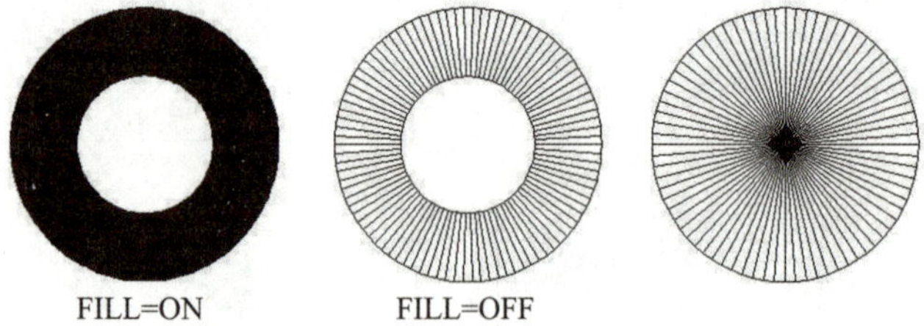

图 3-3-16　圆环

1. 调用方法

菜单法：单击“绘图”→“圆环”菜单。

键盘输入法：输入“DONUT”或“DO”。

2. 命令及提示

```
命令：DO// DONUT
指定圆环的内径 < 0.0000> ：
指定圆环的外径 < 2.0000> ：
指定圆环的中心点或 < 退出> ：
```

3. 参数说明

【圆环的内径】：指定圆环的内径值。

【圆环的外径】：指定圆环的外径值，外径值不能为 0。

【圆环的中心点】：指定绘制圆环的中心位置。

【FILLMODE】：可设置圆环的填充模式。当 FILLMODE＝0 时，不填充；当 FILLMODE＝1 时，填充。

【FILL】：与 FILLMODE 效果相同。当 FILL 设置为 OFF 时，不填充；当 FILL 设置为 ON 时，填充。

4. 实例应用

实例：设置 FILL 属性，绘制不同内外径的圆环，如图 3-3-16 所示。

操作步骤：

第一步：在命令行中输入“FILL”或“FILLMODE”命令，设置 FILL 属性为打开（ON）/关闭（OFF），或设置 FILLMODE 属性为 1 或 0。

第二步：按照内外径要求绘制圆环即可。

说明：在结构施工图中绘制钢筋断面一般用圆环命令，设置圆环内径＝0，圆环外径＝钢筋直径（示意时圆环外径＝25）。

复制命令

3.3.6　复制

复制命令的功能是对已有对象创建一个或多个副本。复制的对象与原对象大小、形状完全一致，复制的图形如图 3-3-17 所示。

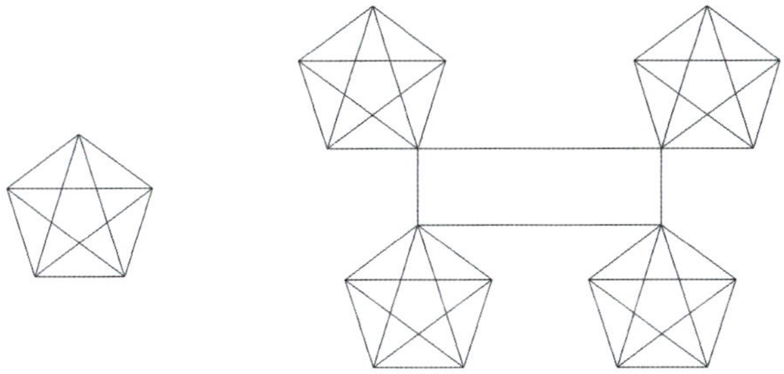

图 3-3-17　复制图形

1. 调用方法

菜单法：单击“修改”→“复制”菜单。

命令按钮法：单击修改工具栏→复制按钮。

键盘输入法：输入“COPY”或“CO”或“CP”。

2. 命令及提示

```
命令：CO// COPY
选择对象：找到 1 个
选择对象：
当前设置：复制模式 = 多个
指定基点或 [位移(D)/模式(O)] < 位移> :
指定第二个点或 [阵列(A)/等距(E)/等分(I)/沿线(P)] < 使用第一点当作位移> :
指定第二个点或 [阵列(A)/退出(E)/放弃(U)] < 退出> :
```

3. 参数说明

【选择对象】：选择要复制的对象。

【位移（D）】：复制对象距离源对象的距离，使用坐标指定相对距离和方向。

【模式（O）】：控制命令是否自动重复（CopyMode 系统变量）。

【阵列（A）】：指定在线性阵列中排列的副本数量。

【等距（E）】：等距离复制对象。

【等分（I）】：在指定长度上等分复制对象。

【沿线（P）】：沿直线或曲线复制对象。

【退出（E）】：退出复制命令。

【放弃（U）】：放弃前面的操作。

4. 实例应用

实例： 利用复制命令，按照图 3-3-17 中给定点的位置进行复制。

操作步骤：

第一步：调用复制命令。

第二步：选择要复制的对象，指定复制的基点和端点即可。

3.3.7 镜像

镜像命令

使用镜像命令可以将当前选定的对象在平面上进行对称。像我们生活中站在镜前看到的自己一样，图形和文本都可以镜像，如图 3-3-18 所示。

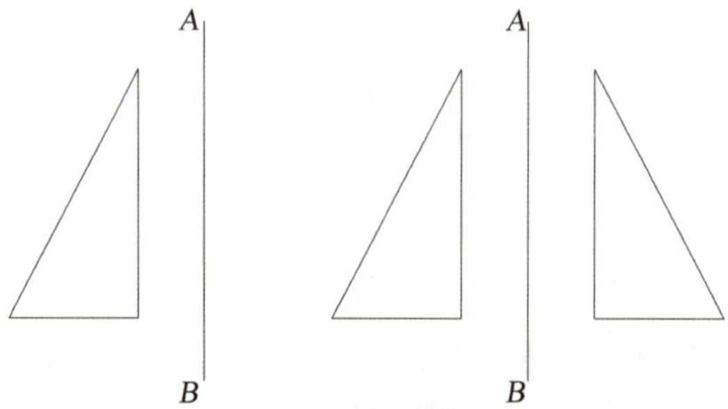

图 3-3-18　图形关于直线 *AB* 镜像

1. 调用方法

菜单法：单击“修改”→“镜像”菜单。

命令按钮法：单击修改工具栏→镜像按钮。

键盘输入法：输入“MIRROR”或“MI”。

2. 命令及提示

```
命令：MI//MIRROR
选择对象：指定对角点：找到 1 个        //选择要镜像的对象
选择对象：      //对所选择的对象按回车键确认
指定镜像线的第一点：指定镜像线的第二点：      //指定镜像的镜面所在直线
是否删除源对象？[是(Y)/否(N)] < 否(N)> ：      //选择是否删除源对象
```

3. 参数说明

【选择对象】：用鼠标点选或框选要镜像的对象，按回车键确认。

【指定镜像线】：指定镜像镜面所在直线。

【是否删除源对象】：选择是，则删除源对象，保留镜像后的图形；选择否，保留源对象和镜像后的图形。

当镜像的对象中含有文本时，系统变量 MIRRTEXT＝1 时，文本以对称面为镜面对称图；当 MIRRTEXT＝0 时，文本内容不做镜像，只是源文本与镜像后的文本到镜面的距离相等。

4. 实例应用

实例：按照如图 3-3-19 所示，设置 MIRRTEXT 数值对图形进行镜像。

操作步骤：

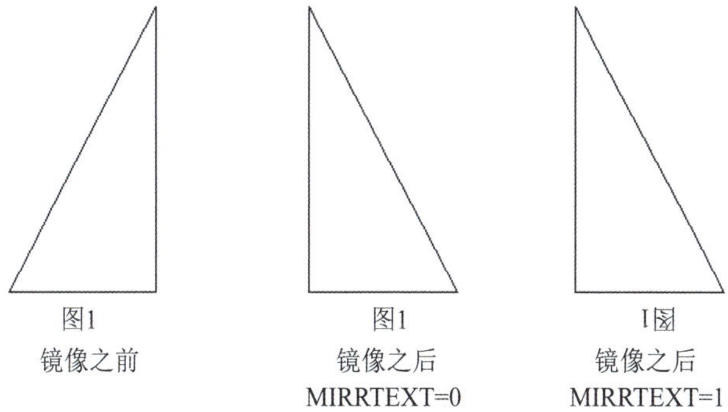

图 3-3-19　镜像实例应用

第一步：调用镜像命令。

第二步：选择镜像的对象，确定镜像的对称点，确认是否删除源对象后回车即可。

3.3.8　移动

移动命令可改变所选定对象的位置。移动时，利用坐标、栅格捕捉、对象捕捉和其他工具可以精确移动对象，如图 3-3-20 所示。

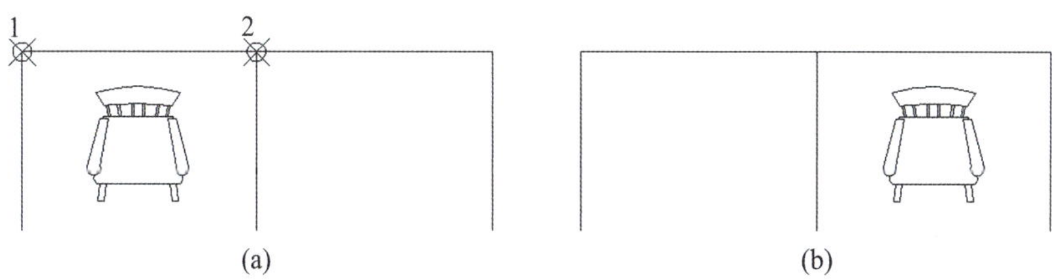

图 3-3-20　移动对象

1. 调用方法

菜单法：单击“修改”→“移动”菜单。

命令按钮法：单击修改工具栏→移动按钮✥。

键盘输入法：输入“MOVE”或“M”。

2. 命令及提示

```
命令：M// MOVE
选择对象:找到 1 个      //选择对象
选择对象：      //选择完毕,按回车键确认
指定基点或 [位移(D)] < 位移> ：指定第二点的位移或者 < 使用第一点当作位移> ：
//指定位移
```

3. 参数说明

【选择对象】：选择要移动的对象。

【基点】：指定移动的起点。

【第二点】：结合使用第一个点来指定一个矢量，以指明选定对象要移动的距离和方向。

【位移（D）】：指定相对距离和方向。指定的两点定义一个矢量，指示复制对象的放置位置有多远以及以哪个方向放置。

4. 实例应用

实例：如图 3-3-20 所示，将图 3-3-20（a）通过移动操作，变成图 3-3-20（b）所示。

操作步骤：

第一步：调用移动命令。

第二步：从左向右将所有的对象拉框选定。

第三步：指定移动的基点为图中点 1 的位置，终点为点 2 的位置。

3.3.9 圆弧的绘制

圆弧命令

使用圆弧命令可以绘制弧形的轮廓线。ZWCAD 提供了 11 种绘制圆弧的方式，这些绘制方式根据起点、圆心、终点、方向包含角、弦长等控制点或具体数据来决定圆弧的大小和方向。在默认情况下，按照逆时针方向绘制圆弧，按住【Ctrl】键的同时移动鼠标，以顺时针方向绘制圆弧。

1. 调用方法

菜单法：单击“绘图”→“圆弧”菜单。

命令按钮法：单击绘图工具栏→圆弧按钮。

键盘输入法：输入“ARC”或“A”。

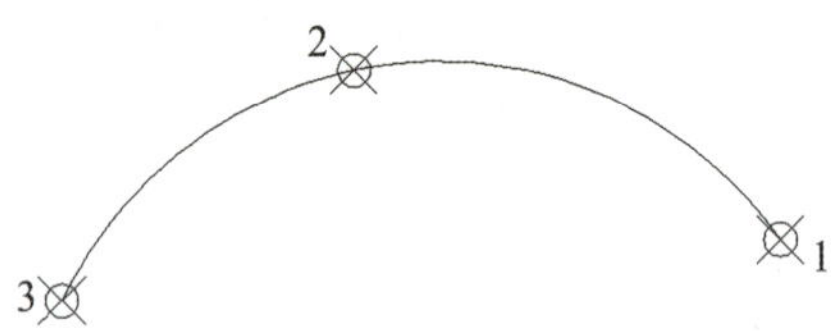

图 3-3-21 三点法绘制圆弧

2. 命令及提示

（1）三点法绘制圆弧，如图 3-3-21 所示。

```
命令：A// ARC
指定圆弧的起点或 [圆心(C)]:                    //指定圆弧的起点为起点
指定圆弧的第二个点或 [圆心(C)/端点(E)]:        //指定圆弧的经过点为第二点
指定圆弧的端点:                                //指定圆弧的端点为最后端点
```

（2）起点、圆心法绘制圆弧，如图 3-3-22 所示。

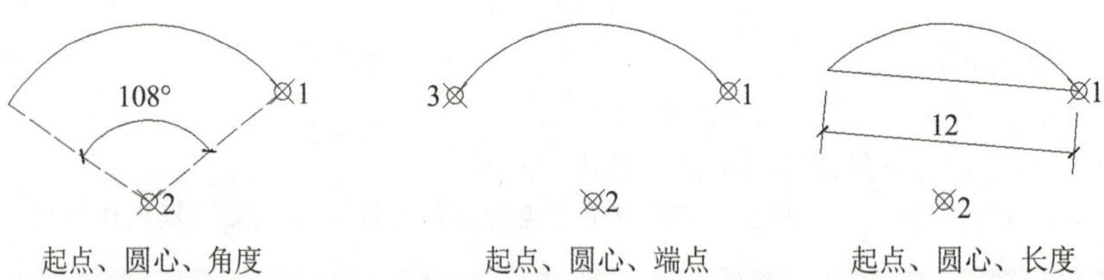

图 3-3-22 起点、圆心法绘制圆弧

```
命令: ARC
指定圆弧的起点或 [圆心(C)]:          //指定圆弧的起点
指定圆弧的第二个点或 [圆心(C)/端点(E)]: C
指定圆弧的圆心:         //指定圆弧的圆心
指定圆弧的端点(按住 Ctrl 键以切换方向)或 [角度(A)/弦长(L)]:
//指定圆弧的端点或角度或弦长
```

(3) 起点、端点法绘制圆弧，如图 3-3-23 所示。

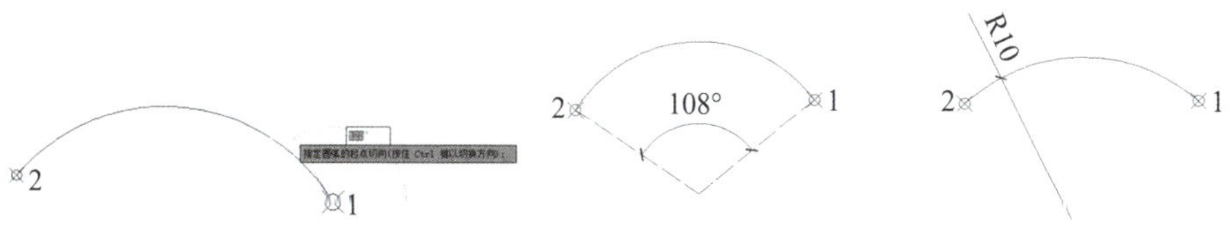

图 3-3-23　起点、端点法绘制圆弧

```
命令: ARC
指定圆弧的起点或 [圆心(C)]:      //指定圆弧的起点
指定圆弧的第二个点或 [圆心(C)/端点(E)]:
指定圆弧的端点:              //指定圆弧的端点
指定圆弧的圆心(按住 Ctrl 键以切换方向)或 [角度(A)/方向(D)/半径(R)]:
//指定圆心或圆弧所对的圆心角度数或起点的切线方向或圆弧的半径
```

(4) 圆心、起点法绘制圆弧，如图 3-3-24 所示。

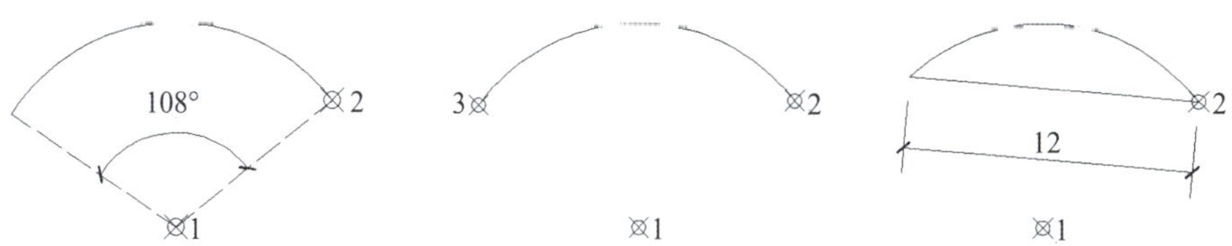

图 3-3-24　圆心、起点法绘制圆弧

```
命令: ARC
指定圆弧的起点或 [圆心(C)]: C
指定圆弧的圆心:        //指定圆弧的圆心
指定圆弧的起点:        //指定圆弧的起点
指定圆弧的端点(按住 Ctrl 键以切换方向)或 [角度(A)/弦长(L)]:
//指定圆弧的端点或角度或弦长
```

(5) 继续绘制圆弧:

```
命令: ARC
指定圆弧的起点或 [圆心(C)]:
指定圆弧的端点(按住 Ctrl 键以切换方向):
//自动以上段弧的终点为本段弧的起点
指定圆弧的端点:
```

3. 参数说明

【角度】：圆弧所对的圆心角，默认按逆时针绘制为正角度，顺时针绘制为负角度。

【方向】：圆弧起点的切线方向。

【弦长】：圆弧所对应的弦长。

【半径】：圆弧的半径值。若半径值为正，绘制的是从起点到端点处的劣弧；若半径值为负，绘制的是优弧。

4. 实例应用

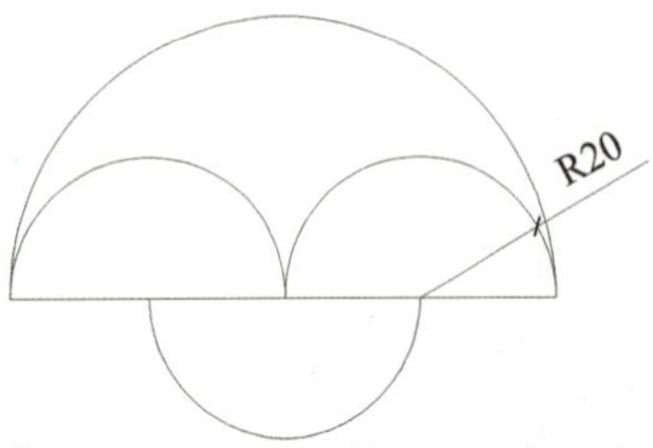

图 3-3-25　圆弧实例图形

实例：请绘制图 3-3-25 所示的图形。

实例分析：上述图可使用圆弧命令进行绘制，方法灵活多变，需掌握好以下绘制圆弧的技巧：

（1）圆弧绘制的角度始终是从起点向端点方向按逆正顺负原则绘制。

（2）当圆弧的半径值为正，绘制的是从起点到端点处的劣弧；若半径值为负，绘制的是优弧。

3.3.10　椭圆及椭圆弧的绘制

椭圆与椭圆弧

1. 椭圆的绘制

1）调用方法

菜单法：单击“绘图”→“椭圆”菜单。

命令按钮法：单击绘图工具栏→椭圆按钮或椭圆弧按钮。

键盘输入法：输入“ELLIPSE”或“EL”。

2）命令及提示

```
命令：EL//ELLIPSE
指定椭圆的第一个端点或 [弧(A)/中心(C)]：
//在绘制区域指定椭圆中心点 P,单击以 C 命令指定椭圆中心点
指定轴向第二端点：　　//指定椭圆第一条半轴的长度
指定其他轴或 [旋转(R)]：　　//指定另一条半轴的长度或输入 R 椭圆旋转
```

3）参数说明

【中心】：椭圆的几何中心，也是轴的交点。

【轴端点】：根据两个端点定义椭圆的第一条轴。第一条轴的角度确定了整个椭圆的第一条轴，既可定义椭圆的长轴，也可定义短轴。

【指定其他轴】：从椭圆弧圆心（即第一条轴的中点）到指定点的距离。

【旋转】：通过绕第一条轴旋转圆来创建椭圆。绕椭圆中心移动十字光标并单击，越大，椭圆的离心率就越大。输入 0 将定义圆。

【等轴测圆】：在当前等轴测绘图平面绘制一个等轴测圆。“等轴测圆”选项仅在“样式”选项设置为“等轴测”时才可用。

4）实例应用

实例：请绘制两个椭圆，如图 3-3-26 所示。

操作步骤：

调用椭圆命令，采用轴端点的方法分别绘制两个椭圆即可。

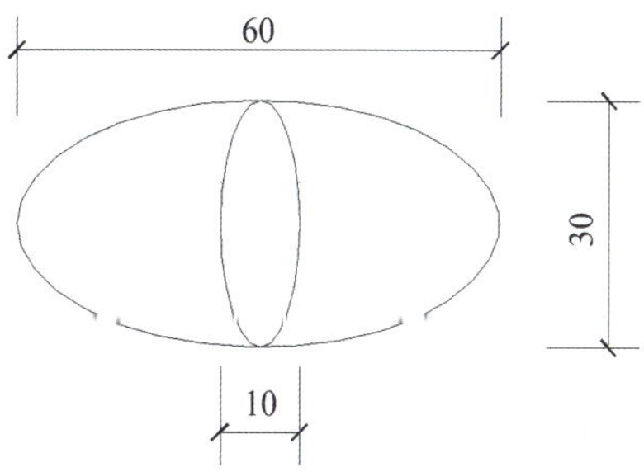

图 3-3-26　椭圆实例应用

2. 椭圆弧的绘制

1）调用方法

菜单法：单击“绘图”→“椭圆”→“圆弧”菜单。

命令按钮法：单击绘图工具栏→椭圆按钮 或椭圆弧按钮 。

键盘输入法：输入“ELLIPSE”或“EL”。

2）命令及提示

```
命令：EL//ELLIPSE
指定椭圆的第一个端点或 [弧(A)/中心(C)]:A
指定椭圆的第一个端点或 [中心(C)]:
指定轴向第二端点：
指定其他轴或 [旋转(R)]:
指定弧的起始角度或 [参数(P)]:
指定终止角度或 [参数(P)/包含(I)]:
```

3）参数说明

【弧（A）】：选择后可绘制椭圆弧。

【轴端点】：定义第一条轴的起点。

【中心（C）】：使用中心点、第一个轴的端点和第二个轴的长度来创建椭圆，可以通过单击所需距离处的某个位置或输入长度值来指定距离。

【旋转（R）】：通过绕第一条轴旋转定义椭圆的长轴、短轴比例。该值（0°～89.4°）越大，短轴对长轴的比例越大。89.4°～90.6°之间的值无效，因为此时椭圆将显示为一条直线。这些角度值的倍数将每隔 90°产生一次镜像效果。

【起始角度】：定义椭圆弧的第一个端点。“起始角度”选项用于从参数模式切换到角度模式。模式用于控制计算椭圆的方法。

【参数（P）】：以矢量参数方程式来计算椭圆弧的端点角度。

【包含（I）】：指所创建的椭圆弧从起始角度开始的包含角度值。

4）实例应用

实例：绘制椭圆弧，如图 3-3-27 所示。

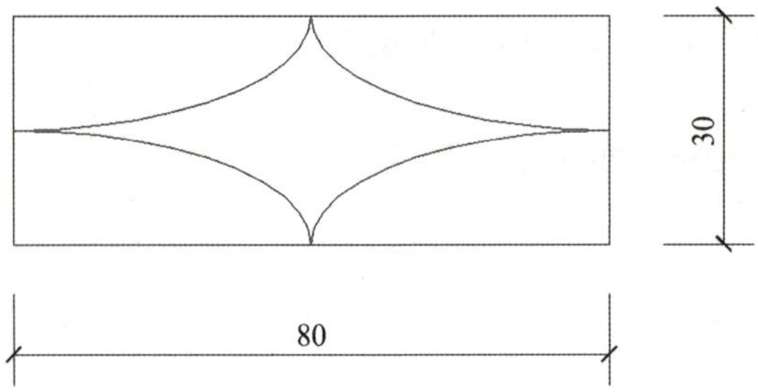

图 3-3-27　椭圆弧实例应用

操作步骤：

第一步：绘制外侧矩形。

第二步：绘制其中的一个椭圆弧。

第三步：调用镜像命令绘制其余三条椭圆弧。

【操作练习】

绘制图 3-3-28 所示的图形。

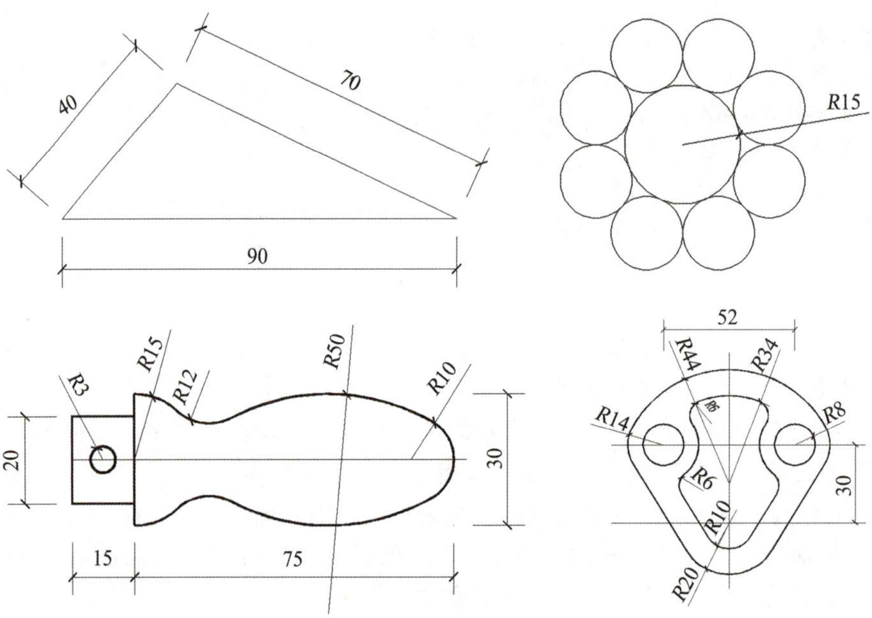

图 3-3-28　练习图形

3.3.11　样条曲线

利用样条曲线可以绘制一些不规则的曲线，只要给定一组点，让这条曲线经过或靠近这些拟合点，即可形成一条光滑的曲线，这就是样条曲线。

在 ZWCAD 中有样条曲线拟合和样条曲线控制点，它们是定义样条曲线的两种不同的方式。一般在默认情况下，用拟合方式定义时，拟合点与样条曲线重合，如图 3-3-29 所示；用控制点方式定义时，控制点会定义出控制框，控制框会用一种简便快捷的方式定义样条曲线的形状。

图 3-3-29　样条曲线拟合与控制点

1. 调用方法

菜单法：单击“绘图”→“样条曲线”菜单。

命令按钮法：单击绘图工具栏→样条曲线拟合按钮。

键盘输入法：输入“SPLINE”或“SPL”。

2. 命令及提示

```
命令：SPL// SPLINE
指定第一点或 [对象(O)]:
指定下一点：
指定下一点或 [闭合(C)/拟合公差(F)/放弃(U)] <起点切向>：
指定起点切向：
指定端点切向：
```

3. 参数说明

执行 SPLINE 命令后，层层递进的命令行会有嵌套的提示，各提示参数说明如下：

【对象（O）】：将二维或三维的二次或三次样条曲线拟合多段线转换成等效的样条曲线。

【指定第一点】：确定曲线第一点的位置，是拟合点还是控制点，要看当前选择的方式。

【指定下一点】：创建曲线上其他点及其他样条曲线。

【拟合公差（F）】：用于控制样条曲线到拟合点的距离。

【起点切向】：指定样条曲线起点的切向。

【端点切向】：指定样条曲线端点的切向。

【放弃（U）】：删除最后一个指定点。

【闭合（C）】：将端点与起点连接起来，形成一条闭合的样条曲线。

4. 实例应用

实例：用样条曲线命令完成图 3-3-30 所示的绘制。

实例分析：本实例只需要一步即可完成，启动样条曲线命令后，按照命令提示一步一步完成即可。

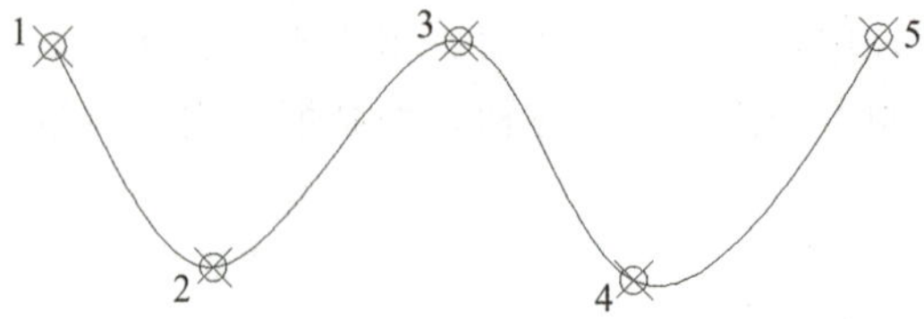

图 3-3-30 样条曲线实例应用

操作步骤：

调用样条曲线命令，按照图 3-3-30 中 1→2→3→4→5 的顺序依次单击，形成曲线轨迹。

3.3.12 修订云线

常利用云线来绘制一些树状或云状的物体，在建筑制图中，园林专业的学生在绘制图中花草树木等时用得较多，在建筑装饰中也常用来绘制艺术造型或云彩，还可以在绘图的时候对需要修订的地方做标记。

1. 调用方法

菜单法：单击“绘图”→“修订云线”菜单。

命令按钮法：单击绘图工具栏→修订云线按钮。

键盘输入法：输入“REVCLOUD”。

2. 命令及提示

```
命令：REVCLOUD
当前设置：最小弧长= 11.0355,最大弧长= 22.071,样式= 普通,类型= 自由绘制
指定起点或 [弧长(A)/对象(O)/矩形(R)/多边形(P)/自由绘制(F)/样式(S)] < 对象> :
沿云线路径引导十字光标...
修订云线完成。
```

3. 参数说明

【弧长（A）】：最小圆弧长度和最大圆弧长度的默认值为 0.5，最大弧长不能大于最小弧长的三倍。

【对象（O）】：指定要转换为云线的对象，转变后可以选择是否将其反转。

【矩形（R）】：绘制矩形的云线。

【多边形（P）】：绘制多边形的云线。

【自由绘制（F）】：自由绘制云线。

【样式（S）】：指定修订云线的样式，用于选择云线图形对象为手绘还是普通。

图 3-3-31 云线实例应用

4. 实例应用

实例：绘制图 3-3-31 所示的云线。

操作步骤：

调用绘制云线命令，设置弧长，在屏幕上按照图 3-3-31 所示轨迹移动鼠标，最后将首尾点闭合即可。

3.3.13　旋转

旋转命令

在 ZWCAD 中，不论是图形对象，还是文字、标注等，都可以进行旋转的编辑。ZWCAD 中的旋转，是指绕基点旋转对象的意思。

1. 调用方法

菜单法：单击“修改”→“旋转”菜单。

命令按钮法：单击修改工具栏→旋转按钮↻。

键盘输入法：输入“ROTATE”或“RO”。

2. 命令及提示

```
命令：RO// ROTATE
选择对象:找到 1 个                              //选择要旋转的对象
指定基点：                                      //确定以哪个基点开始旋转
指定旋转角度或 [复制(C)/参照(R)] < 0> ：        //输入绝对旋转角度
```

3. 参数说明

【复制（C）】：将要旋转的对象复制一份，在复制的对象上旋转，源对象保留原状。

【参照（R）】：将要旋转的对象从指定的角度旋转到新的绝对角度。

【旋转角度】：这里的旋转角度有正负之分。如果输入的角度为正值，对象按照逆时针方向旋转；如果输入的角度为负值，对象按照顺时针的方向旋转。

4. 实例应用

实例：将图 3-3-32 所示的餐桌由左图中的方向变为右图中的方向。

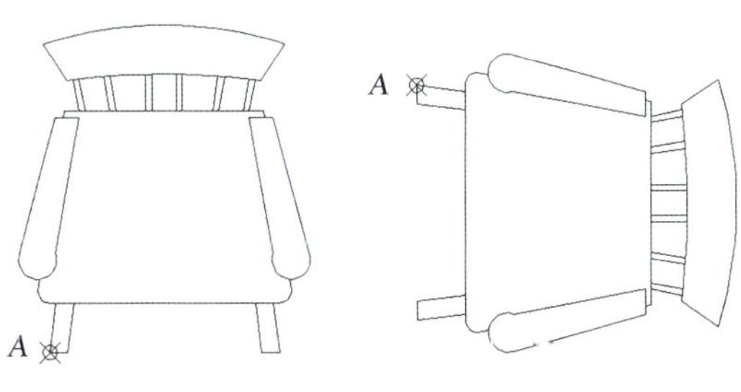

图 3-3-32　变换椅子的方向

操作步骤：

第一步：调用旋转命令。

第二步：选择要旋转的对象——椅子。

第三步：指定旋转的基点 A 点，并输入旋转的角度 90°即可。

3.3.14 偏移

偏移命令

在建筑工程制图过程中，当我们看到出现位置不同但形状相同或相似的对象时，就可以使用偏移命令了。偏移是一种特殊的复制种类，它是把相同的图形对象（线、曲线、圆弧或圆）做一定距离的平行复制或同心复制，从而得到一个新对象。

1. 调用方法

菜单法：单击“修改”→“偏移”菜单。

命令按钮法：单击修改工具栏→偏移按钮。

键盘输入法：输入“OFFSET”或“O”。

2. 命令及提示

```
命令：O// OFFSET
指定偏移距离或 [通过(T)/擦除(E)/图层(L)] < 10.0000> ：
选择要偏移的对象或 [放弃(U)/退出(E)] < 退出> ：
指定目标点或 [退出(E)/多个(M)/放弃(U)] < 退出> ：
```

3. 参数说明

【通过（T）】：创建通过指定点的对象。

【擦除（E）】：偏移得到新对象后，将源对象去除。

【图层（L）】：选择要把偏移后的对象放在源对象所在的图层上还是当前图层上。

【放弃（U）】：放弃当前的偏移操作，恢复到前一个偏移。

【退出（E）】：结束 OFFSET 命令。

【多个（M）】：选择了多个偏移方式后，按当前的偏移距离重复多次进行偏移操作。

4. 实例应用

实例：如图 3-3-33 所示，用命令将左图修改为右图的样子。

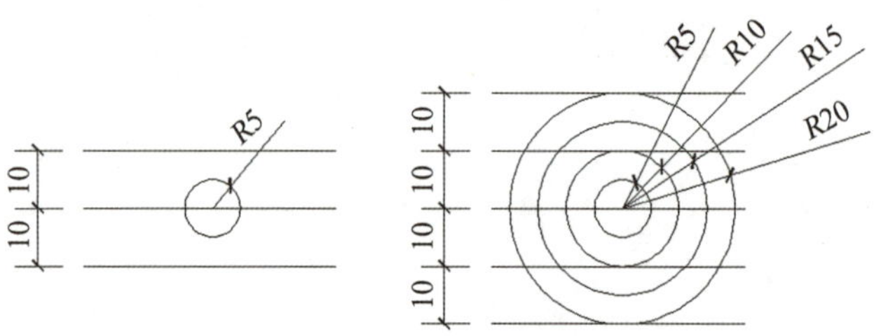

图 3-3-33 偏移实例应用

操作步骤：

第一步：将图中的直线分别上下偏移距离 10。

第二步：将半径为 5 的圆用偏移命令向外做同心复制。

3.3.15 阵列

在绘制图形的过程中，经常有一些图形将同一图形元素按照一定的顺序排列，对于这种情况我们就可以使用阵列命令对其进行操作。阵列可以实现对图形的快速复制。ZWCAD 给出了矩形阵列、环形阵列、路径阵列三种阵列方式。矩形阵列是按行、列和标高的方式复制出图形元素的新组合方式；环形阵列是将图形元素围绕点或指定轴按旋转的方式复制后，均匀分布新图形；路径阵列是将复制后得到的新图形沿路径或部分路径均匀分布。

阵列命令

1. 矩形阵列

1）调用方法

菜单法：单击“修改”菜单→“阵列”→“矩形阵列”。

命令按钮法：单击修改工具栏→矩形阵列按钮。

键盘输入法：输入“ARRAYRECT”。

2）命令及提示

```
选择对象：找到 1 个
类型= 矩形      关联= 是
选择夹点以编辑阵列或 [关联(AS)/基点(B)/计数(COU)/间距(S)/列数(COL)/行数(R)/层数(L)/退出(X)] < 退出> :
```

3）参数说明

【关联（AS）】：指定阵列后的图形每个个体之间是关联的还是独立的。若选“是”，则阵列后的图形中每个个体之间有联系，对源对象进行特性编辑和修改时，其他复制后的个体也会随之发生改变；若选“否”，则新图形中的每个个体都是独立的，源对象的修改不会影响到其他个体。

【基点（B）】：指定阵列后得到的新对象以哪个基点放置。关键点只针对关联阵列，如果对阵列后得到的新图形的源对象进行编辑，则阵列后的新图形的基点与源对象的关键点重合。

【计数（COU）】：一种比“行和列”选项更方便快捷的方法，它也能指定行数和列数，并使绘图者在移动光标时直接观察结果，表达式一般基于数学公式或方程式导出值。

【间距（S）】：指定行间距和列间距，行间距是在竖直方向上相邻两个个体之间的间距，列间距是在水平方向上相邻两个个体之间的间距，单位单元是通过设置等同于间距的矩形区域的每个角点来同时指定行间距和列间距。

【列数（COL）】：编辑列的数量和列间距。

【行数（R）】：编辑行的数量和行间距。

矩形阵列各夹点含义如图 3-3-34 所示。

【层数（L）】：在三维阵列中使用，指定阵列中的层数和层间距。层间距是指在 Z 坐标值中指定每个对象等效位置之间的差值。

【退出（X）】：退出阵列命令。

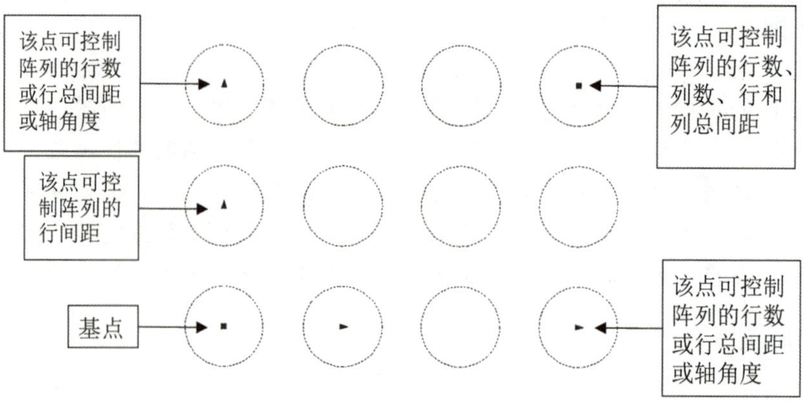

图 3-3-34　矩形阵列各夹点含义

4) 实例应用

实例： 用矩形阵列命令完成图 3-3-35。

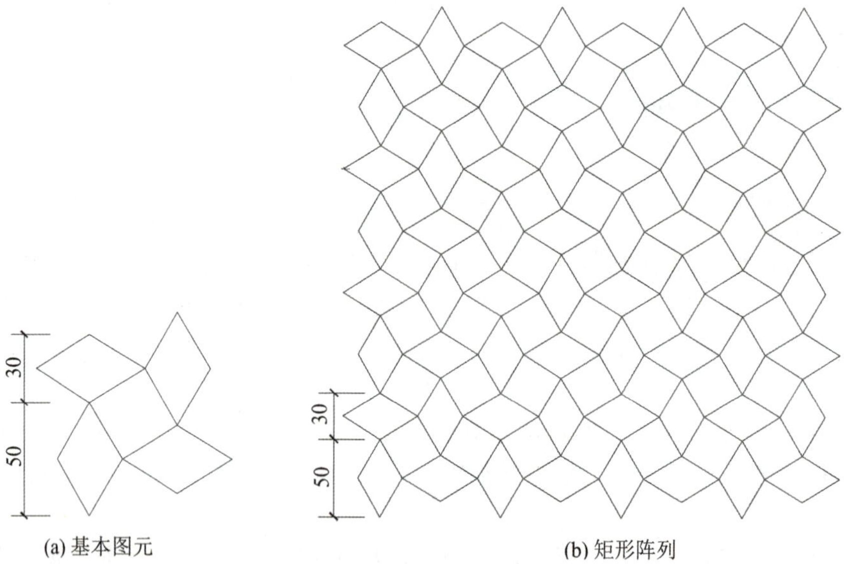

图 3-3-35　矩形阵列实例应用

操作步骤：

第一步：调用直线命令，绘制基本图元，如图 3-3-35（a）所示。

第二步：用矩形阵列命令完成 4 列 4 行图形的绘制，设置行偏移和列偏移均为 80mm。

2. 环形阵列

1) 调用方法

菜单法：单击“修改”→“阵列”→“环形阵列”菜单。

键盘输入法：输入“ARRAYPOLAR”。

2）命令及提示

命令：ARRAYPOLAR
选择对象：找到 1 个
选择对象：
类型= 环形　　关联= 是
指定阵列的中心点或 [基点 (B) /旋转轴 (A)]:
选择夹点以编辑阵列或 [关联 (AS) /基点 (B) /项目 (I) /项目间角度 (A) /填充角度 (F) /行 (ROW) /层 (L) /旋转项目 (ROT) /退出 (X)] < 退出> :

环形阵列各夹点含义如图 3-3-36 所示。

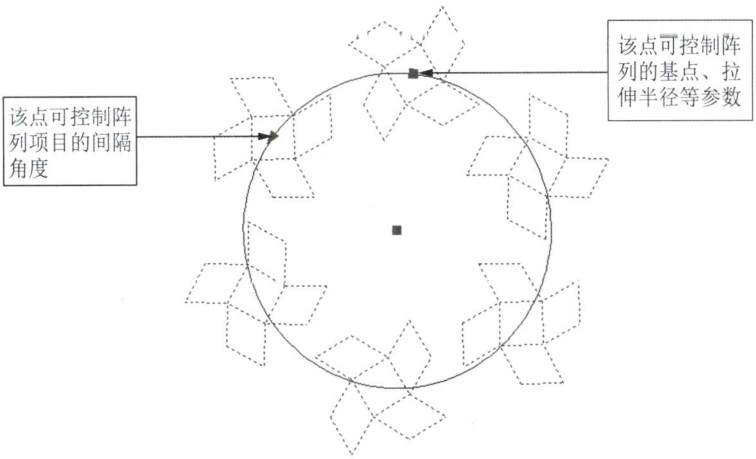

图 3-3-36　环形阵列各夹点含义

3）参数说明

【基点（B）】：指定阵列后得到的新对象以哪个基点放置。关键点只针对关联阵列，如果对阵列后得到的新图形的源对象进行编辑，则阵列后的新图形的基点与源对象的关键点重合。

【旋转轴（A）】：阵列按照两个指定点形成的轴线来旋转。

【关联（AS）】：指定阵列后的图形每个个体之间是关联的还是独立的。若选“是”，则阵列后的图形中每个个体之间有联系，对源对象进行特性编辑和修改时，其他复制后的个体也会随之发生改变；若选“否”，则新图形中的每个个体都是独立的，源对象的修改不会影响到其他个体。

【项目（I）】：使用值或表达式来确定环形阵列后将源对象复制的数目。

【项目间角度（A）】：使用值或者表达式来确定相邻项目之间的角度。

【填充角度（F）】：使用值或者表达式来确定第一个项目和最后一个项目之间的角度。

【行（ROW）】：指定阵列中的行数，以及各行之间的距离和增高标量。

【层（L）】：在三维阵列中使用，指定阵列中的层数和层间距。层间距是指在 Z 坐标值中指定每个对象等效位置之间的差值。

【旋转项目（ROT）】：用来控制阵列项目时，各个项目自身是否有旋转角度。

【退出（X）】：退出阵列命令。

4）实例应用

实例：用环形阵列命令完成图 3-3-37。

操作步骤：

第一步：用基本绘图命令绘制出图 3-3-37（a）所示图形。

第二步：用环形阵列命令完成图 3-3-37（b）所示图形。

3. 路径阵列

在路径阵列中，项目将均匀地沿路径或部分路径分布。路径可以是直线、多段线、三维多段线、样条曲线、螺旋、圆弧、圆或椭圆，如图 3-3-38 所示。

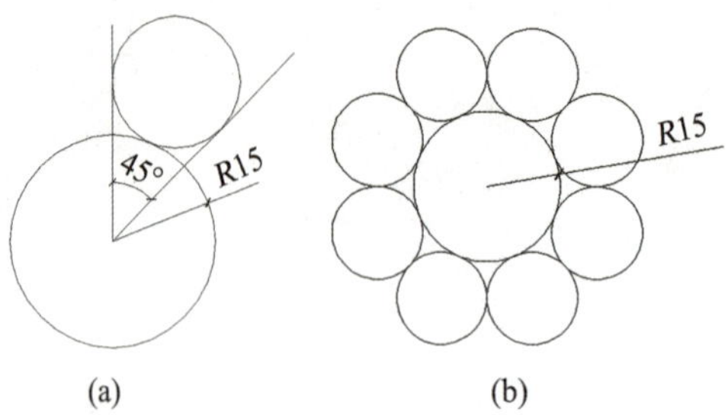

图 3-3-37　环形阵列实例应用

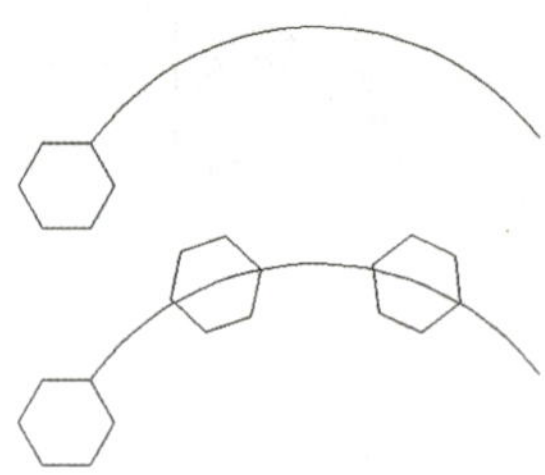

图 3-3-38　路径阵列示例

1）调用方法

菜单法：单击“修改”菜单→“阵列”→“路径阵列”。

键盘输入法：输入“ARRAYPATH”。

2）命令及提示

```
命令：ARRAYPATH
选择对象：找到 1 个
选择对象：
类型= 路径　　关联= 是
选择路径曲线：找到 1 个
选择夹点以编辑阵列或 [关联(AS)/方法(M)/基点(B)/项目(I)/行(R)/层(L)/对齐项目(A)/方向(Z)/退出(X)] <退出>：
```

3）参数说明

【关联（AS）】：指定阵列后的图形每个个体之间是关联的还是独立的。如果选“是”，则阵列后的图形中每个个体之间有联系，对源对象进行特性编辑和修改时，其他复制后的个体也会随之发生改变；如果选“否”，则新图形中的每个个体都是独立的，源对象的修改不会影响到其他个体。

【方法（M）】：用来控制如何沿路径均匀分布项目，包括定距等分和定数等分两种方法，定距等分指沿指定的间隔距离均匀分布项目，定数等分指将指定数量的项目沿路径均匀分布。

【基点（B）】：用于指定在路径曲线的起点上放置项目的基点。

【项目（I）】：根据定数等分和定距等分两种方法的设置，指定项目数或项目之间的距离。在定数等分的方法下，指定的是项目数；在定距等分的方法下，指定的是项目之间的距离。

【行（R）】：指定阵列中的行数，以及各行之间的距离和增高标量。

【层（L）】：在三维阵列中使用，指定阵列中的层数和层间距，层间距是指在 Z 坐标值中指定每个对象等效位置之间的差值。

【对齐项目（A）】：指定是否相对于第一个项目的方向，每个项目都与路径的方向相切。

【方向（Z）】：在三维状态下，是否保持项目的原始 Z 方向。

【退出（X）】：退出阵列命令。

4） 实例应用

实例：绘制图 3-3-39 中的图形，并用路径阵列的方法对其进行阵列。

操作步骤：

第一步：绘制源图形和路径。

第二步：用路径阵列的方法进行绘制。

图 3-3-39　路径阵列中的对齐项目

3.3.16　分解

将由多个对象组合而成的合成对象分解为独立对象。系统可同时分解多个合成对象，将合成对象中的多个部件全部分解为独立对象。分解后，除了颜色、线型和线宽可能会发生改变，其他结果将取决于所分解的合成对象的类型。

分解命令

1. 调用方法

菜单法：单击“修改”→“分解”菜单。

命令按钮法：单击修改工具栏→分解按钮。

键盘输入法：输入“EXPLODE”或“X”。

2. 命令及提示

```
命令：X//EXPLODE
选择对象：        //选择要分解的对象
```

【实践题】

完成图 3-3-42 所示的图形。

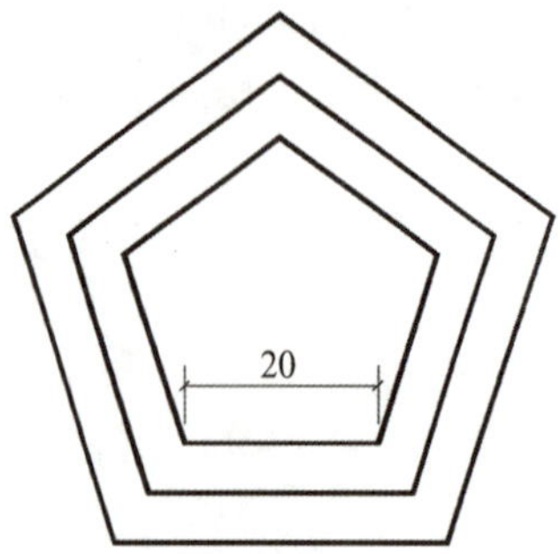

图 3-3-40 练习图形 1

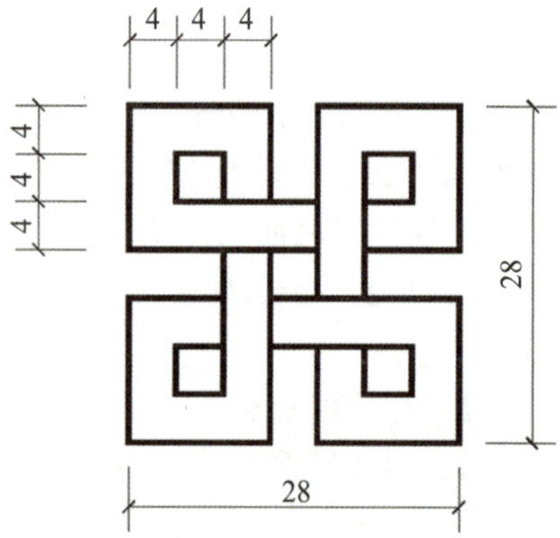

图 3-3-41 练习图形 2

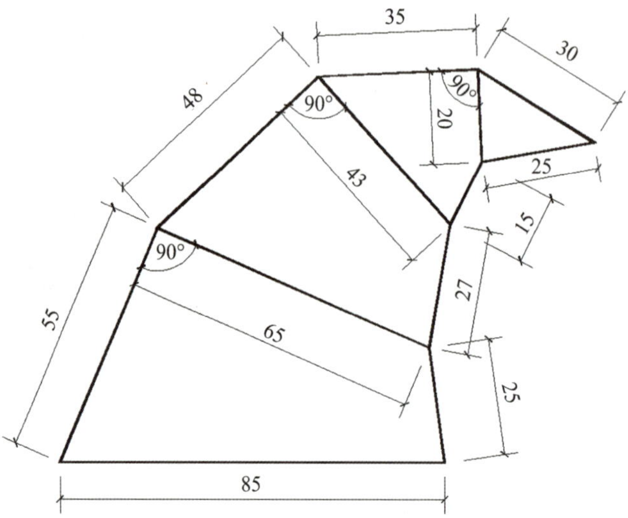

图 3-3-42 练习图形 3

任务 3.4 复杂二维图形的绘制

在建筑工程图中经常会见到一些用来表示设备或器具的图形，我们把它称为图例。本任务中我们将以图例及复杂图形的绘制为切入点进行讲解，从而熟悉绘图命令的应用。

本任务会使用多段线、拉长、拉伸、延伸、比例缩放、倒角、圆角、打断、打断于点等命令来绘制各种图例和复杂图形。

3.4.1 多段线

前面学习过的直线或者曲线都是独立的、相等宽度的对象，而多段线是由直线和曲线灵活交替出现在一个对象中的图形对象，它们是一个整体。因此，当我们需要将具有线宽的直线和曲线组合在一起显示的时候，就可以使用多段线命令。

多段线的绘制与编辑

1. 调用方法

菜单法：单击“绘图”→“多段线”菜单。

命令按钮法：单击绘图工具栏→多段线按钮。

键盘输入法：输入“PLINE”或“PL”。

2. 命令及提示

```
命令:PL// PLINE
指定多段线的起点或 < 最后点> ：当前线宽是 0.0000
指定下一点或 [圆弧(A)/半宽(H)/长度(L)/撤消(U)/宽度(W)]:A
指定圆弧的端点(按住 Ctrl 键以切换方向)或[角度(A)/圆心(CE)/方向(D)/半宽(H)/直径(L)/半径(R)/第二个点(S)/宽度(W)/撤消(U)]:
```

3. 参数说明

【圆弧（A）】：用来绘制弧线段，输入“A”后，会进入绘制弧线段的提示。

【半宽（H）】：指定多段线宽度的一半。

【长度（L）】：在与上一线段相同的角度方向上绘制指定长度的直线段。如果上一线段是圆弧，将绘制与该圆弧段相切的新直线段。

【撤消（U）】：删除最近一次添加到多段线上的圆弧段。

【宽度（W）】：指定下一圆弧段的宽度。

【角度（A）】：指定圆弧段从起点开始的包含角。输入正数将按逆时针方向创建圆弧段，输入负数将按顺时针方向创建圆弧段。

【圆心（CE）】：基于圆心指定圆弧段。

【方向（D）】：指定圆弧段的切线。

【直径（L）】：从图形圆弧段切换到图形直线段。

【半径（R）】：指定圆弧段的半径。

【第二个点（S）】：指定三点圆弧的第二点和端点。

4. 实例应用

实例 1：绘制图 3-4-1 所示的图形，直线段线宽为 10mm，箭头部分端点线宽分别为 0 和 30mm。

操作步骤：

第一步：绘制多段线直线段，长度为 100mm，宽度为 10mm。

第二步：继续绘制多段线，绘制圆弧，设置多段线起始线宽为 0，终止线宽为 30mm。

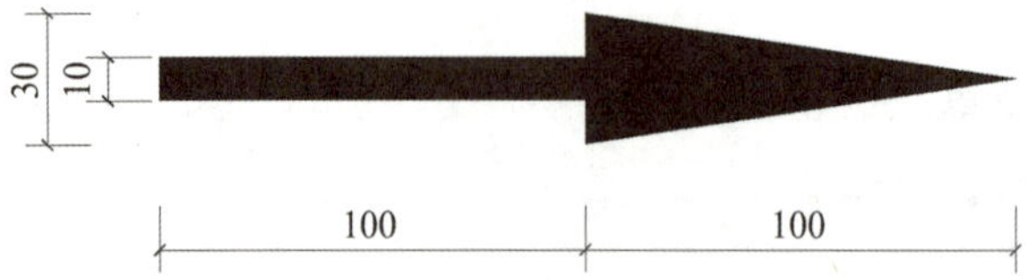

图 3-4-1　多段线实例应用 1

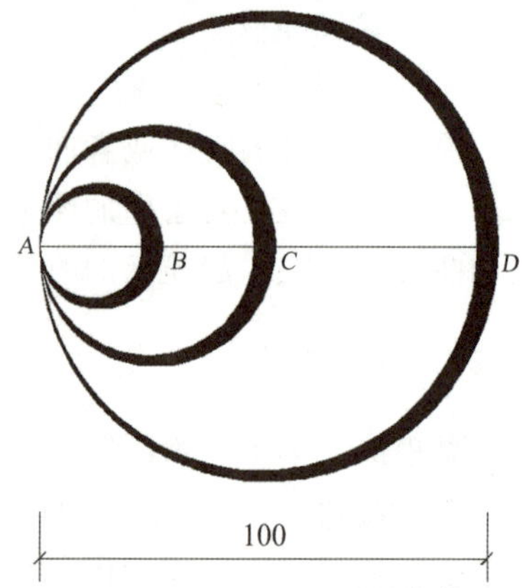

图 3-4-2　多段线实例应用 2

实例 2：绘制图 3-4-2 所示的图形，圆弧部分线宽分别为 0 和 5mm。

操作步骤：

第一步：绘制直线段 *AD*，长度为 100mm。

第二步：绘制多段线 *AB*，绘制圆弧，设置多段线起始线宽为 0，终止线宽为 5mm。

第三步：继续绘制多段线 *AC*。

第四步：以 *AD* 为对称轴，镜像复制，完成绘制。

3.4.2　拉长

拉长命令

拉长命令用来更改对象的长度或圆弧的包含角。

1. 调用方法

菜单法：单击“修改”→“拉长”菜单。

键盘输入法：输入“LENGTHEN”或“LEN”。

2. 命令及提示

```
命令：LEN// LENGTHEN
列出选取对象长度或 [动态(DY)/递增(DE)/百分比(P)/全部(T)]:
```

3. 参数说明

【动态（DY）】：打开动态拖动模式。通过拖动选定对象的端点之一来更改其长度，其他端点保持不变。

【递增（DE）】：为对象增加指定的增量长度，该增量从距离近的端点处开始测量。差值以指定的增量修改圆弧的角度，该增量从距离选择点最近的端点处开始测量。正值扩展对象，负值修剪对象，如图 3-4-3 所示。

【百分比（P）】：通过指定对象总长度的百分数设定对象长度。

【全部（T）】：通过指定从固定端点测量的总长度的绝对值来设定选定对象的长度，“全部”选项按照指定的总角度设置选定圆弧的包含角。

4. 实例应用

实例： 用拉长命令将图 3-4-3 中的左图通过修改增量值变为右侧的两个图形。

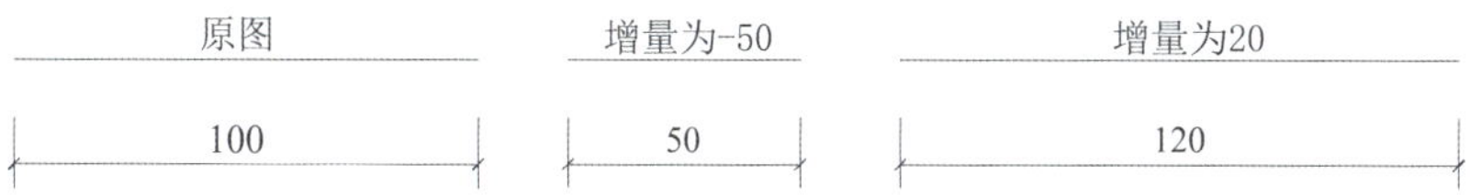

图 3-4-3　拉长命令实例

操作步骤：

第一步：绘制两条长度为 100 的线段。

第二步：调用拉长命令，选择拉长方式为“递增”，设置增量为 50，在需要增加的线段端点附近单击即可。

第三步：调用拉长命令，选择拉长方式为“递增”，设置增量为 20，在需要增加的线段端点附近单击即可。

3.4.3　拉伸

拉伸命令可以将图形对象拉长或缩短一定的值。要想此命令成功实现自身的功能，一定要采用交叉选择对象的方式，否则无法对对象进行拉长或缩短的操作。

拉伸命令

用交叉方式选择的对象，被选中的部分若和交叉选择的窗口相交，则被拉伸或缩短，而在窗口内的对象将被移动。注意：椭圆、圆、块是无法拉伸的。

如图 3-4-4 所示，实线绘制的矩形为源对象，虚线为选择对象的窗口。当用户用交叉选择的方式选择矩形后，上下边均与交叉选择的窗口相交，拉伸后的图形中上、下边长会被拉长或缩短；而右边的边在交叉选择的窗口内，拉伸后则右边只会被移动，不会被拉长或缩短。

1. 调用方法

菜单法：单击“修改”→ 拉伸(H) 菜单。

命令按钮法：单击修改工具栏→拉伸按钮。

键盘输入法：输入“STRETCH”或“S”。

2. 命令及提示

```
命令：S// STRETCH
选择对象：找到 1 个
指定基点或 [位移(D)] < 位移> ：指定第二个点或 < 使用第一个点作为位移> ：
```

3. 参数说明

【基点】：指定基点，将计算自该基点的拉伸的偏移。此基点可以位于拉伸的区域外部。

【第二个点】：指定第二个点，该点定义拉伸的距离和方向。从基点到此点的距离和方向将定义对象选定部分拉伸的距离和方向。

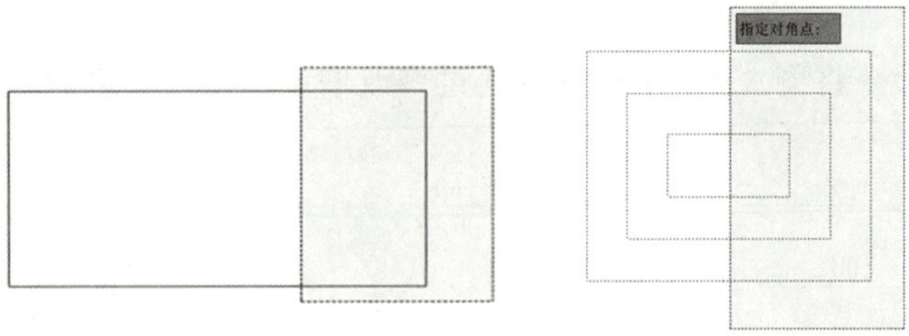

图 3-4-4　拉伸交叉选择

【位移（D）】：指定拉伸的相对距离和方向。

4. 实例应用

实例：使用拉伸命令将图 3-4-5（a）中的图形进行拉伸，拉伸后的效果如图 3-4-5（b）所示。

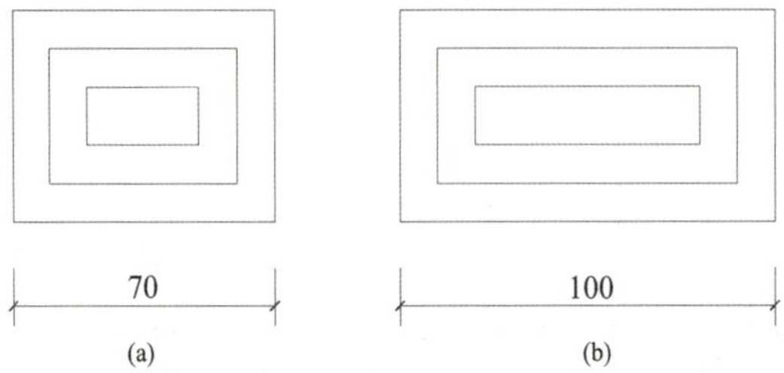

图 3-4-5　拉伸实例应用

操作步骤：

第一步：调用拉伸命令。

第二步：从右向左拉框选择窗框右侧，输入拉伸的距离 30 即可。

3.4.4　比例缩放

缩放命令

比例缩放命令用来放大或缩小图形对象，但缩放后对象的高宽比保持不变。

1. 调用方法

菜单法：单击“修改”→“缩放”菜单。

命令按钮法：单击修改工具栏→缩放按钮。

键盘输入法：输入“SCALE”或“SC”。

2. 命令及提示

```
命令：SC// SCALE
选择对象：找到 1 个
指定基点：
指定缩放比例或 [复制(C)/参照(R)] < 1> ：
```

3. 参数说明

【缩放比例】：按指定的比例放大选定对象的尺寸，大于 1 的比例因子使对象放大，介于 0 和 1 之间的比例因子使对象缩小。比例因子可以为整数、分数或小数。拖动光标也可使对象变大或变小。

【复制（C）】：创建要缩放的选定对象的副本。

【参照（R）】：按参照长度和指定的新长度缩放所选对象。

4. 实例应用

实例：用比例缩放命令将图 3-4-6 中的图形绘制出来。

操作步骤：

第一步：调用矩形命令，绘制长宽比为 2∶1 的矩形，例如长为 20mm，宽为 10mm。

第二步：调用三点画圆命令，绘制矩形的外接圆。

第三步：调用比例缩放命令，使用参照（R）方式，对原图进行缩放，设置缩放后的半径为 40 即可。

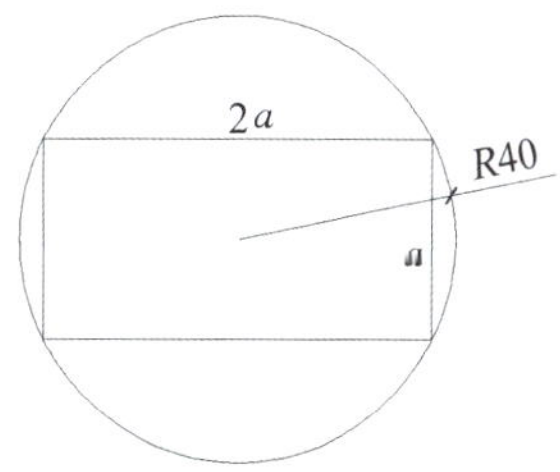

图 3-4-6　比例缩放实例应用

3.4.5　倒角

倒角命令用于将两条非平行直线（包括直线、多段线、射线和构造线等）作出有倾斜的倒角。倒角命令也可以用于修剪和延伸所选对象。

倒角命令

1. 调用方法

菜单法：单击“修改”→“倒角”菜单。

命令按钮法：单击修改工具栏→倒角按钮。

键盘输入法：输入“CHAMFER”或“CHA”。

2. 命令及提示

```
命令：CHA// CHAMFER
当前设置：模式 = TRIM,距离 1 = 0.0000,距离 2 = 0.0000
选择第一条直线或 [多段线(P)/距离(D)/角度(A)/方式(E)/修剪(T)/多个(M)/放弃(U)]:
选择第二个对象或按住 Shift 键选择对象以应用角点：
```

3. 参数说明

执行倒角命令后，各参数含义如下：

【多段线（P）】：对整个二维多段线倒角，相交多段线线段在每个多段线顶点被倒角，倒角成为多段线的新线段；如多段线包含的线段过短以至于无法容纳倒角距离，则不对这些线段倒角。

【距离（D）】：设定倒角至选定边端点的距离，如果将两个距离均设定为零，CHAMFER 将延伸或修剪两条直线，以使它们终止于同一点。

【角度（A）】：用第一条线的倒角距离和第二条线的角度设定倒角距离。

【方式（E）】：控制 CHAMFER 使用两个距离还是一个距离和一个角度来创建倒角。
【修剪（T）】：控制 CHAMFER 是否将选定的边修剪到倒角直线的端点。
【多个（M）】：为多组对象的边倒角。
【放弃（U）】：恢复在命令中执行的上一个操作。

4. 实例应用

实例： 将图 3-4-7（a）用倒角命令修改为图 3-4-7（b）的样子。

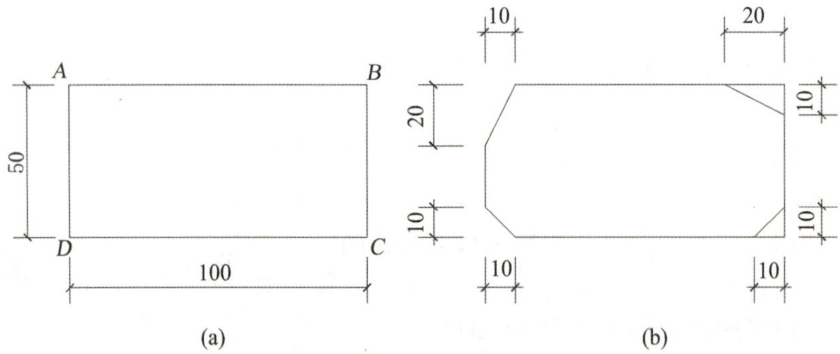

图 3-4-7　倒角实例应用

操作步骤：

第一步：绘制 100mm×50mm 的矩形。

第二步：调用倒角命令，按照距离方式倒角 *A* 和角 *B*，设置倒角距离分别为 20mm 和 10mm，按照倒角边的顺序单击边。其中角 *A* 的倒角模式为修剪，角 *B* 的倒角模式为不修剪。

第三步：调用倒角命令，按照角度方式倒角 *C* 和角 *D*，设置倒角距离为 10mm，按照倒角边的顺序单击边。其中角 *C* 的倒角模式为不修剪，角 *D* 的倒角模式为修剪。

3.4.6　圆角

圆角命令

圆角命令用于为两条非平行直线（包括圆、椭圆、圆弧、椭圆弧、直线、多段线、射线、样条曲线和构造线等）作出圆角。

1. 调用方法

菜单法：单击"修改"→"圆角"菜单。
命令按钮法：单击修改工具栏→圆角按钮。
键盘输入法：输入"FILLET"或"F"。

2. 命令及提示

```
命令：F// FILLET
当前设置:模式 = TRIM,半径 = 0.0000
选取第一个对象或 [多段线(P)/半径(R)/修剪(T)/多个(M)/放弃(U)]:
选择第二个对象或按住 Shift 键选择对象以应用角点:
```

3. 参数说明

【多段线（P）】：在二维多段线中两条直线段相交的每个顶点处插入圆角圆弧，还可以在指定此选项之前，通过选择多段线线段为开放多段线的端点创建圆角。

【半径（R）】：设置圆角弧的半径。

在此修改圆角弧半径后，此值将成为创建圆角的当前半径值。此设置只对新创建的对象有影响。

【修剪（T）】：控制 FILLET 是否将选定的边剪到角圆弧的端点。

若选择“修剪”，系统变量 TRIMMODE 的值将被设置为 1 。此时，如果选定的是两条相交的直线，将修剪到圆角弧的端点。如果选定的直线不相交，将自动延伸或修剪使其相交。

若选择“不修剪”，系统变量 TRIMMODE 的值将被设置为 0 ，直接创建圆角，不做其他修剪。

【多个（M）】：对多组对象进行圆角处理。执行该分支后，程序将重复提示用户“选取第一个对象”和“选取第二个对象”，直至按回车【Enter】键结束命令。

【放弃（U）】：恢复在命令中执行的上一个操作。

4. 实例应用

实例：将图 3-4-8 中的上图用圆角命令修改为下图的样子。

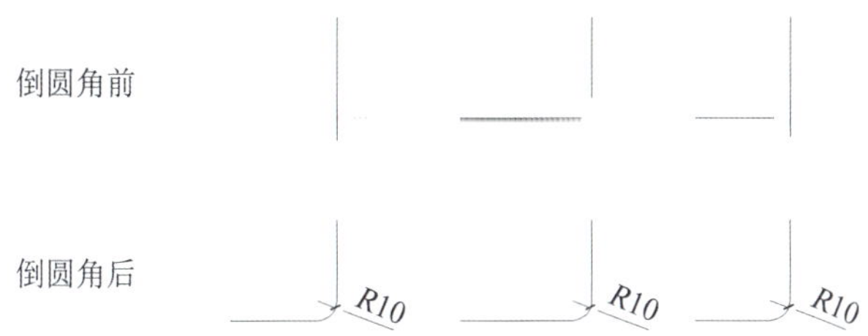

图 3-4-8　圆角实例应用

操作步骤：

第一步：调用倒圆角命令。

第二步：输入倒圆角半径。

第三步：在需要倒圆角的两条边附近单击即可。

3.4.7　打断

打断是在两点之间打断选定对象，可以在对象上的两个指定点之间创建间隔，从而将对象打断为两个对象。如果这些点不在对象上，则会自动投影到该对象上。

1. 调用方法

菜单法：单击“修改”→“打断”菜单。

命令按钮法：单击修改工具栏→打断按钮。

键盘输入法：输入“BREAK”或“BR”。

2. 命令及提示

```
命令：BR// BREAK
选取切断对象：
指定第二切断点或［第一切断点(F)］：
```

3. 参数说明

【第二切断点】：指定用于打断对象的第二个点。
【第一切断点（F）】：用指定的新点替换原来的第一个打断点。

4. 实例应用

实例：将图 3-4-9（a）用打断命令修改为图 3-4-9（b）的样子。

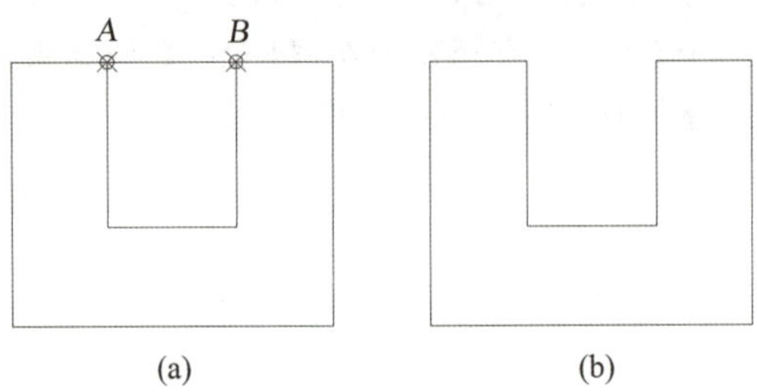

图 3-4-9　打断实例应用

操作步骤：
第一步：调用打断命令。
第二步：选取切断对象直线 AB，重新修改第一个打断点，输入“F”。
第三步：用鼠标单击选择两个打断点 A 和 B。

3.4.8 打断于点

打断于点命令和打断命令的区别在于：打断可以将两点之间的部分减掉，将对象分为三份，将中间的部分去掉；而打断于点，只是将对象用一个点分开成两份，并不删除任何一部分。

1. 调用方法

命令按钮法：单击修改工具栏→打断于点按钮。
键盘输入法：输入“BREAK”或“BR”。

2. 命令及提示

```
命令：BR// BREAK
选取切断对象：
指定第二切断点或［第一切断点(F)］：
```

3. 实例应用

实例：将图 3-4-10 中的直线从中点开始分出两段。

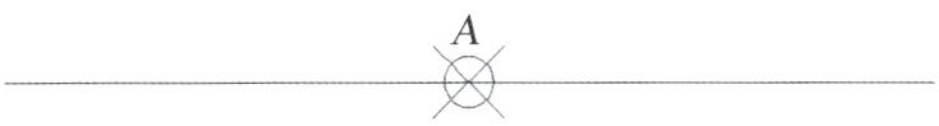

图 3-4-10　打断于点实例应用

操作步骤：

第一步：调用打断于点命令。

第二步：单击需要打断的点的位置即可。

【实践题】

练习绘制图 3-4-11 至图 3-4-14 所示的图形。

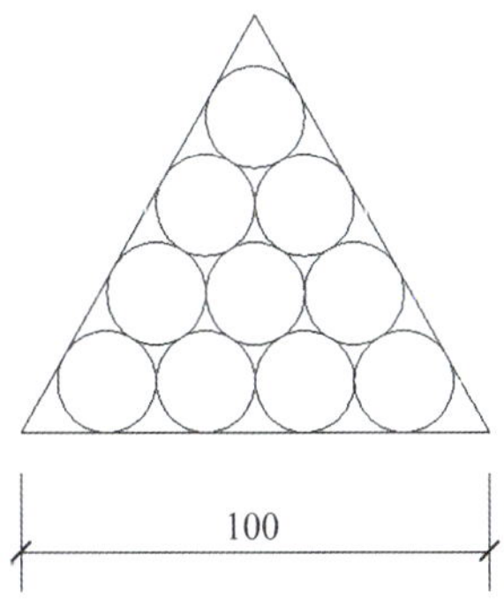

图 3-4-11　练习图形 1

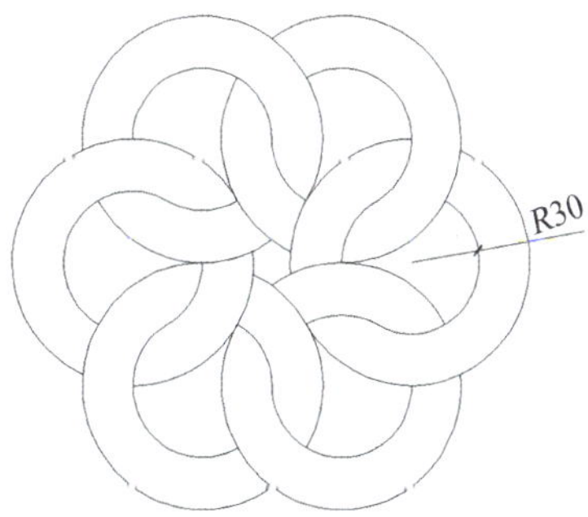

图 3-4-12　练习图形 2

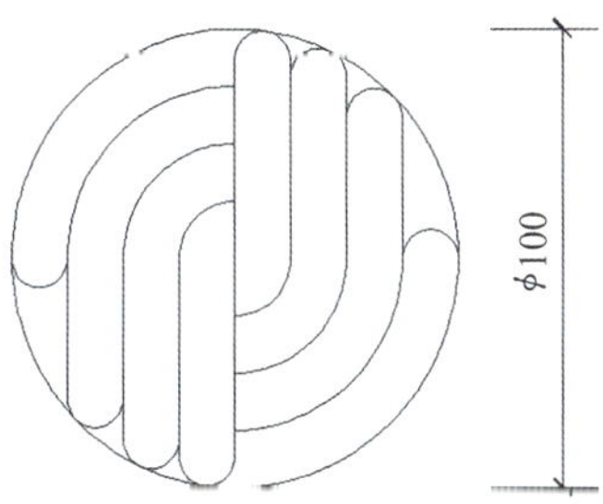

图 3-4-13　练习图形 3

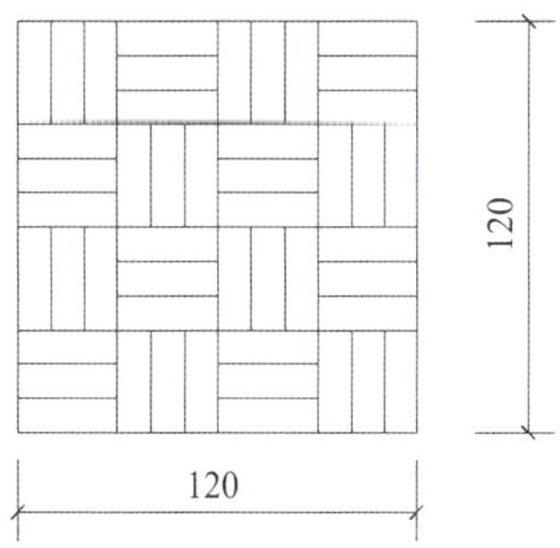

图 3-4-14　练习图形 4

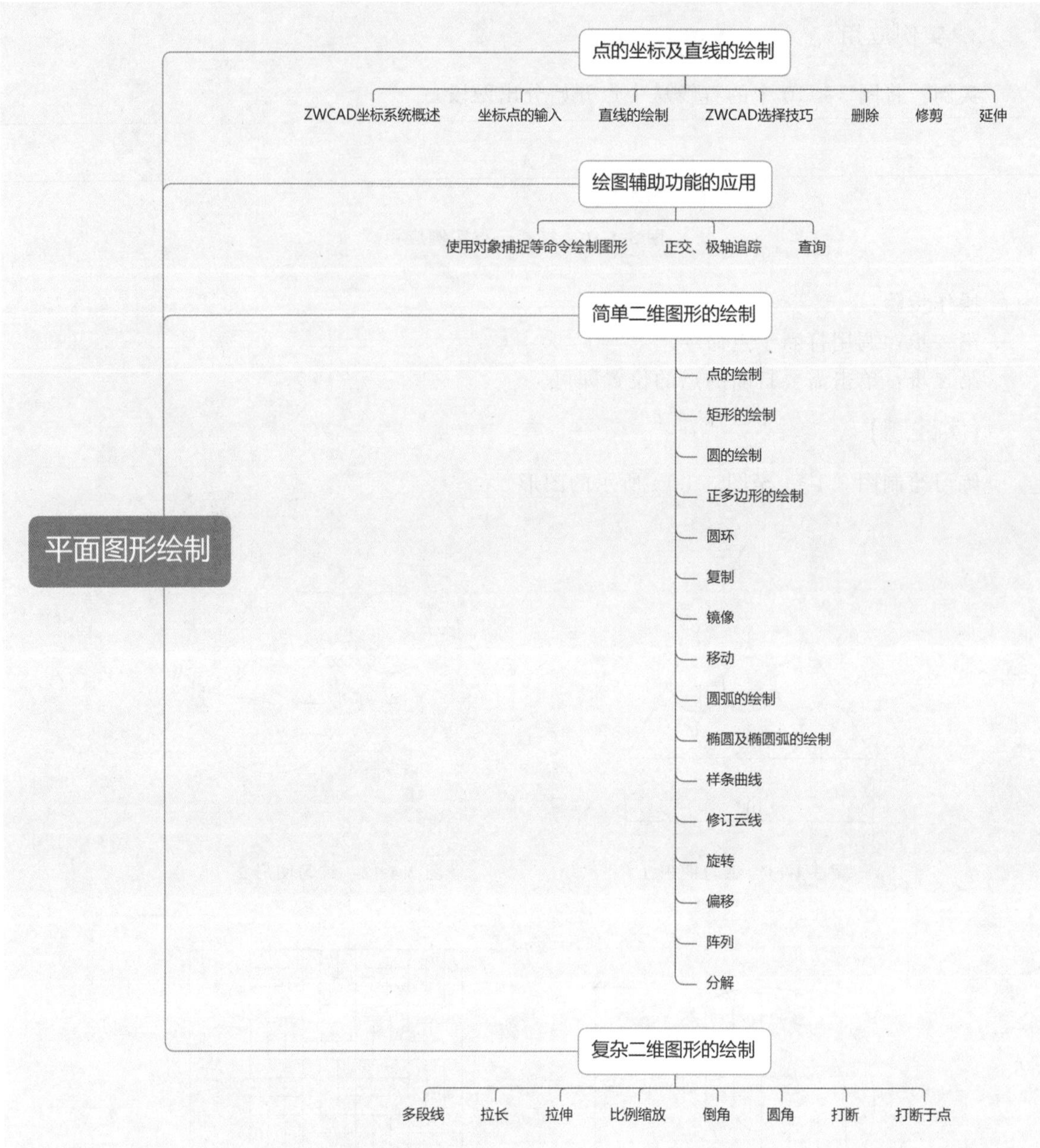
点的坐标及直线的绘制
ZWCAD坐标系统概述
坐标点的输入
直线的绘制
ZWCAD选择技巧
删除
修剪
延伸
绘图辅助功能的应用
使用对象捕捉等命令绘制图形
正交、极轴追踪
查询
简单二维图形的绘制
点的绘制
矩形的绘制
圆的绘制
正多边形的绘制
圆环
复制
镜像
移动
圆弧的绘制
椭圆及椭圆弧的绘制
样条曲线
修订云线
旋转
偏移
阵列
分解
平面图形绘制
复杂二维图形的绘制
多段线
拉长
拉伸
比例缩放
倒角
圆角
打断
打断于点

项目 4　建筑制图基本知识

项目概述

工程图样作为技术交流的共同语言，必须有统一的房屋建筑制图规则，否则会给工程设计和施工带来混乱和障碍。为了适应信息化发展与房屋建设的需要，有利于国际交往，国家有关部委颁布了有关建筑制图的国家标准。

建筑工程施工图是用正投影法，将拟建房屋内外形状、大小、结构、构造、装饰、设备等情况，按照制图国家标准的规定详细、准确画出的图样。我们通过本项目的学习来掌握现行国家制图标准规定的相关建筑制图的基本知识，熟悉相关制图标准的应用。

学习目标

知识目标：①了解国家现行基本制图标准；②熟悉图纸幅面的规格与形式；③了解图线的类型以及各类图线的用途；④掌握字体的类型；⑤掌握图样的比例设置；⑥熟悉尺寸标注的相关规定，掌握各种类型的尺寸标注；⑦熟悉规范中对于定位轴线的规定，可以正确地进行尺寸标注；⑧了解各类施工图中标高的标注形式，掌握标高的标注方法；⑨了解施工图中引出线的标注样式，掌握引出线的标注方法；⑩了解制图规范中对于索引、对称符号、连接符号、指北针等其他符号的相关规定。

素养目标：①培养学习者具备应用国家或行业规范对所绘工程图纸进行质量控制的主动意识、能力和基本素养；②建立工程设计表达标准化和规范化的意识，培养作为一名工程技术人员的基本素养。

关键内容

重点：①熟悉建筑制图标准；②掌握图纸幅面、图线、字体、图形比例、尺寸标注、定位轴线、标高、引出线以及其他符号等内容。

难点：①尺寸标注的设置；②按制图标准的要求绘制图形。

任务 4.1　建筑制图标准

由住房和城乡建设部主编和批准的《建筑制图标准》最早于 2002 年正式实施，该标准于 2010 年进行了修订。2002 年正式实施的还有《房屋建筑制图统一标准》，该标准分别于 2010 年和 2017 年进行了修订。

制定《建筑制图标准》的目的是统一建筑专业、室内设计专业制图规则，保证制图质量，提高制图效率，做到图面清晰、简明，符合设计、施工、存档的要求，适应工程建设的需要；并规定建筑专业、室内设计专业制图，除应符合本标准外，尚应符合国家现行有关标准的规定。

制定《房屋建筑制图统一标准》的目的是统一房屋建筑制图规则，做到图面清晰、简明，适应信息化发展与房屋建设的需要，利于国际交往，适用于房屋建筑总图、建筑、结构、给水排水、暖通空调、电气等各专业的工程制图。房屋建筑制图除应符合本标准的规定外，尚应符合国家现行有关标准以及各专业制图标准的规定。

实际上，到目前为止，国内的室内设计和景观设计专业制图尚未有相应的国家规范。但是，针对房屋建筑室内装饰装修，我国在 2011 年颁布了执行至今的行业标准——《房屋建筑室内装饰装修制图标准》(JGJ/T 244—2011)；针对风景园林，我国在 2015 年颁布了修订后的行业标准《风景园林制图标准》(CJJ/T 67—2015)。此外，还有一些地方制定的制图标准。

建筑制图的相关国家规范是学习和了解制图基本规定的基础。

图纸的幅面规格与形式

任务 4.2　图纸幅面的规格与形式

图幅——图纸宽度与长度组成的图面。

图框——图纸中提供绘图范围的边线。

4.2.1　图纸幅面的规格

图纸幅面的基本尺寸规定有五种，其代号分别为 A0、A1、A2、A3 和 A4。各号图纸幅面尺寸和图框形式、图框尺寸都有明确规定，具体规定见表 4-2-1。

表 4-2-1　幅面及图框　　(单位：mm)

幅面代号 尺寸代号	A0	A1	A2	A3	A4
$b\times l$	841×1189	594×841	420×594	297×420	841×1189
c	10			5	
a	25				

尺寸代号 l 为图纸长边长，b 为图纸短边长。图纸的短边尺寸不应加长，A0～A3 幅面长边尺寸可加长，但应符合表 4-2-2 的规定。

表 4-2-2　图纸长边加长尺寸　　(单位：mm)

幅面代号	长边尺寸	长边加长后的尺寸
A0	1189	1486 (A0+1/4 l)　1635 (A0+3/8 l)　1783 (A0+1/2 l)　1932 (A0+5/8 l) 2080 (A0+3/4 l)　2230 (A0+7/8 l)　2378 (A0+1 l)
A1	841	1051 (A1+1/4 l)　1261 (A1+1/2 l)　1471 (A1+3/4 l)　1682 (A1+1 l) 1892 (A1+5/4 l)　2102 (A1+3/2 l)
A2	594	743 (A2+1/4 l)　891 (A2+1/2 l)　1041 (A2+3/4 l)　1189 (A2+1 l) 1338 (A2+5/4 l)　1486 (A2+3/2 l)　1635 (A2+7/4 l)　1783 (A2+2 l) 1932 (A2+9/4 l)　2080 (A2+5/2 l)

续表

幅面代号	长边尺寸	长边加长后的尺寸
A3	420	630（A3＋1/2 l）　841（A3＋1 l）　1051（A3＋3/2 l）　1261（A3＋2 l） 1471（A3＋5/2 l）　1682（A3＋3 l）　1892（A3＋7/2 l）

注：有特殊需要的图纸，可采用 $b \times l$ 为 841mm×891mm 与 1189mm×1261mm 的幅面。

图纸以短边作为垂直边应为横式，如图 4-2-1 所示；以短边作为水平边应为立式，如图 4-2-2 所示。A0～A3 图纸宜横式使用；必要时，也可立式使用。

在工程设计中，每个专业所使用的图纸不宜多于两种幅面（不含目录及表格所采用的 A4 幅面）。

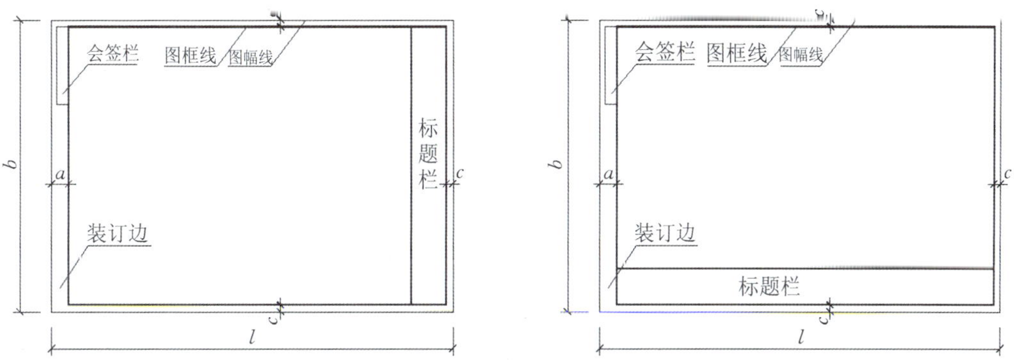

图 4-2-1　横式图幅

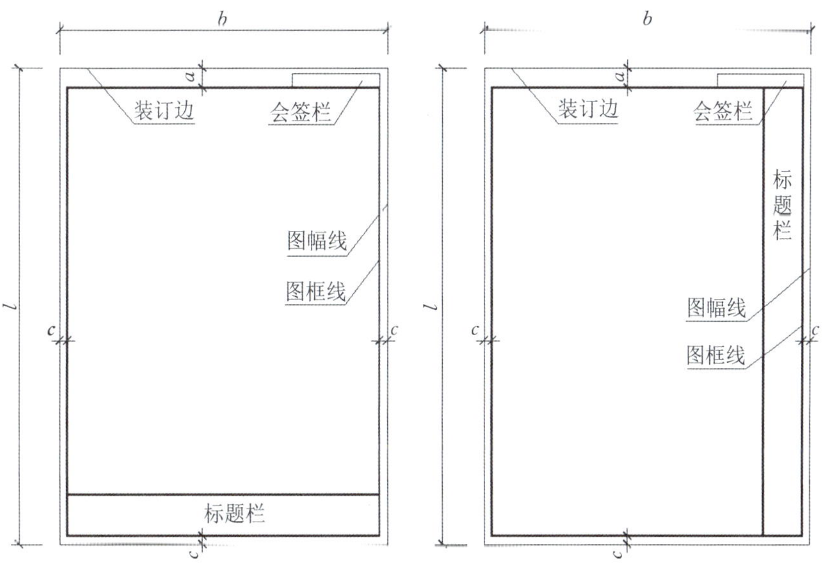

图 4-2-2　立式图幅

4.2.2　标题栏

在每张图纸中，为了方便查阅，在图纸右下角都有标题栏，简称图标，如图 4-2-3 和图

4-2-4 所示。根据工程需要选择并确定标题栏的尺寸、格式及分区。签字栏应包括实名列和签名列，并应符合下列规定：

(1) 涉外工程的标题栏内，各项主要内容的中文下方应附有译文，设计单位的上方或左方，应加“中华人民共和国”字样；

(2) 在计算机辅助制图文件中使用电子签名与认证时，应符合《中华人民共和国电子签名法》的有关规定；

(3) 当由两个以上的设计单位合作设计同一个工程的图纸时，设计单位名称区可依次列出设计单位名称。

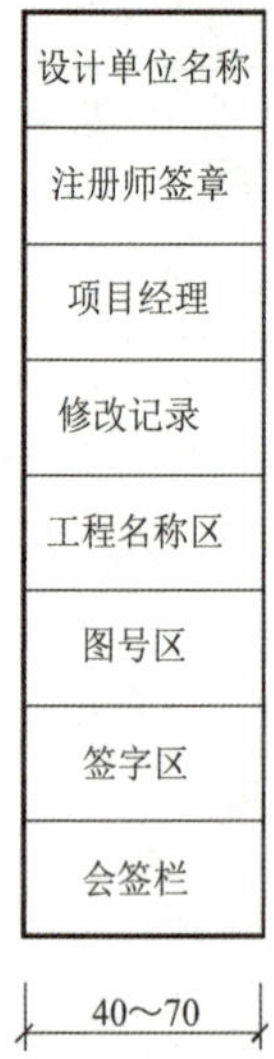

图 4-2-3 竖式标题栏

4.2.3 会签栏

会签栏是各专业工种负责人的签字区，按图 4-2-5 绘制，尺寸应为 100mm×20mm，在栏内应填写会签人员所代表的专业、实名、签名、日期（年、月、日）。会签栏一般宜在标题栏的右上角或左下角。一个会签栏不够时，可另加一个，两个会签栏应并列；不需要会签的图纸可不设会签栏。

图 4-2-4 横式标题栏

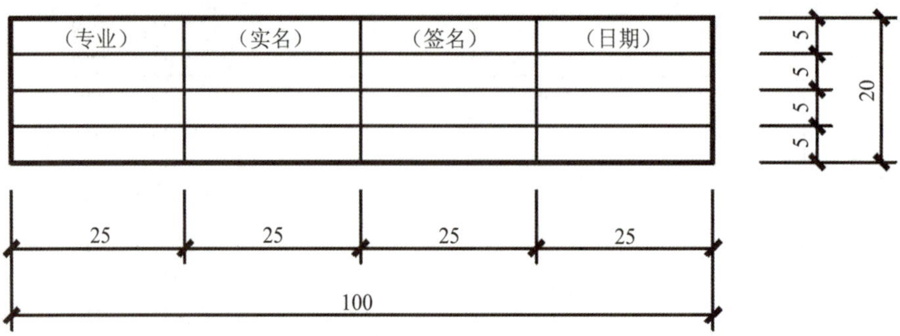

图 4-2-5 会签栏

任务 4.3 图 线

图线及其画法

任何工程图样都是采用不同线型与线宽的图线绘制而成的。为了使施工图的层次分明、结构清晰，需要采用不同线型和粗细的图线，分别表示不同的意义和用途。

4.3.1 线型

基本线型有实线、虚线、单点长画线、双点长画线、折断线、波浪线等。根据用途不同，可采用不同粗细的图线，其线宽互成一定的比例，分为粗线、中粗线、中线和细线四种。各种线型及用途详见表 4-3-1。

表 4-3-1　各种线型的规定及用途

名称		线性	线宽	一般用途
实线	粗		b	主要可见轮廓线
	中粗		$0.7b$	可见轮廓线
	中		$0.5b$	可见轮廓线、尺寸线、变更云线
	细		$0.25b$	图例填充线、家具线
虚线	粗		b	见各有关专业制图标准
	中粗		$0.7b$	不可见轮廓线
	中		$0.5b$	不可见轮廓线、图例线
	细		$0.25b$	图例填充线、家具线
单点长画线	粗		b	见各有关专业制图标准
	中		$0.5b$	见各有关专业制图标准
	细		$0.25b$	中心线、对称线、轴线等
双点长画线	粗		b	见各有关专业制图标准
	中		$0.5b$	见各有关专业制图标准
	细		$0.25b$	假想轮廓线、成型前原始轮廓线
折断线	细		$0.25b$	断开界线
波浪线	细		$0.25b$	断开界线

4.3.2　线宽

一般建筑设计的图纸会包含粗线、中线和细线，这一组粗线、中线和细线就是一组线宽组，见表 4-3-2。制图中的图线应以可见轮廓线的宽度 b 为基本线宽，粗、中、细三种线的线宽之比为 $b:0.5b:0.25b$。b 一般从 1.4mm、1.0mm、0.7mm 线宽系列中选取。

表 4-3-2　线宽组　（单位：mm）

线宽比	线　宽　组			
b	1.4	1.0	0.7	0.5
$0.7b$	1.0	0.7	0.5	0.35
$0.5b$	0.7	0.5	0.35	0.25
$0.25b$	0.35	0.25	0.18	0.13

注：1. 需要缩微的图纸，不宜采用 0.18 及更细的线宽。

2. 同一张图纸内，各不同线宽中的细线，可统一采用较细的线宽组的细线。

图纸的标题栏（简称图标）、会签栏及装订边的位置应按要求布置。图框线和标题栏线的宽度见表 4-3-3 。

表 4-3-3 图框线、标题栏线的线宽

幅面代号	图框线	标题栏外框线	标题栏分格线、幅面线
A0、A1	b	0.5b	0.25b
A2、A3、A4	b	0.7b	0.35b

4.3.3 图线的画法

图线的画法如图 4-3-1 所示，具体有以下注意事项：

(1) 相互平行的图例线，其净间隙或线中间隙不宜小于 0.2mm。

(2) 虚线、单点长画线或双点长画线的线段长度和间隔，宜各自相等。

(3) 当在较小图形中绘制单点长画线或双点长画线有困难时，可用实线代替。

(4) 单点长画线或双点长画线的两端，不应采用点。点画线与点画线交接或点画线与其他图线交接时，应采用线段交接。

(5) 虚线与虚线交接或虚线与其他图线交接时，应采用线段交接。虚线为实线的延长线时，不得与实线相接。

(6) 图线不得与文字、数字或符号重叠、混淆，不可避免时，应首先保证文字的清晰。

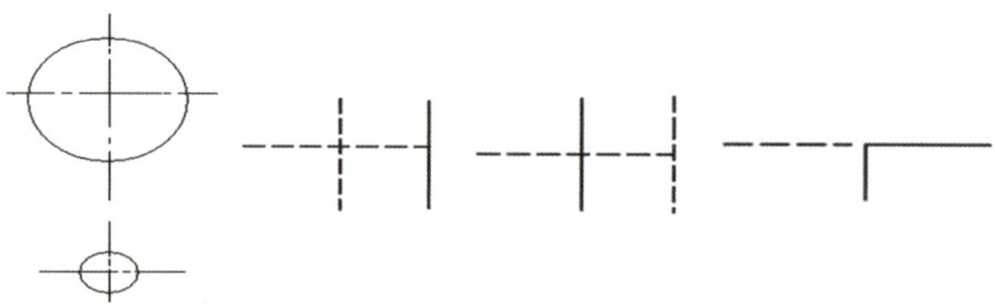

图 4-3-1 图线的画法

任务 4.4 字 体

字体

国家标准规定，图纸上所需书写的文字、数字或符号等均应字体端正，笔画清楚，间隔均匀，排列整齐；标点符号应清楚正确。国家相关标准对文字、数字等的高度、高度和宽度的关系以及笔画宽度、间距要求等都做了相关规定。

4.4.1 汉字

汉字采用长仿宋体，如图 4-4-1 所示。字的宽高比约为 0.7。字体要求横平竖直，字体端正，疏密得当，间隔均匀。长仿宋体的字号用字体高度表示，一般有 20mm、14mm、10mm、7mm、5mm、3.5mm 六种。

图 4-4-1　长仿宋体的写法

长仿宋体字宽与字高的关系如表 4-4-1 所示。

表 4-4-1　长仿宋体字宽与字高的关系

字高	20	14	10	7	5	3.5
字宽	14	10	7	5	3.5	2.5

4.4.2　数字和字母

数字分为直体和斜体两种（见图 4-4-2）。当字母及数字需写成斜体字时，其斜度应是从字的底线逆时针向上倾斜 75°。斜体字的高度和宽度应与相应的直体字相等。

字母及数字的字高不应小于 2.5mm。

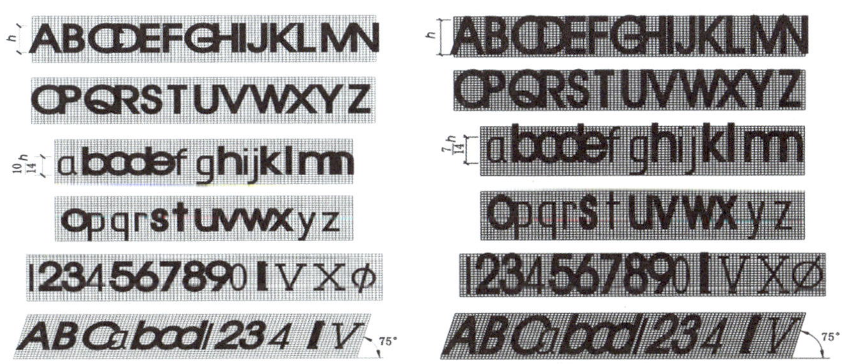

一般字体　　窄字体

图 4-4-2　数字、字母的写法

数量的数值注写，应采用正体阿拉伯数字。凡前面有量值的各种计量单位，均应采用国家颁布的单位符号注写。单位符号应采用正体字母。

分数、百分数和比例数的注写，应采用阿拉伯数字和数字符号。

当注写的数字小于 1 时，应写出个位的“0”，小数点应采用圆点，齐基准线书写。

任务 4.5　图样的比例

比例

比例是制图中的一般规定术语，是指图中图形与其实物相应要素的线性尺寸之比。比例的大小是指比值的大小。例如，1∶100 是指图上的尺寸为 1，而实物的尺寸为 100。比值大于 1 的比例，称为放大的比例；比值小于 1 的比例，称为缩小的比例。无论采用放大比例还是缩小比例，标注尺寸时都必须标注工程形体的实际尺寸。比例一般分为常用比例和可用比例，见表 4-5-1。

表 4-5-1　比例

图名	常用比例	可用比例
总平面图	1∶500、1∶1000、1∶2000、1∶5000	1∶2500、1∶10000
竖向布置图、管线综合图、断面图等	1∶100、1∶200、1∶500、1∶1000、1∶2000	1∶300、1∶500
平面图、立面图、剖面图、结构布置图、设备布置图	1∶50、1∶100、1∶200	1∶150、1∶300、1∶400
内容简单的平面图	1∶200、1∶400	1∶500
详图	1∶1、1∶2、1∶5、1∶10、1∶20	1∶3、1∶15、1∶30、1∶40

工程图中的各个图形，都应分别注明其比例。比例宜注写在图名的右侧，其字高宜比图名的字高小一号或两号，字的底线应取平，如图 4-5-1 所示。

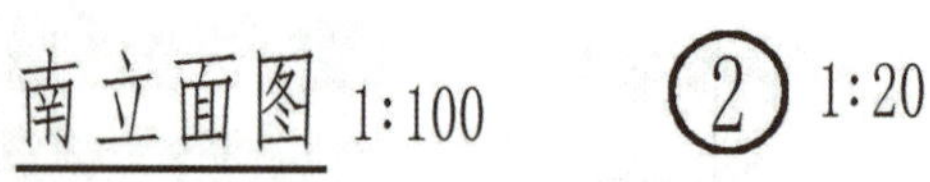

图 4-5-1　比例的标注位置与大小

任务 4.6　尺寸标注

尺寸是决定物体形状和大小的数值，是施工的依据。标注尺寸的基本要求是正确、清晰、完整、合理。

4.6.1　尺寸标注要素

在图纸中，完整的尺寸标注包括尺寸界线、尺寸线、尺寸起止符号及尺寸数字四部分内容，如图 4-6-1 所示。尺寸界线和尺寸线均用细实线绘制，尺寸起止符号用中粗斜短线（0.5*b*）绘制。

不论比例大小，图样上所注的尺寸均为实际尺寸，与图样的大小及绘图的准确度无关。

图样上的尺寸必须以 mm 为单位（标高及总平面图除外），在图上不必写出“毫米”或“mm”单位名称。物体的每一个尺寸一般只标注一次，并且应标注在反映该结构最清晰的图形上。

尺寸线应与被注长度平行。图样本身的任何图线均不得用作尺寸线。尺寸线与图样最外轮廓线的距离不宜小于 10mm，平行排列的尺寸线间距宜为 7～10mm，并应保持一致；且短尺寸在内，长尺寸在外，如图 4-6-2 所示。

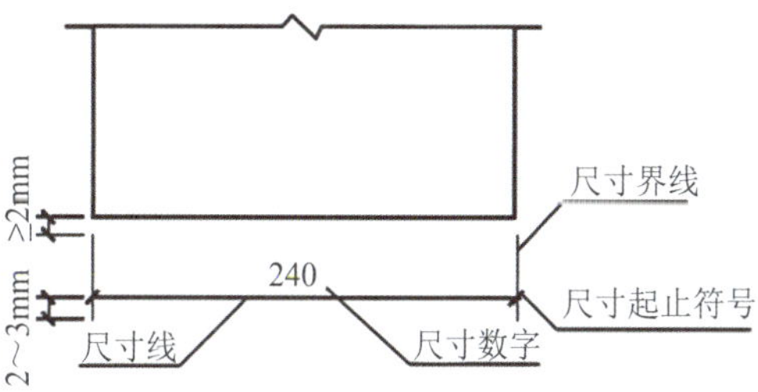

图 4-6-1　尺寸标注的组成

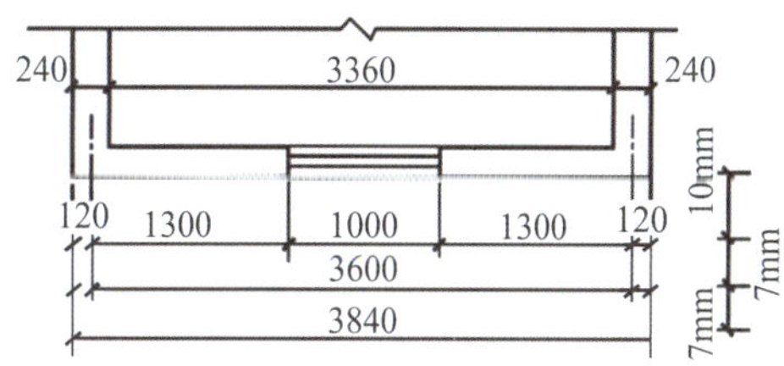

图 4-6-2　尺寸标注 1

尺寸界线应以细实线绘制，一般应与被注长度垂直，其一端应离开图样轮廓线不小于 2mm，另一端宜超出尺寸线 2～3mm，如图 4-6-1 所示。图样轮廓线可用作尺寸界线。

尺寸起止符号表示所注尺寸的起止范围。其倾斜方向应以尺寸界线为基准，顺时针呈 45°角，长度为 2～3mm。半径、直径、角度及弧长的尺寸起止符号宜用箭头表示。

尺寸数字注写在尺寸线的上方中部，其注写方向由所标注的尺寸线位置确定。当尺寸线为水平方向时，尺寸数字应标注在尺寸线的上方；当尺寸线为垂直方向时，尺寸数字应注写在尺寸线的左侧，字头朝左，如图 4-6-3 所示。如果相邻的尺寸数字注写位置不够，可错开或引出注写。制图时，图样上的尺寸应以尺寸数字为准。尺寸数字不应从图上直接量取，即图样上的尺寸是实际尺寸，而不是从图上量取线段得到的尺寸。

规定中采用的词是“宜”时，表示建议，并不是强行规定；但是，如果采用的词是“应”，则表示必须遵守。

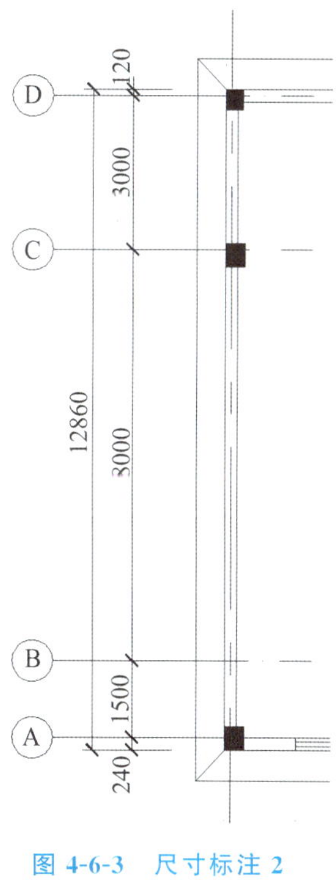

图 4-6-3　尺寸标注 2

4.6.2 尺寸排列与布置的基本规定

尺寸宜标注在图样轮廓线以外，不宜与图线、文字及符号等相交，有时图样轮廓线也可用作尺寸界线。互相平行的尺寸线排列时，宜从图样轮廓线向外，先排小尺寸和分尺寸，后排大尺寸和总尺寸，如图 4-6-2 所示。第一层尺寸线与图样最外轮廓线之间的距离不宜小于 10mm。平行排列的尺寸线间距宜为 7～10mm，并应保持一致。各层的尺寸线总长度应一致。尺寸线应与被注长度平行，两端不宜超出尺寸界线。

4.6.3 半径、直径、球的尺寸标注

半径标注，如图 4-6-4 所示：应一端从圆心开始，另一端画箭头，指向圆弧。半径数字前应加注半径符号“*R*”（斜体）。

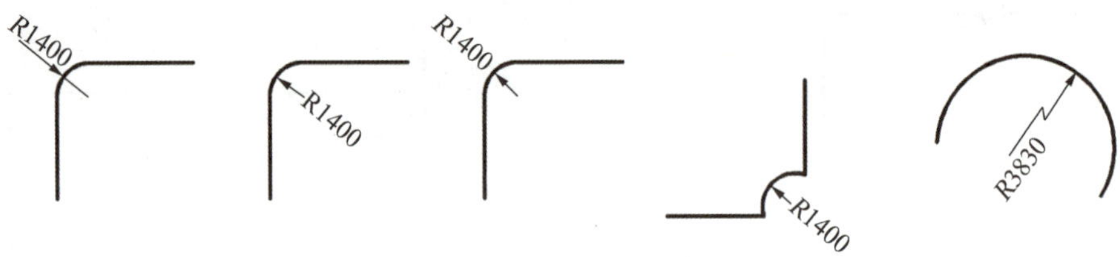

图 4-6-4 半径的尺寸标注

直径标注，如图 4-6-5 所示：直径数字前应加注符号“ϕ”，在圆内标注的直径尺寸线应通过圆心，较小圆的直径可以标注在圆外。

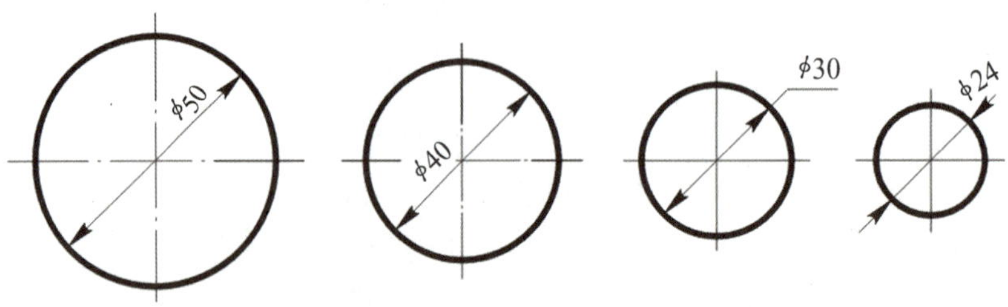

图 4-6-5 直径的尺寸标注

球的标注，如图 4-6-6 所示：标注球的半径尺寸时，应在尺寸数字前加注符号“*SR*”；标注球的直径尺寸时，应在尺寸数字前加注符号“$S\phi$”。

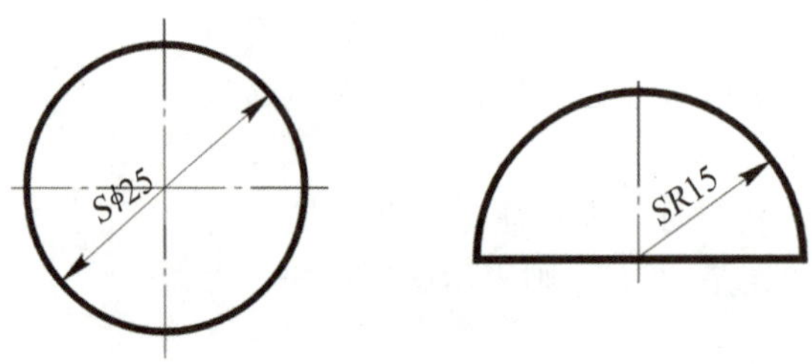

图 4-6-6 球的尺寸标注

4.6.4　角度、弧长、弦长的尺寸标注

角度的尺寸标注以角的两条边为尺寸界线，角度的尺寸线应以圆弧表示，该圆弧的圆心应是该角的顶点，起止符号用箭头表示。角度数字应按水平方向注写，如图 4-6-7 所示。

标注圆弧的弧长时，尺寸线应以与该圆弧同心的圆弧线表示，尺寸界线应指向圆心，起止符号用箭头表示，弧长数字上方应加注圆弧符号“⌒”，如图 4-6-8（a）所示。

图 4-6-7　角度的尺寸标注

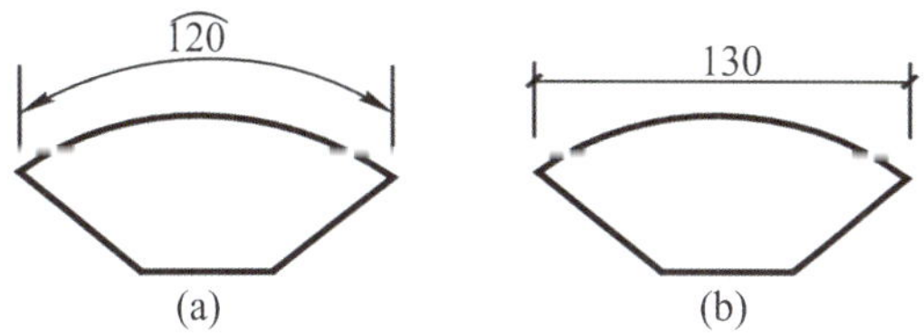

图 4-6-8　弧长、弦长的尺寸标注

标注圆弧的弦长时，尺寸线应以平行于该弦的直线表示，尺寸界线应垂直于该弦，起止符号用中粗斜短线表示，如图 4-6-8（b）所示。

4.6.5　薄板厚度、正方形、坡度、非圆曲线等尺寸标注

与前面介绍的尺寸标注不一样，薄板厚度的尺寸标注如图 4-6-9（a）所示，由引线和尺寸 数字组成，尺寸数字前加符号“t”。

正方形的尺寸标注，如图 4-6-9（b）所示，只标注正方形的一条可见边，尺寸数字前加符号“□”。

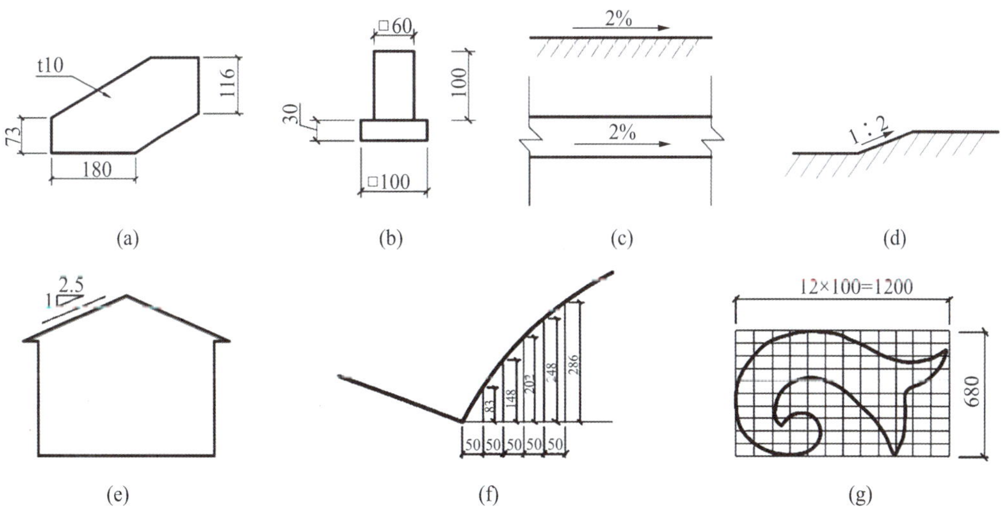

图 4-6-9　薄板厚度、正方形、坡度、非圆曲线等尺寸标注

坡度的尺寸标注方法有三种，如图 4-6-9（c）～图 4-6-9（e）所示：第一种和第二种均由一条直线和箭头组成，箭头方向表示地形较低方向。第一种坡度表示方法中数据用百分数表示，第二种坡度表示方法中数据用比例表示。第三种坡度表示方法由一个直角三角形和数据组成。

非圆曲线的尺寸标注方法有两种，如图 4-6-9（f）、（g）所示：第一种等分曲线，由水平和垂直两个方向的线性尺寸标注进行定位；第二种标注方法借助网格进行定位。

任务 4.7　定位轴线

定位轴线

房屋建筑施工图中的定位轴线是确定建筑物主要承重构件位置的基准线，是施工定位、放线的重要依据。定位轴线的绘制应符合以下规定。

（1）定位轴线应以细单点画线绘制。

（2）定位轴线一般应编号，编号应注写在轴线端部的圆圈内。圆圈应以细实线绘制，直径应为 8mm，详图上可增至 10mm，圆心应在定位轴线的延长线上或延长线的折线上。

（3）平面图上定位轴线的编号编写：横向编号应用阿拉伯数字，从左至右顺序编写；竖向编号应用大写拉丁字母，从下至上顺序编写，如图 4-7-1 所示。

大写拉丁字母的 I、O、Z 不得用作轴线编号。如字母数量不够使用，可增用双字母或单字母加注脚，如 A_A，B_A，…，Y_A 或 A_1，B_1，…，Y_1 等。

（4）当有建筑物局部构造或结构时，可采用附加轴线定位。附加轴线的编号应以分数的形式表示，分母用前一轴线的编号或后一轴线的编号前加“0”表示，分子表示附加轴线的编号，编号宜用阿拉伯数字按顺序编号，示例如下。

(1/2)表示 2 号轴线后附加的第 1 条轴线。

(1/A)表示 A 号轴线后附加的第 1 条轴线。

(1/02)表示 2 号轴线前附加的第 1 条轴线。

(2/0A)表示 A 号轴线前附加的第 2 条轴线。

（5）一个详图适用于几根轴线时，应同时注明各有关轴线的编号，如图 4-7-2 所示。

通用详图中的定位轴线，应只画圆圈，不注写轴线编号。

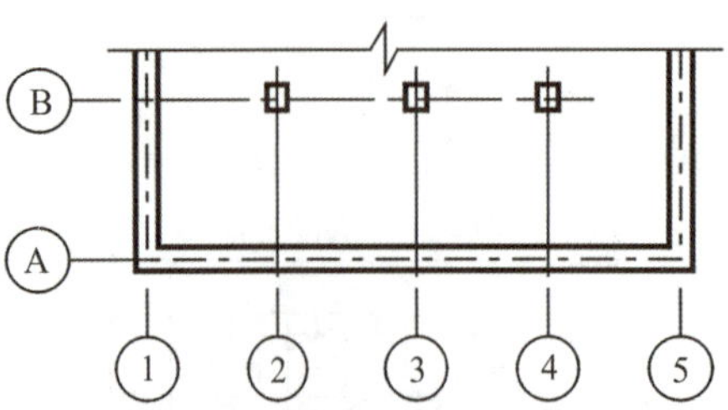

图 4-7-1　定位轴线的编号

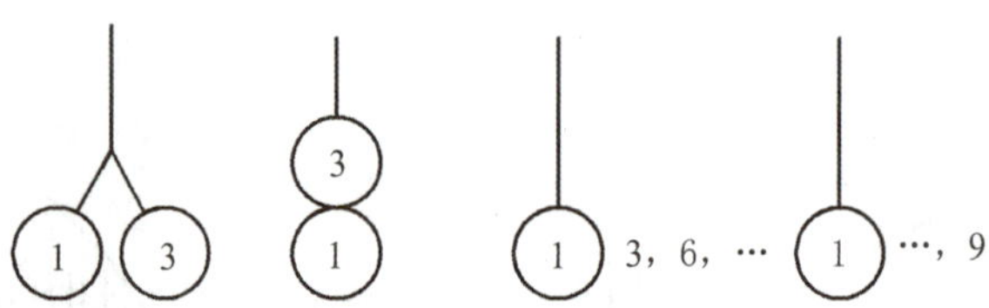

图 4-7-2　详图轴线的编号

（6）定位轴线也可采用分区编号，即在轴线号前加区号（数字），此时编号的注写形式应为区号-该区轴线号，如(2-1)或(2-A)，如图 4-7-3 所示。

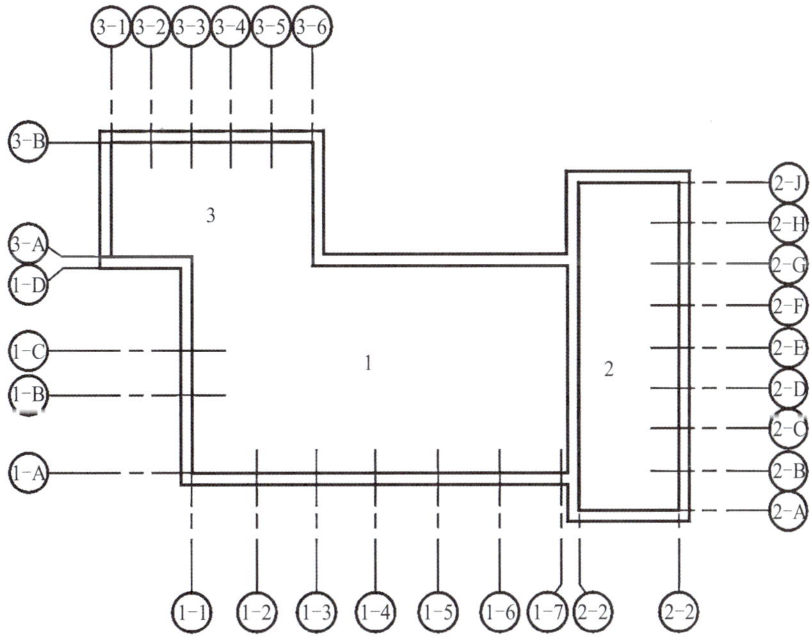

图 4-7-3　定位轴线的分区编号

任务 4.8　标　　高

标高是表示建筑物某一部位相对于基准面（标高的零点）的竖向高度，是标注建筑物高度的另一种尺寸形式，是竖向定位的依据。标高按基准面的不同分为绝对标高和相对标高。

(1) 绝对标高：以国家或地区统一规定的基准面作为零点的标高。我国规定以山东青岛附近的黄海平均海平面为标高的零点。

(2) 相对标高：标高的基准面可以根据工程需要自由选定。一般以建筑物一层室内主要地面作为相对标高的零点。

标高应按图 4-8-1 所示的方法标注，具体规定如下。

(1) 标高符号应以等腰直角三角形表示。总平面图室外地坪标高符号，用涂黑的等腰直角三角形表示。

(2) 标高数字以 m 为单位，注写到小数点第 3 位，总平面图中可注写到小数点后两位。零点标高注写成“±0.000”。正数标高不注“+”号，负数标高应标注“-”。

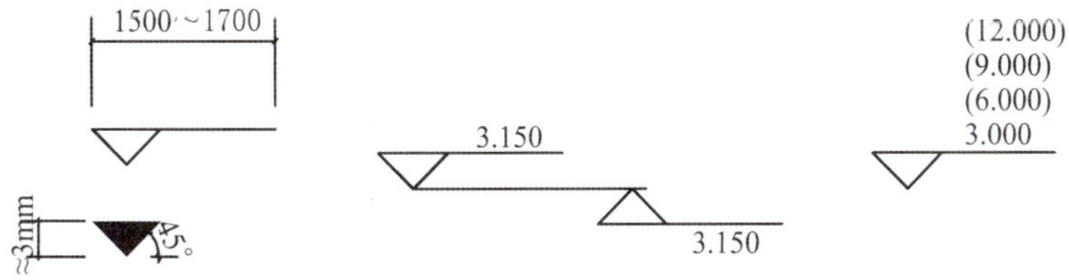

图 4-8-1　标高标注

任务 4.9 引出线

引出线

引出线的绘制应符合以下规定：引出线应以细实线绘制，宜采用水平方向的直线或与水平方向呈 30°、45°、60°、90°角的直线，或经上述角度再折为水平线，如图 4-9-1 所示。

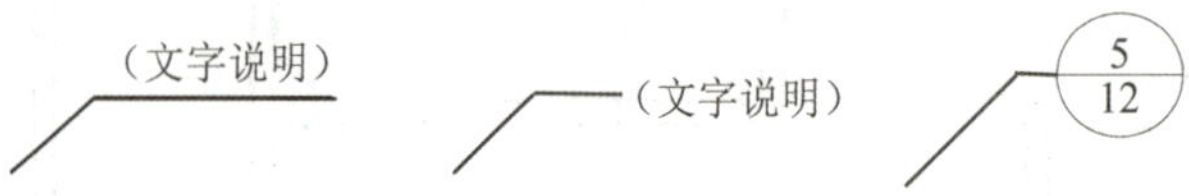

图 4-9-1 引出线

多层构造一般采用共同引出线（图 4-9-2），引出线应通过被引出的各层。文字说明宜注写在横线的上方，也可注写在横线的端部，说明的顺序应由上至下，并应与被说明的层次相互一致；如层次为横向排列，则由上至下的说明顺序应与由左至右的层次相互一致，如图 4-9-3 所示。

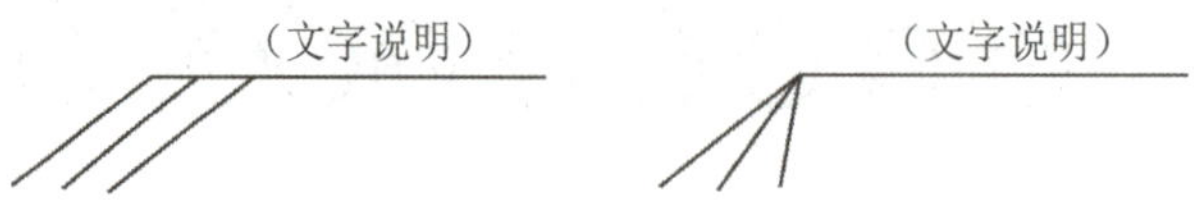

图 4-9-2 共同引出线

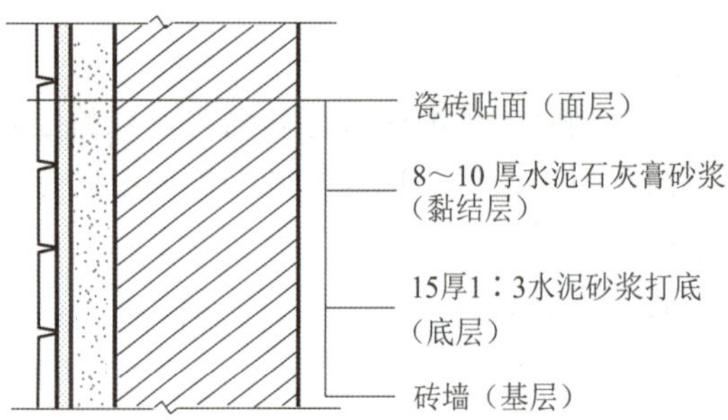

图 4-9-3 多层构造的共同引出线

任务 4.10 其他符号

4.10.1 索引符号与详图符号

1. 索引符号

其他符号

对图样中的某一局部或构件，如需另见详图，应以索引符号索引，如图 4-10-1（a）所示。索引符号由直径为 10mm 的圆和水平直径组成，圆及水平直径均应以细实线绘制。索引符号应按下列规定编写。

（1）索引出的详图，如与被索引的详图同在一张图纸内，应在索引符号的上半圆中用阿拉伯数字注明该详图的编号，并在下半圆中间画一段水平细实线，如图 4-10-1（b）所示。

(2) 索引出的详图，如与被索引的详图不在同一张图纸内，应在索引符号的上半圆中用阿拉伯数字注明该详图的编号，在索引符号的下半圆中用阿拉伯数字注明该详图所在图纸的编号，如图 4-10-1 (c) 所示。数字较多时可加文字标注。

(3) 索引出的详图，如采用标准图，应在索引符号水平直径的延长线上加注该标准图集的编号，如图 4-10-1 (d) 所示。

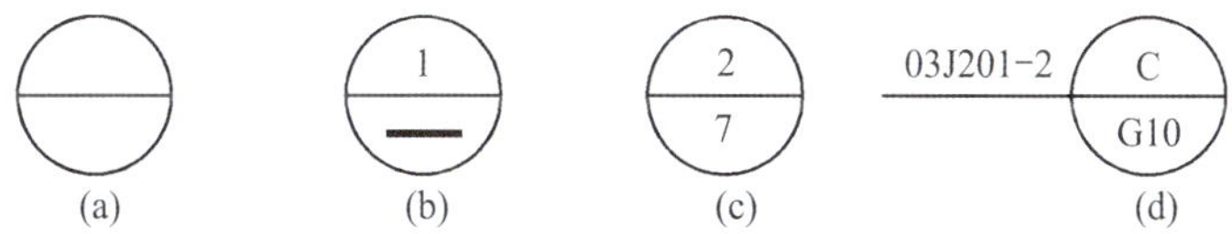

图 4-10-1　索引符号

(4) 索引符号如用于索引剖视详图，应在被剖切的部位绘制剖切位置线，以引出线引出索引符号，引出线所在的一侧应为投射方向，如图 4-10-2 所示。索引符号的编写同上。

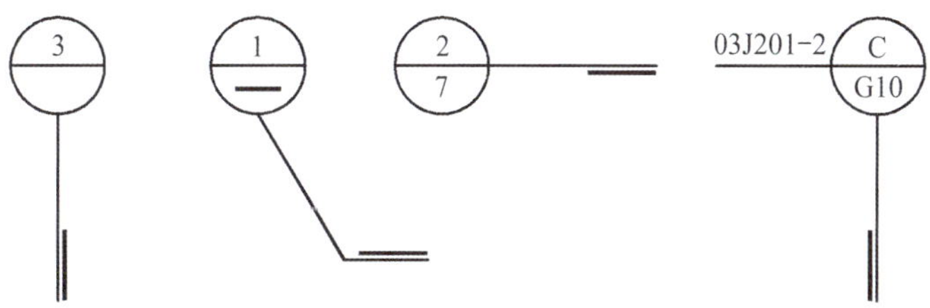

图 4-10-2　用于索引剖视详图的索引符号

2. 详图符号

详图的位置和编号，应以详图符号表示。详图符号的圆应以粗实线绘制，直径为 14mm。详图应按下列规定编号：

(1) 详图与被索引的图样同在一张图纸内，应在详图符号内用阿拉伯数字注明详图的编号，如图 4-10-3 (a) 所示。

(2) 详图与被索引的图样不在同一张图纸内，应用细实线在详图符号内画一水平直径，在上半圆中注明详图编号，在下半圆中注明被索引的图纸的编号，如图 4-10-3 (b) 所示。

(a)与被索引的图样同在一张图纸内　　(b)与被索引的图样不在同一张图纸内

图 4-10-3　详图符号

4.10.2　对称符号

对称符号由对称线和两端的两对平行线组成。平行线用细实线绘制，其长度宜为 6～10mm，每对的间距宜为 2～3mm；对称线用细点画线绘制，垂直平分两对平行线，两端超出平行线宜为 2～3mm，如图 4-10-4（a）所示。

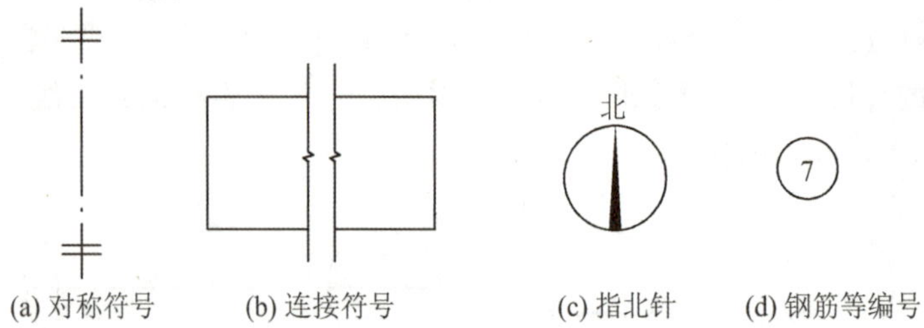

图 4-10-4　其他符号

4.10.3　连接符号

连接符号应以折断线表示需要连接的部位。两部分相距过远时，折断线两端靠图样一侧应标注大写拉丁字母，两个被连接的图样必须用相同的字母编号，如图 4-10-4（b）所示。

4.10.4　指北针

指北针如图 4-10-4（c）所示，其圆的直径宜为 24mm，用细实线绘制，指针尾部的宽度宜为 3mm，指针头部应注“北”或“N”。需用较大直径绘制指北针时，指针尾部宽度宜为直径的 1/8。

4.10.5　钢筋等编号

钢筋、杆件、设备等的编号，以直径为 14mm（同一图样应保持一致）的细实线圆表示，其编号应用阿拉伯数字按顺序编写，如图 4-10-4（d）所示。

【实践题】

1. 图纸的幅面代号有几种？尺寸分别是多少？

2. 绘制一个 A2 图幅，具体要求如下。

（1）按下表设置图层。

图层设置要求

图层名称	颜色	线型	线宽
轴线	1	CENTER	0.15
墙、柱	2	CONTINUOUS	0.5
门窗	4	CONTINUOUS	0.2
外墙保温	33	CONTINUOUS	0.35
室外地坪线	7	CONTINUOUS	1.0
尺寸标注	3	CONTINUOUS	0.2

续表

图层名称	颜色	线型	线宽
文字标注	7	CONTINUOUS	—
台阶、坡道及扶手	2	CONTINUOUS	0.2
图框	5	CONTINUOUS	0.2
剖切到的构件线	2	CONTINUOUS	0.1
其他	6	CONTINUOUS	0.2

(2) 文字样式设置：设置样式名“汉字”，字体名为“仿宋”，宽高比为0.7；设置样式名“非汉字”，字体名为“Simplex”，宽高比为0.7。

(3) 尺寸标注样式设置：尺寸标注样式名为“尺寸”。文字样式选用“非汉字”，箭头大小为1.2mm，基线间距8mm，尺寸界线偏移尺寸线2mm，尺寸界线偏移原点5mm，文字高度3mm，使用全局比例为100。

(4) 其他。在图层“图框”中绘制A2图框。

①横式图框。图框线宽要求细线0.35mm，中粗0.7mm，粗线1.0mm，线宽均采用对象线宽。

②标题栏文字采用“汉字”样式，字高5.0mm，按下图绘制（尺寸无须标注）。

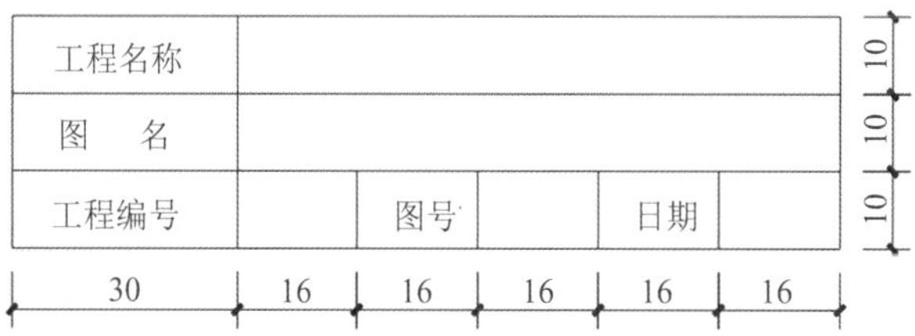

(5) 绘图比例1∶1，出图比例1∶100。

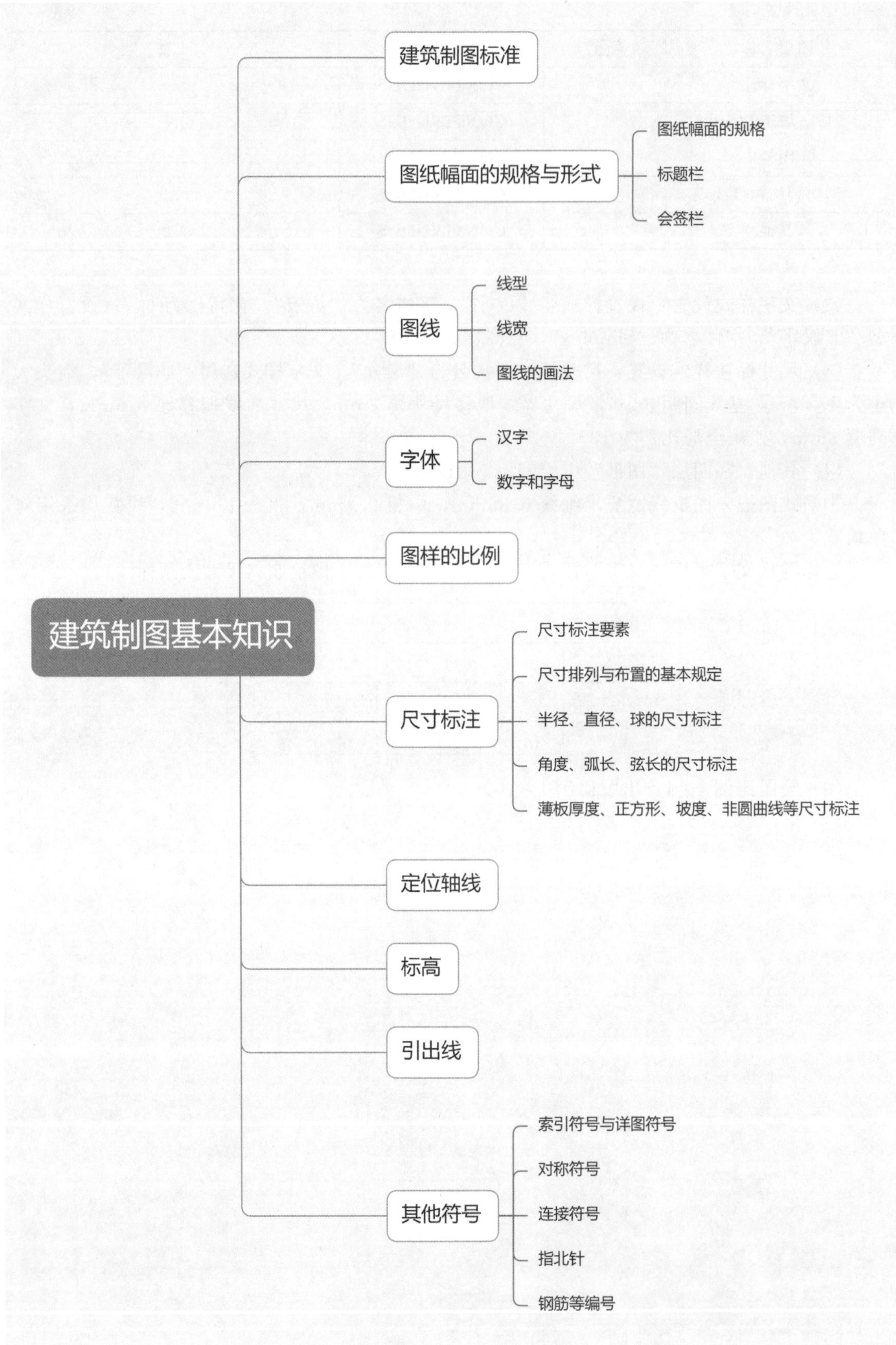
建筑制图基本知识
建筑制图标准
图纸幅面的规格与形式
图纸幅面的规格
标题栏
会签栏
图线
线型
线宽
图线的画法
字体
汉字
数字和字母
图样的比例
尺寸标注
尺寸标注要素
尺寸排列与布置的基本规定
半径、直径、球的尺寸标注
角度、弧长、弦长的尺寸标注
薄板厚度、正方形、坡度、非圆曲线等尺寸标注
定位轴线
标高
引出线
其他符号
索引符号与详图符号
对称符号
连接符号
指北针
钢筋等编号

项目5　建筑施工图的识读

项目概述

房屋建筑施工图是综合应用投影的各种图示方法和规定画法绘制的，所以识读房屋建筑施工图，必须具备相关的知识，按照正确的方法和步骤进行识读。房屋建筑施工图识读的一般要求：

（1）具备基本的投影知识。

（2）了解房屋组成与构造。

（3）掌握形体的各种图示方法及制图标准规定。

（4）熟记常用比例、线型、符号、图例等，认真细致，全面准确。

学习目标

知识目标：①了解建筑施工图的组成；②熟悉建筑施工图的识读方法与步骤；③正确地识读建筑施工图。

素养目标：①培养良好的职业操守和劳动精神，以及认真负责的工作态度，传承工匠精神；②培养学生具有严谨的工作态度，具有集体意识和团队合作精神；③掌握建筑构造与施工图的专业基础知识，具有举一反三的能力；④树立独立、客观、公正、细心的职业态度，以及能利用信息技术解决实际问题的信息素养。

关键内容

重点：①熟悉建筑施工图的组成；②掌握建筑施工图的识读方法与步骤。

难点：识读建筑施工图。

任务5.1　建筑施工图的组成

房屋建筑工程是一项系统的工程，它是由建筑工程、设备工程等多种专业施工队伍协调配合，按房屋建筑施工图的设计要求及相应专业工种施工流程，并按验收规范的要求，在规定的期限及费用范围内完成的工程。

建筑施工图的组成

一套完整的房屋建筑施工图按专业分工，主要分为建筑施工图、结构施工图和设备施工图三部分。

1. 建筑施工图

建筑施工图（简称“建施”）主要表示房屋的建筑设计内容，包括总平面图、平面图、立面图、剖面图和构造详图等。

2. 结构施工图

结构施工图（简称“结施”）主要表示房屋的结构设计内容，包括结构平面布置图、构件详图等。

3. 设备施工图

设备施工图（简称“设施”）主要表示给水排水、采暖通风、电气照明等设备的设计内容，包括平面布置图、系统图等。

任务 5.2　建筑施工图的识读方法与步骤

建筑施工图的识读方法与步骤

房屋建筑施工图是表示建筑物的总体布局、外部构造、内部布置、细部构造做法、内外装饰及满足其他专业队建筑要求和施工要求的图样，是房屋施工安装、编制概预算、工程监理、质量验收等方面工作的依据。

5.2.1　建筑施工图的识读方法

看图的一般方法是先弄清是什么工程图纸，要根据图纸的特点来看。一般流程是：从上往下看，从左向右看，从外向里看，从大到小看，从粗到细看，图样与说明对照看，建筑与结构对照看。先粗看一遍，了解工程的概貌，而后再细读。

识读建筑施工图时要注意以下几点：

(1) 建筑施工图各图样虽然图示的内容不同，但它们共依共存。

(2) 建筑平面图是“基准”，建筑立面图和剖面图的定位轴线来源于建筑平面图，通过平面图上剖切符号了解剖面图的剖切位置。

(3) 建筑立面图室外地坪标高是否与建筑总平面图上标的相一致，相同构造的标高是否一致。

(4) 建筑剖面图上的标高、竖向尺寸与立面图所注的尺寸、标高有无矛盾。

(5) 识读建筑详图必须结合该详图的索引符号所在建筑施工图中的那张图纸一起阅读，这样再看详图上的标高、尺寸、构造细部是否有问题，或能否实现施工。

(6) 关键内容是轴线尺寸、开间尺寸、层高、建筑物高度、材料标号、技术要求等。

5.2.2　建筑施工图的识读步骤

一套房屋建筑施工图是由不同专业工种的图样综合组成的，它们之间有着密切的联系，识读时应注意前后对照，以防出现差错和遗漏。识读房屋建筑施工图的一般步骤如下：

（1）对于全套图样来说，先看说明书、首页图，后看建施、结施和设施。

（2）对于每一张图样来说，先看图标、文字，后看图样。

（3）对于建施、结施和设施来说，先看建施，后看结施、设施。

（4）对于建施来说，先看平面图、立面图、剖面图，后看详图。

（5）对于结施来说，先看基础施工图、结构布置平面图，后看构件详图。

当然，上述步骤并不是孤立的，而是要经常相互联系进行，反复阅读才能看懂。

5.2.3　标准图集识读

一些常用的构配件和构造做法，通常直接采用标准图集，所以在阅读了首页图之后，就要查阅本工程所采用的标准图集。

1. 标准图集分类

按编制单位和使用范围，标准图集可分为以下三类：

（1）国家通用标准图集。

（2）省级通用标准图集。

（3）各大设计单位（院级）通用标准图集。

2. 标准图集的查阅方法

（1）按房屋建筑施工图中注明的标准图集的名称、编号和编制单位，查找相应图集。

（2）识读时应先看总说明，了解该图集的设计依据、使用范围、施工要求及注意事项等内容。

（3）按施工图中的详图索引编号查阅详图，核对有关尺寸和要求。

任务 5.3　识读建筑设计总说明及构造做法表

建筑施工图中除各种图样外，还包括图纸目录、设计说明、工程构造做法表、门窗表等表格和文字说明。这部分内容通常集中编写，编排在施工图的前部。当内容较少时，可以全部绘制于施工图的第一张图纸之上；当内容较多时，可以分开绘制。

识读建筑总说明及构造做法表

5.3.1　图纸目录

图纸目录说明该工程项目由哪几类专业图纸组成，各专业图纸的名称、张数和图纸顺序，以便查阅图纸。由于整套施工图最终要折叠装订成 A4 大小的设计文件，所以图纸目录常单独绘制于 A4 幅面的图纸上，并置于全套图的首页。内容较多时，可分页绘制。看图前应首先检查整套施工图图纸与目录是否一致，防止缺页给识图和施工造成麻烦。

图 5-3-1 为某办公楼图纸目录，由该图可知，本套施工图包含 15 张图纸。

序号	设计图号	图名	图幅	备注
1	建总施-01	建筑总平面图	A2	
2	建施-01-01	建筑施工图设计说明 门窗表	A2	
3	建施-01-02	工程做法表	A2	
4	建施-02	一层平面图	A3	
5	建施-03	二层平面图	A3	
6	建施-04	三层平面图	A3	
7	建施-05	屋顶层平面图	A3	
8	建施-06	①～⑥轴立面图	A3	
9	建施-07	⑥～①轴立面图	A3	
10	建施-08	Ⓓ～Ⓐ轴立面图 Ⓐ～Ⓓ轴立面图	A3	
11	建施-09	1-1 剖面图 门窗详图	A3	
12	建施-10	楼梯详图	A3	
13	建施-11	节点详图一	A3	
14	建施-12	节点详图二	A3	
15	建施-13	建筑节能设计专篇	A2	

图 5-3-1　某办公楼图纸目录

5.3.2　建筑设计总说明

建筑设计总说明（也称为建筑施工图设计说明）主要说明工程的设计概况、工程做法所采用的标准图集代号及在施工图中不宜用图样必须用文字表达的内容（如材料选用、饰面颜色、新材料新工艺以及注意事项等）。图 5-3-2 为某办公楼建筑施工图设计说明。

5.3.3　工程构造做法表

工程构造做法表主要是对建筑各部位构造做法用表格的形式加以详细说明。当需要大量引用标准图集中的做法时，使用工程构造做法表来表达更方便、高效。

工程构造做法表可对建筑物各部位构造、做法、层次、选材、尺寸、施工要求等进行详细说明，它是现场施工和备料、施工监理、工程预决算的重要技术文件。

图 5-3-3 所示为某办公楼的部分工程构造做法表，表中对各施工部位的名称、做法等都做了详细、清楚的表述。当采用标准图集中的做法时，应注明所采用标准图集的代号，做法编号如有改变，应在备注中说明。

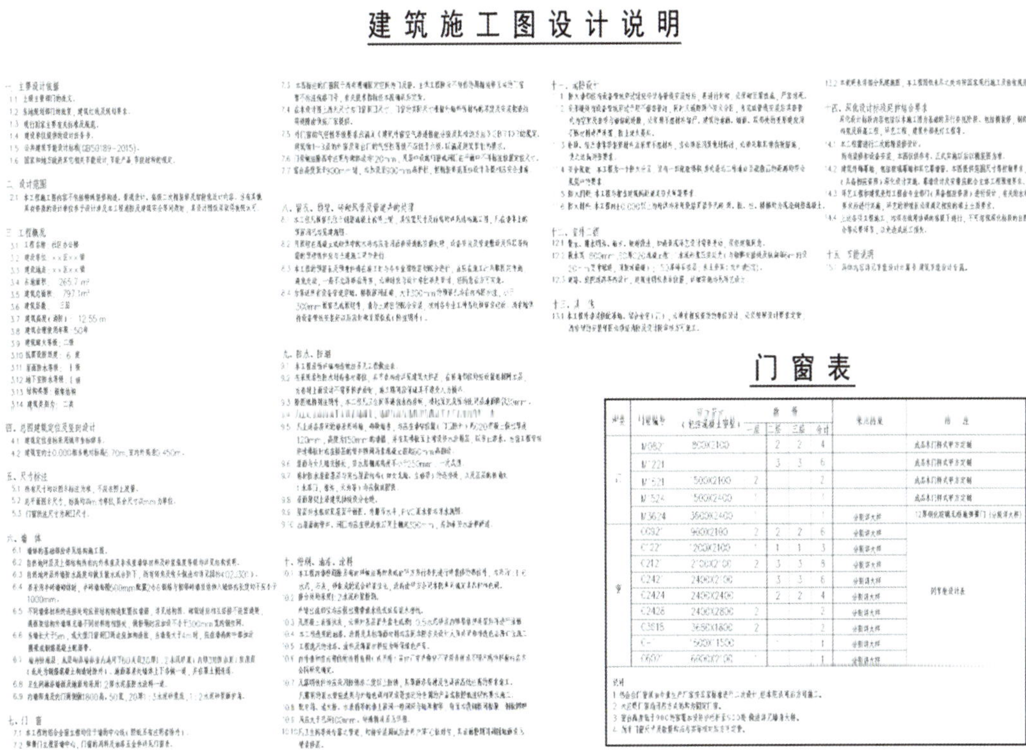

一、主要设计依据

1.1 上级主管部门的批文。

1.2 当地规划部门的批复，建筑红线及规划要求。

1.3 现行国家主要有关标准及规范。

1.4 建设单位提供的设计任务书。

1.5《公共建筑节能设计标准》(GB 50189－2015)。

1.6 国家和地方政府其他相关节能设计、节能产品、节能材料的规定。

二、设计范围

2.1 本工程施工图内容不包括特殊装修构造、景观设计、高级二次精装修及智能化设计内容。当有其他具有资质的设计单位参与设计涉及本工程消防及建筑安全等问题时，其设计图纸须取得我院认可。

三、工程概况

3.1 工程名称：XX办公楼

3.2 建设单位：X市X区

3.3 建设地点：X市X区

图 5-3-2　某办公楼建筑施工图设计说明

5.3.4　门窗表

门窗表是对建筑物上所有不同类型门窗的统计表格。它主要反映门窗的类型、大小、所选用的标准图集及其类型编号等，如有特殊要求，应在备注中加以说明。

图 5-3-4 所示为某办公楼的门窗表。

工程构造做法表

分类	编号	名称	工程作法	使用部位
屋面	屋1	不上人保温屋面（自上而下）	1.现浇钢筋混凝土结构自防水屋面，表面扫干净 2.1:8水泥加气混凝土碎料找坡（最薄处30厚） 3.20厚（最薄处）1:2水泥砂浆找平兼找纵坡 4.1.5mm厚合成高分子防水涂膜一遍 5.3mm厚APP防水卷材防水层 6.70厚泡沫玻璃（燃烧性能A1） 7.干铺无纺聚酯纤维布一层 8.20厚1:2水泥砂浆保护层	用于不上人屋面 12.100标高处
	屋2	檐沟	1.现浇钢筋混凝土结构自防水屋面，表面扫干净 2.20厚（最薄处）1:2水泥砂浆找平兼找纵坡 3.30厚泡沫玻璃（燃烧性能A1） 4.1.5mm厚合成高分子防水涂膜一遍，1.3mm厚APP防水卷材防水层（自带铝箔保护层）	用于檐沟
	屋3	雨篷	1.现浇钢筋混凝土屋面板，表面扫干净 2.最薄处20厚1:3水泥砂浆找坡 3.3mm厚APP防水卷材防水层（自带保护层）	用于雨篷
楼面	楼1	水泥砂浆抹面搓毛楼面	1.现浇钢筋混凝土楼板（纯水泥浆一道） 2.素水泥浆结合层一道（内掺建筑胶） 4.20厚1:2.5水泥砂浆抹面（面层材料另定）	用于除卫生间楼梯间外所有房间
	楼2	防滑地砖楼面	1.钢筋混凝土楼板面刷混凝土界面剂JCTA-400 2.1.2厚水泥基防水涂料一遍 3.素水泥浆结合层 4.15厚1:3水泥砂浆找平层 5.15厚1:2水泥砂浆结合层 6.防滑地砖面层（离缝法素水泥浆勾缝）	用于卫生间等用水房间楼面
	楼3	花岗岩楼面	1.钢筋混凝土楼板面刷混凝土界面剂JCTA-400 2.素水泥浆结合层一遍 3.20厚1:3干硬性水泥砂浆 4.1.3厚水泥胶结合层 5.20厚花岗岩贴面，中国黑花岗岩走边（立边及侧面磨光边）；素水泥浆擦缝	用于楼梯及楼梯间入口
地面	地1	水泥砂浆地面	1.素土夯实 2.150厚碎石垫层 3.100厚C20混凝土垫层 4.刷水泥浆一道（内掺建筑胶） 5.20厚1:2.5水泥砂浆抹面	用于其他房间
	地2	花岗石地面	1.素土夯实 2.150厚碎石垫层 3.100厚C20混凝土垫层 4.1.3厚水泥胶结合层 5.20厚花岗岩贴面，中国黑花岗岩走边（立边及侧面磨光边）；素水泥浆擦缝	用于楼梯及楼梯间入口
外墙	外墙外1（外保温）	涂料墙面	1.外砖墙或钢筋混凝土墙柱（界面砂浆）清理基层 2.界面剂一道 3.30厚无机轻集料保温砂浆B型（燃烧等级A） 4.4~5厚抗裂砂浆（压入耐碱玻纤网，首层为双层耐碱玻纤网） 5.1.2厚丙乳防水浆料 6.外墙涂料一底二面（喷涂）	使用部位及颜色详立面图、墙体大样图和效果图。
	外墙内1（内保温）	涂料墙面	1.内墙面（界面剂） 2.20厚无机轻集料保温砂浆C型（燃烧等级A） 3.4~5厚抗裂砂浆（压入耐碱玻纤网，首层为双层耐碱玻纤网） 4.1.2厚丙乳防水浆料 5.白色乳胶漆一底二面	使用部位及颜色详立面图、墙体大样图和效果图。
	外墙外2（外保温）	面砖墙面	1.外砖墙或钢筋混凝土墙柱（界面砂浆）清理基层 2.界面剂一道 3.30厚无机轻集料保温砂浆B型（燃烧等级A） 4.4~5厚抗裂砂浆（压入耐碱玻纤网，首层为双层耐碱玻纤网） 5.12厚1:2水泥砂浆打底扫毛 6.15厚1:2水泥砂浆结合层 7.1.2厚丙乳防水涂料 8.面砖贴面	
	外墙内2（内保温）	瓷砖墙面	1.内墙面（界面剂） 2.20厚无机轻集料保温砂浆C型（燃烧等级A） 3.4~5厚抗裂砂浆（压入耐碱玻纤网，首层为双层耐碱玻纤网） 4.12厚1:2水泥砂浆打底扫毛 5.15厚1:2水泥砂浆结合层 6.1.2厚丙乳防水浆料 7.瓷砖贴面	
室外工程	坡道1	薄板石材面层坡道	1.300厚3:7灰土分两步夯实，宽出面层300 （薄板石材面层如为光面时，应有防滑措施，可水平截打毛防滑带，宽带60，间距不大于150） 2.60厚C15混凝土 3.素水泥浆一道（内掺建筑胶） 4.30厚1:3干硬性水泥砂浆粘结层 5.素水泥面（洒适量清水） 6.40厚花岗岩石板铺面，背面及四周边涂满防污剂，素水泥浆擦缝	用于室外台阶、无障碍坡道
顶棚	棚1	PVC扣板天棚	1.U38型轻钢龙骨，大龙骨中距1200 2.中龙骨中距600，小龙骨中距600 3.覆面板为高分子PVC扣板（3厚），距楼面3m高	用于卫生间
	棚2	乳胶漆顶棚	1.钢筋混凝土顶板 2.成品腻子找平 3.白色乳胶漆二度	用于除卫生间外其他房间及楼梯间
内墙	内墙1	乳胶漆墙面	1.内墙面（界面剂） 2.12厚1:1:6混合砂浆分层抹平 3.8厚1:0.3:3混合砂浆罩面抹光 4.满刮腻子两遍 5.白色乳胶漆一底二面	用于除卫生间外所有房间
	内墙2	瓷砖墙面	1.内墙面（界面剂） 2.1.2厚水泥基防水涂料一遍 3.12厚1:2水泥砂浆打底（掺防水剂） 4.8厚1:2水泥砂浆粘面刮糙（掺防水剂） 5.瓷砖贴面，150高黑缸砖踢脚	用于卫生间隔墙墙面 贴到吊顶上5cm
踢脚	踢1	缸砖踢脚	1.内墙面 2.12厚1:3水泥砂浆打底扫毛 3.6厚1:2水泥砂浆罩面，压实赶光 4.150高黑缸砖贴面，干水泥擦缝	所有踢脚

注：所有砂浆均采用预拌砂浆

图 5-3-3　某办公楼的部分工程构造做法表

门窗表

种类	门窗编号	洞口尺寸（包括混凝土窗框）	数量				采用图集	附注
			一层	二层	三层	合计		
门	M0821	800X2100		2	2	4		成品木门样式甲方定制
	M1221			3	3	6		成品木门样式甲方定制
	M1521	1500X2100	2			2		成品木门样式甲方定制
	M1524	1500X2400	1			1		成品木门样式甲方定制
	M3624	3600X2400	1			1	分割详大样	12厚钢化玻璃无框地弹簧门（分割详大样）
窗	C0921	900X2100	2	2	2	6	分割详大样	同节能设计表
	C1221	1200X2100	1	1	1	3	分割详大样	
	C2121	2100X2100	2	3	3	8	分割详大样	
	C2421	2400X2100		3	3	6	分割详大样	
	C2424	2400X2400		2	2	4	分割详大样	
	C2428	2400X2800	2			2	分割详大样	
	C3618	3680X1800	2			2	分割详大样	
	C-1	1500X11500		1		1	分割详大样	
	C6021	6000X2100	1			1	分割详大样	

说明：
1 铝合金门窗须由专业生产厂家按国家标准进行二次设计，经本院认可后方可施工。
2 未注明门窗扇开启方式的均为固定门窗。
3 窗台高度低于900的窗需加设防护栏杆至900高，做法详见墙身大样。
4 所有门窗尺寸及数量均应与实际核对后方可定货。

图 5-3-4　某办公楼的门窗表

任务 5.4　识读建筑总平面图

5.4.1　建筑总平面图的概念和作用

将新建工程四周一定范围内的新建、拟建、原有和待拆除的建筑物、构筑物连同其周围的地形、地物状况用水平投影的方法和相应图例所绘制的工程图样，称为总平面图。

识读建筑总平面图

总平面图是建设工程及其邻近建筑物、构筑物、周边环境等的水平正投影，是表明基地所在范围内总体布置的图样。它主要反映当前工程的平面轮廓形状和层数、与原有建筑物的相对位置、周围环境、地形地貌、道路和绿化的布置等情况。

总平面图是建设工程中新建房屋施工定位、土方施工、设备专业管线平面布置的依据，也是安排在施工时进入现场的材料和构件、配件的堆放场地，构件预制的场地及运输道路等施工总平面布置的依据。

5.4.2　总平面图的表达内容

（1）新建建筑物所处的地形、用地范围及建筑物占地界限等。如地形变化较大，应画出相应的等高线。

（2）新建建筑物的位置，总平面图中应详细绘出其定位方式。新建建筑物的定位方式有以下三种：

①利用新建建筑物和原有建筑物之间的距离定位；

②利用施工坐标确定新建建筑物的位置；

③利用新建建筑物与周围道路之间的距离确定新建建筑物的位置。

（3）相邻原有建筑物、拆除建筑物的位置或范围。

（4）周围的地形、地物状况（如道路、河流、水沟、池塘、土坡等）。应注明新建建筑物首层地面，室外地坪，道路的起点、变坡点、转折点、终点及道路中心线的标高、坡向，建筑物的层数等。

（5）指北针或风向频率玫瑰图。

在总平面中通常画有带指北针的风向频率玫瑰图（风玫瑰），用来表示该地区常年的风向频率和房屋的朝向。明确风向有助于建筑构造的选用及材料的堆场，如有粉尘污染的材料应堆放在下风位。

（6）新建区域的总体布局，如建筑物、道路、绿化规划和管道布置等。总平面图所反映的范围较大时，常用较小的比例尺绘制。

5.4.3　总平面图的图例符号

（1）绘制方法与图例。总平面图是用正投影的原理绘制的，图形主要以图例的形式表示，总平面图的图例采用《总图制图标准》（GB/T 50103—2010）规定的图例。图 5-4-1 给出了部分常用的总平面图图例，画图时应严格执行。如图中采用的图例不是《总图制图标准》中规定的图例，应在总平面图中说明。

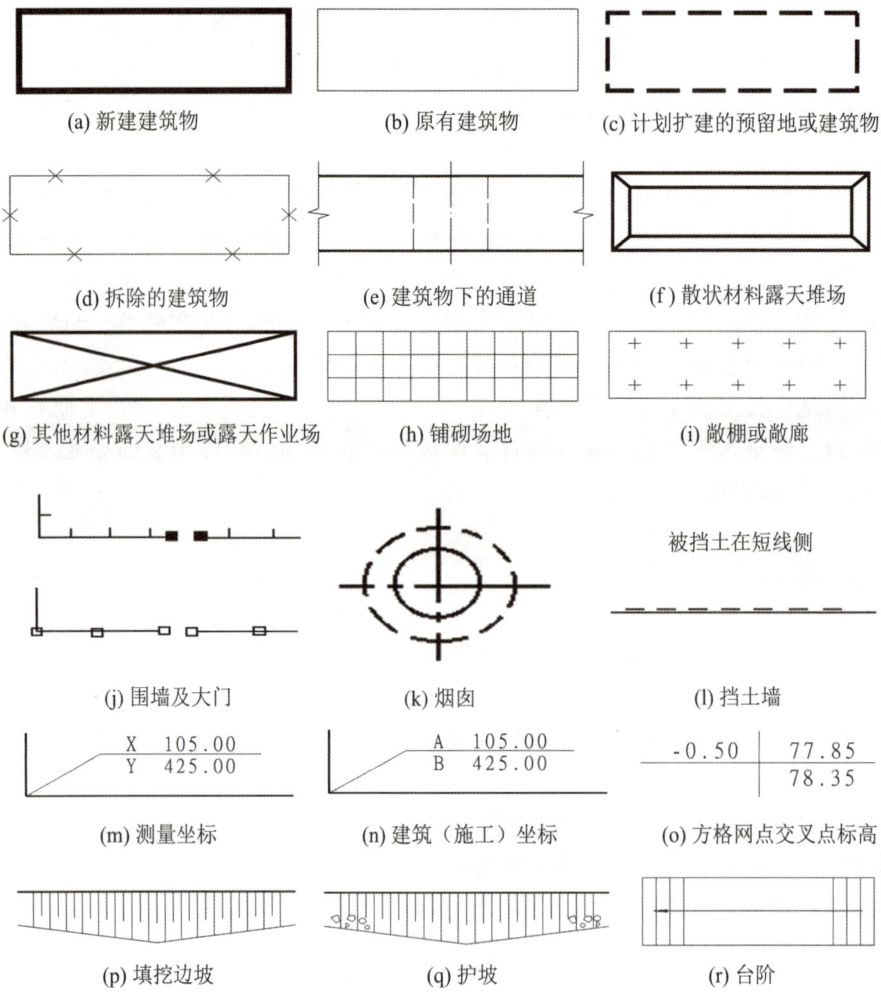

图 5-4-1　部分常用的总平面图图例

（2）图线。图线的宽度应根据图样的复杂程度和比例，按《房屋建筑制图统一标准》（GB/T 50001—2017）中图线的有关规定执行。主要部分选用粗线，其他部分选用中线和细线。如新建建筑物用粗实线表示，原有建筑物用细实线表示。绘制新建管线综合图时，管线采用粗实线。

（3）标高与尺寸。总平面图中的标高应为绝对标高，室外地坪标高符号用涂黑的直角等腰三角形表示。总平面图的坐标、标高、距离以 m 为单位，应至少取至小数点后两位。

（4）总平面图应按上北下南的方向绘制。根据场地的形状或布局，可向左或向右偏转，但不宜超过 45°。

（5）指北针和风向频率玫瑰图。风向频率玫瑰图是根据当年平均统计的各个方向吹风次数的百分数，按一定比例绘制的，风向是从外吹向该地区中心。风向频率玫瑰图中离中心最远的点表示全年该风向风吹的天数最多，即主导风向。实线表示全年风向频率，虚线表示按 6 月、7 月、8 月三个月统计的风向频率。

（6）比例。总平面图一般采用 1∶500、1∶1000 或 1∶2000 的比例尺绘制，因为比例尺较小，图示内容多按《总图制图标准》(GB/T 50103—2010）中相应的图例要求进行简化绘制，与工程无关的对象可省略不画。

5.4.4　总平面图的识读方法与步骤

(1）阅读标题栏、图名、比例，了解工程名称、性质、类型等。

(2）阅读设计说明，在总平面图中常附有设计说明，一般包括如下内容：有关建设依据和工程概况的说明，如工程规模、主要技术经济指标、用地范围等；确定建筑物位置的有关事项；标高及引测点说明、相对标高与绝对标高的关系；补充图例说明等，了解周围环境对新建建筑物的影响。

(3）了解新建建筑物的位置、层数、朝向及当地常年主导风向等。新建建筑物平面位置在总平面图上的标定方法有两种：对于小型的工程项目，一般以邻近原有永久性建筑物的位置为依据，引出相对位置；对于大型的公共建筑，一般用城市规划网的测量坐标来确定建筑物转折点的位置。

(4）了解新建建筑物的周围环境状况。

(5）了解新建建筑物首层地坪、室外设计地坪的标高和周围地形、等高线等。

(6）了解原有建筑物、构筑物和计划扩建的项目，如道路、绿化等。

5.4.5　操作练习

识读图 5-4-2 所示的某小区新建住宅总平面图。

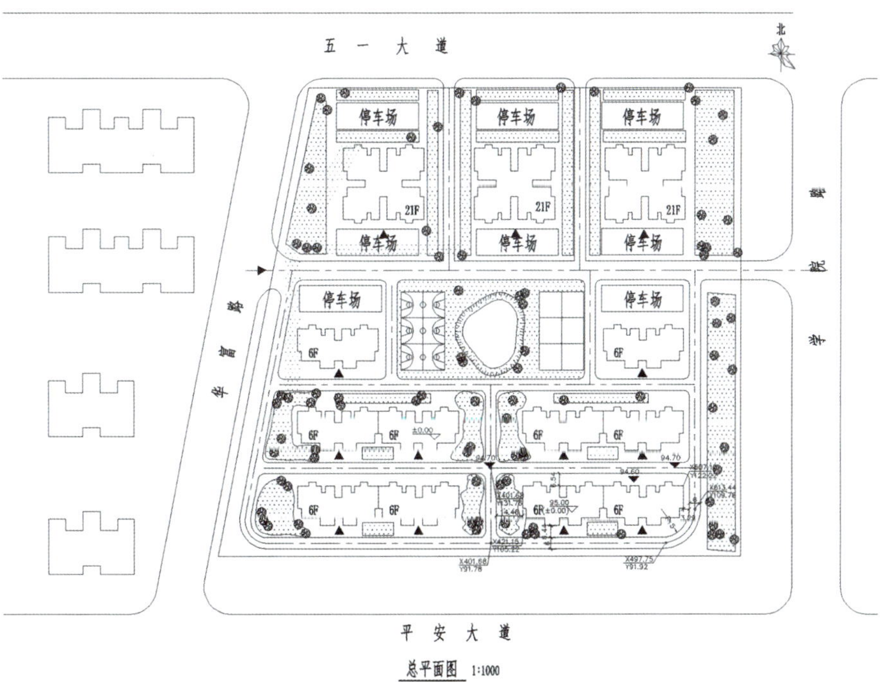

图 5-4-2　某小区新建住宅总平面图

识读步骤如下：

（1）了解图名、比例及文字说明。从图 5-4-2 中可以看出，该图为某小区新建住宅的总平面图，比例尺为 1∶1000。

（2）熟悉总平面图的各种图例。由于总平面图的绘制比例较小，图中采用了图例来表示物体。

（3）了解新建房屋的平面位置、标高、层数及外围尺寸等。图中新建 10 幢相同的 6 层住宅和 3 幢 21 层高层住宅。新建建筑的轮廓投影用粗实线画出，其首层主要地面的相对标高为±0.00m，相当于绝对标高为 95.00m，以图中右下角坐标为参照进行定位。

（4）了解新建房屋的朝向和主要风向。从风向频率玫瑰图中可以看到，该地区全年的主导风向为东南风。

（5）了解绿化、美化的要求和布置情况，以及周围的环境。

（6）了解道路交通及管线布置情况。

任务 5.5　识读建筑平面图

5.5.1　建筑平面图的形成过程

识读建筑平面图

建筑平面图是将房屋假想用一水平剖切平面，沿门窗洞口在视平面的位置剖切后，移去剖切平面以上的部分，再将剖切平面以下的部分进行投影所得的水平投影图，简称平面图。平面图主要反映房屋的平面形状、大小和各部分水平方向的组合关系。图 5-5-1 为某住宅三层平面图。

5.5.2　建筑平面图的表达内容

（1）定位轴线及编号。平面图的定位轴线包含横向定位轴线和纵向定位轴线。横向定位轴线的编号应从左至右用阿拉伯数字注写，纵向定位轴线的编号应自下而上用拉丁字母编写。一般平面图四周都应对轴线进行编号。

（2）图线、比例尺。平面图的比例尺宜在 1∶50、1∶100、1∶200 三种比例尺中选择，住宅单元平面宜选用 1∶50，组合平面宜选用 1∶150 或 1∶200。

（3）图例。平面图应采用建筑类图例，可参照《建筑制图标准》（GB/T 50104—2010）。

（4）尺寸标注。平面图中标注的尺寸可分为三类：外部尺寸、内部尺寸、具体构造尺寸。其中，外部尺寸一般在图形中外墙的下方及左方标注三道尺寸：细部尺寸、轴线尺寸、总尺寸（外包尺寸）。

一般房屋有几层，就应有几个平面图，在平面图下方应注明相应的图名及采用的比例尺，如图 5-5-1 所示。如果上下各楼层的房间数量、大小、布置都一样，则相同的楼层可用一个平面图表示，称为标准层平面图或××～××层平面图。

5.5.3　建筑平面图的识读方法与步骤

（1）看图名、比例、指北针，了解图名、比例、朝向。

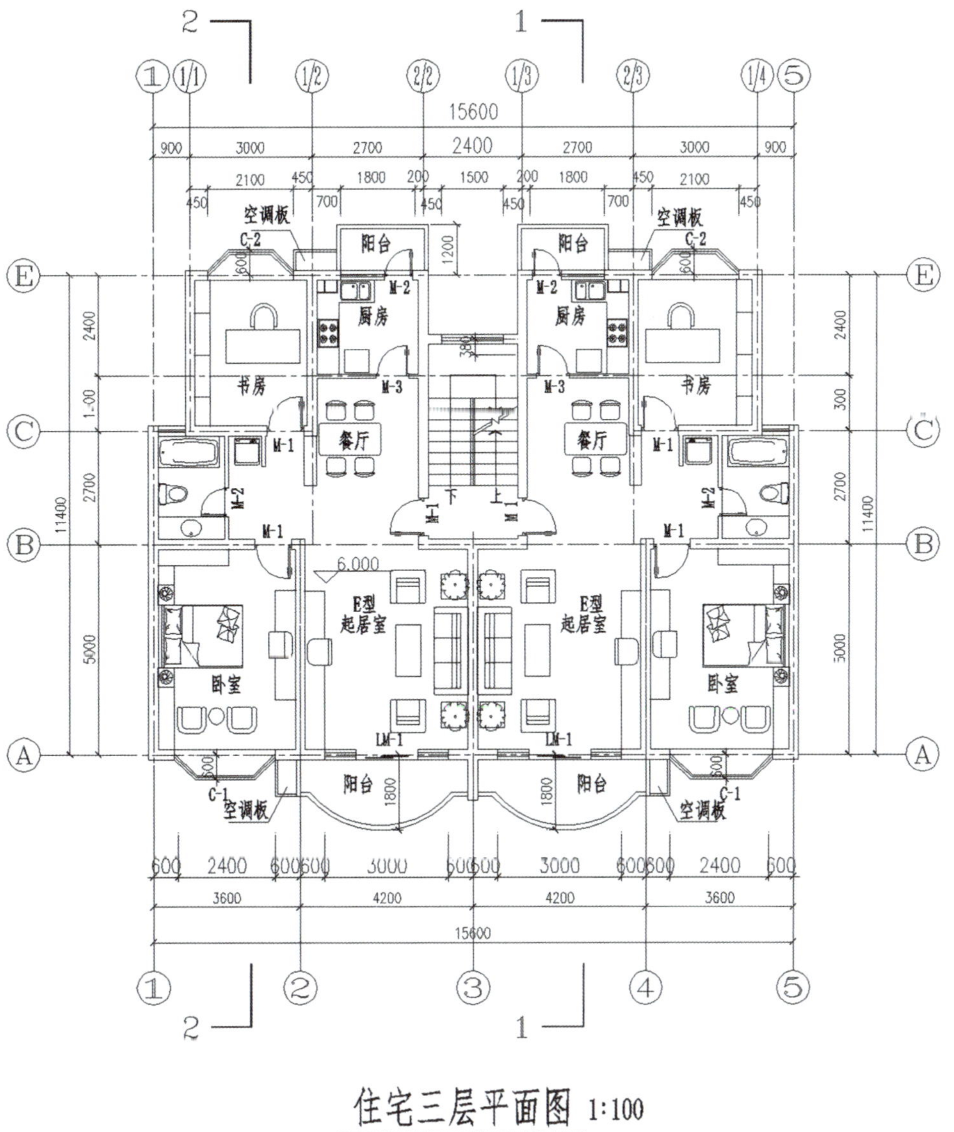

图 5-5-1　某住宅三层平面图

（2）分析建筑平面的形状及各层的平面布置情况，从图中房间的名称可以了解各房间的使用功能；从内部尺寸可以了解房间的净长、净宽（或面积）；了解楼梯间的布置、楼梯段的踏步级数和楼梯的走向。

（3）识读定位轴线及轴线间尺寸，了解各墙体的厚度；了解门窗洞口的位置、代号及门的开启方向，了解门窗的规格尺寸及数量。

（4）了解室外台阶、花池、散水、阳台、雨篷、雨水管等构造的位置及尺寸。

（5）阅读有关的符号及文字说明，查阅索引符号及其对应的详图或标准图集。

（6）从屋顶平面图中分析了解屋面构造及排水情况。

任务 5.6　识读建筑立面图

5.6.1　建筑立面图的形成过程

识读建筑立面图

建筑立面图是将房屋的各个侧面向与之平行的投影面做正投影所得的图样，简称立面图。立面图用来表现房屋立面造型的艺术处理、房屋的外部造型和外墙面的装饰，同时反映外墙面上门窗位置、入口处和阳台的造型、外部台阶等构造及各表面装饰的色彩和用料。

立面图的数量视房屋各立面的复杂程度而定，一般为四个立面图。当有些立面的形状、布置一样时，可以合画成一张立面图。立面图一般采用两端的定位轴线编号来确定，如①～⑥轴立面图、Ⓐ～Ⓕ轴立面图等，便于阅读图样时与平面图对照。

5.6.2　建筑立面图的表达内容

（1）投影关系与比例。投影关系应指出具体的立面图，如正立面图、背立面图等，同时应注明立面图具体的比例尺。图 5-6-1～图 5-6-3 分别给出的是正立面图、背立面图和侧立面图。

（2）线型使用和定位轴线。房屋的主体外轮廓用粗实线表示，勒脚、门窗洞口、窗台、阳台、雨篷、檐口、柱、台阶、花池等轮廓用中实线表示，门窗扇分格、栏杆、雨水管、墙面分格线、文字说明引出线等用细实线表示，室外地面线用特粗实线表示。

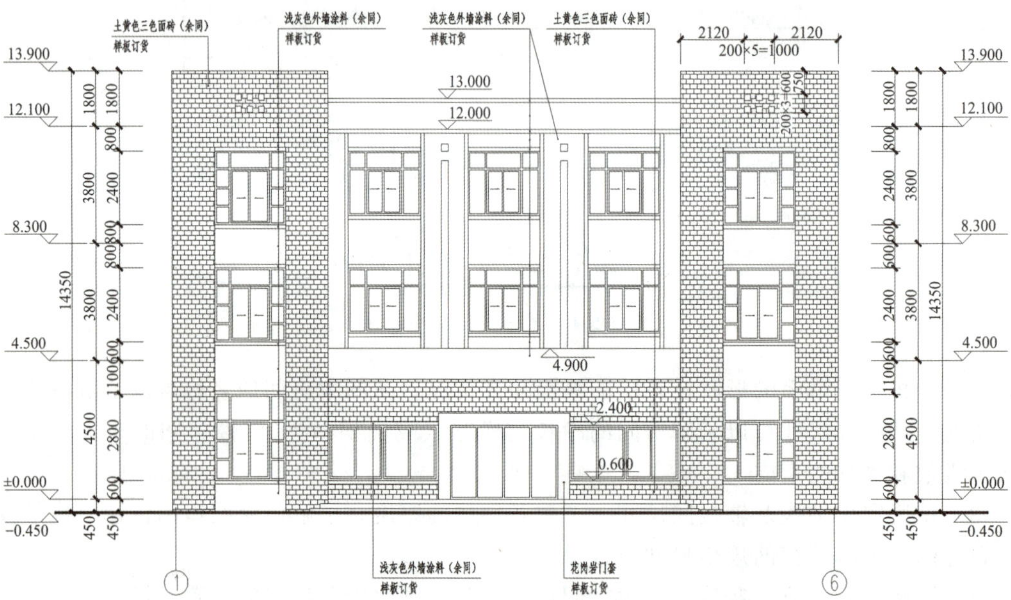

①～⑥轴立面图 1:100

图 5-6-1　某办公楼①～⑥轴立面图

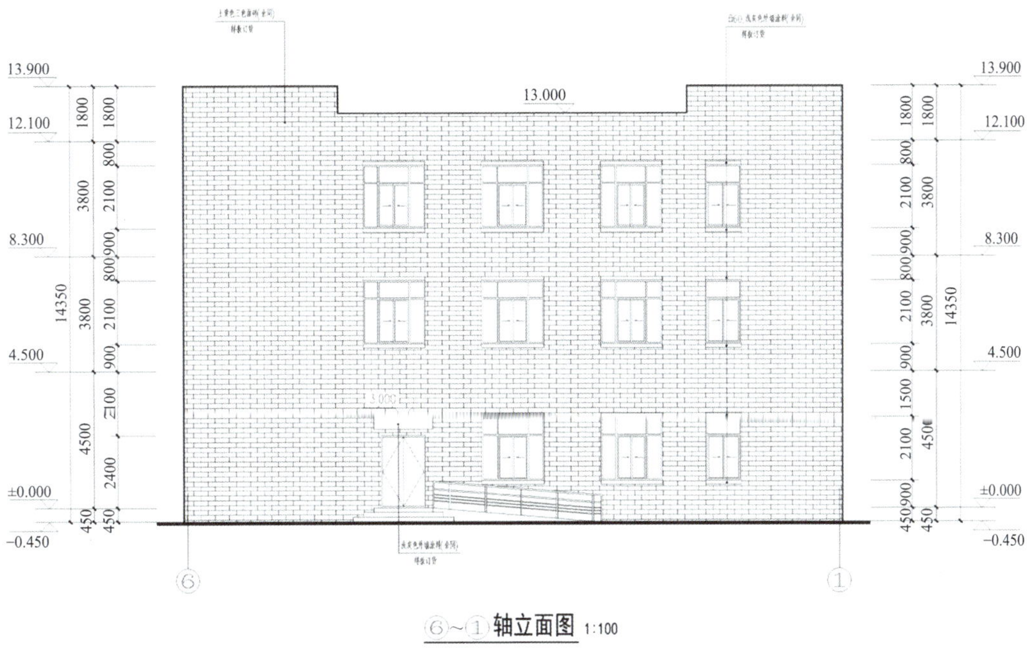

图 5-6-2 某办公楼⑥~①轴立面图

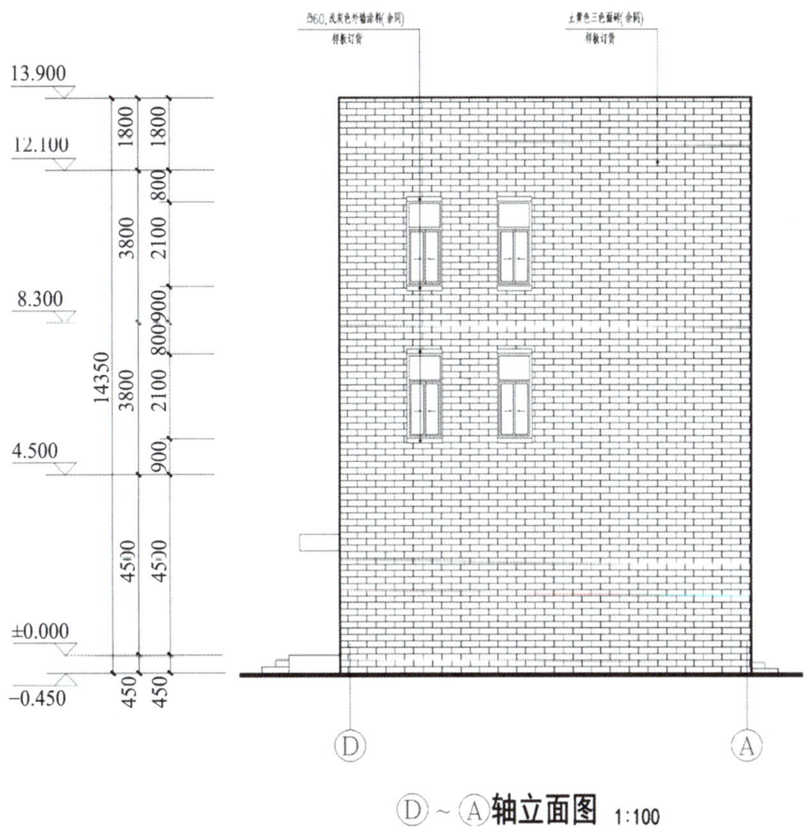

图 5-6-3 某办公楼Ⓓ~Ⓐ轴立面图

立面图中一般只要求绘出房屋外墙两端的定位轴线及编号，定位轴线画进墙内 10～15mm。

(3) 图例。立面图中常见的图例有砌块、混凝土、钢筋混凝土、素土、门窗、外墙装饰等内容。

(4) 尺寸标注。应注明层高和其他具体细部尺寸的标注。

(5) 其他内容。在立面图中还需要说明外墙面的装修色彩和工程做法，一般用文字或分类符号表示。根据具体情况标注有关部位详图的索引符号。

5.6.3 建筑立面图的识读方法与步骤

(1) 阅读图名和定位轴线的编号，了解某一立面图的投影方向，并对照平面图了解其朝向。

(2) 分析和阅读房屋的外轮廓线，了解房屋的立面造型、层数和层高的变化。

(3) 了解外墙面上门窗的类型、数量、布置及水平高度的变化。

(4) 了解房屋的屋顶构造，了解雨篷、阳台、台阶、花池及勒脚等细部构造的形式和位置。

(5) 阅读标高，了解房屋室内外高差及各层高度尺寸和总高度。

(6) 阅读文字说明和符号，了解外墙面装饰的做法、材料、要求及索引的详图。

任务 5.7 识读建筑剖面图

5.7.1 建筑剖面图的形成过程

识读建筑剖面图

建筑剖面图是用一假想的竖直剖切平面，垂直于外墙将房屋剖切后所得的某一方向的正投影图，简称剖面图。图 5-7-1 为某办公楼剖面图。剖面图主要表示房屋内部在高度方向的结构形式、楼层分层、垂直方向的高度尺寸及各部分的联系等情况，是与平面图、立面图相配合的不可缺少的三大基本图样之一。剖面图的数量视房屋的具体结构和施工的实际需要而定。

5.7.2 建筑剖面图的表达内容

(1) 表达方法。剖面图所表达的内容和投影方向要与平面图（常见于底层平面图）中标注的剖切符号的位置一致。剖切平面剖切到的部分及按投影方向可见的部分都应表示清楚。

(2) 图线和比例。剖面图中不应出现虚线，主要轮廓线应用粗实线表示，次要部分用细实线表示。同时在图名右侧注明比例尺大小。

(3) 定位轴线。在剖面图中，被剖切到的承重墙、柱均应绘制与平面图相同的定位轴线，并标注轴线编号和轴线间尺寸。

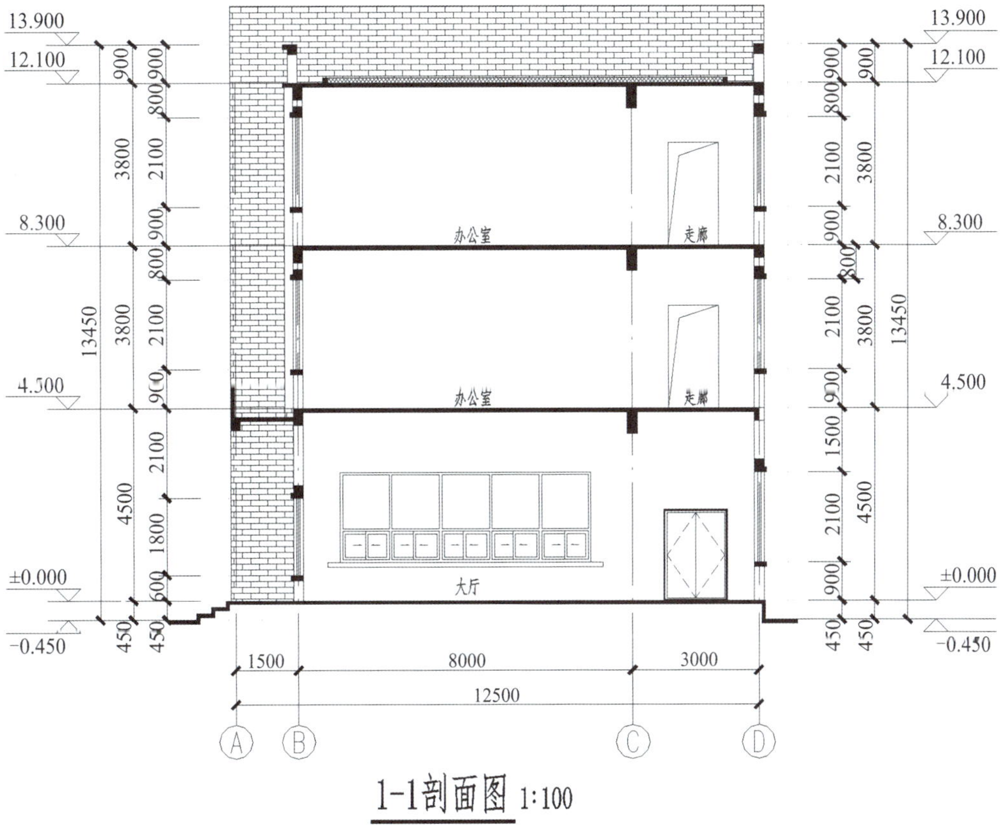

图 5-7-1　某办公楼剖面图

(4) 图例。剖面图中常见的图例有砌体砖、钢筋混凝土和门窗等。

(5) 尺寸标注。剖面图中应主要标注室内各部位的高度尺寸及标高。

图 5-7-1 所示的 1—1 剖面图，给出了具体图名、图线、轴号、比例尺和尺寸标注等。

5.7.3　建筑剖面图的识读方法与步骤

(1) 阅读图名、轴线编号、绘图比例，并与底层平面图对照，确定剖面图的剖切位置、投影方向。

(2) 了解房屋从室外地面到屋顶竖向各部位的构造做法和结构形式，了解墙体与楼地面、梁板、楼梯、屋面等构件之间的相互连接关系和材料做法等。

(3) 阅读房屋各水平面的标高及尺寸标注，从而了解房屋的层高和总高、外墙各层门窗洞口和窗间墙的高度、室内门的高度、室内外高差、被剖切到的墙体的轴线间尺寸等。

(4) 看图中的文字说明及索引符号，了解有关的细部构造及做法。在剖面图中表示楼地面、屋面的构造时，通常用一引出线并分别按构造层次顺序列出材料及构造做法。同时还要了解详图的引出位置和编号，以便查阅详图。

任务 5.8　识读建筑详图

建筑详图是建筑细部的施工图。建筑详图以表达细部构造为主，主要有外墙、楼梯、阳台、雨篷、台阶、门窗、厨房、卫生间等详图，其图示方法有局部平面图、局部立面图、局部剖面图或节点详图。详图的表达范围及数量依房屋细部构造的复杂程度而定。

识读建筑详图

5.8.1　楼梯详图

房屋中的楼梯主要由楼梯段、休息平台、栏杆和扶手等组成。楼梯详图反映了楼梯的布置形式、结构形式及踏步、栏杆、扶手、防滑条等细部构造的尺寸和装修做法。

楼梯详图一般由楼梯平面图、楼梯剖面图及踏步、栏杆等详图组成。楼梯详图一般分为结构详图与建筑详图，应分别绘制。一般来说，楼梯的钢筋混凝土结构部分应画在结构详图中，而楼梯的建筑构造部分则使用建筑详图来表示。

1. 楼梯平面图

楼梯平面图是运用水平剖面图方法绘制的，其剖切位置设在休息平台略低一点处，剖切后向下做楼梯的水平投影图，如图 5-8-1～图 5-8-3 所示。楼梯平面图中应标注的尺寸有楼梯间的开间与进深尺寸、休息平台尺寸、梯段与楼梯井尺寸、楼梯栏杆与扶手的位置尺寸、楼梯间的楼地面和休息平台面的标高尺寸和上下楼梯的步级数，并标注定位轴线，注明楼梯平面图名称和绘图比例。

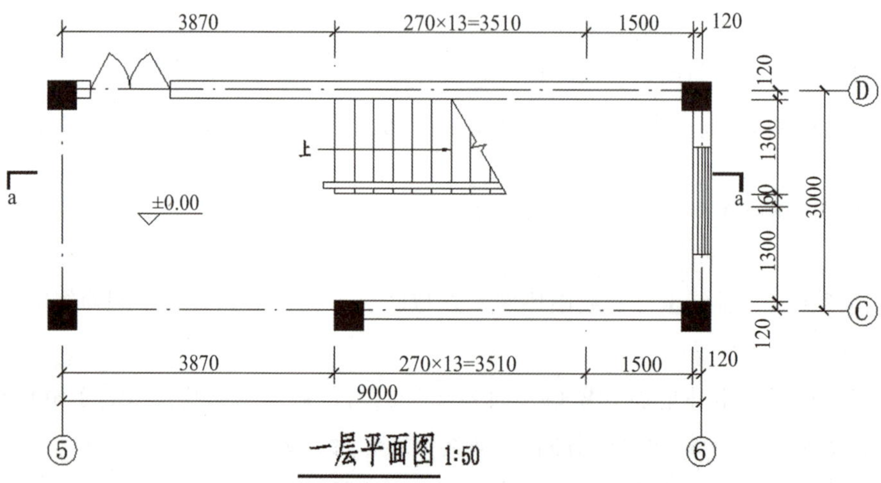

图 5-8-1　楼梯一层平面图示例

2. 楼梯剖面图

楼梯剖面图同房屋剖面图的形成一样，是用一假想的铅垂剖切平面，沿着各层梯段、平

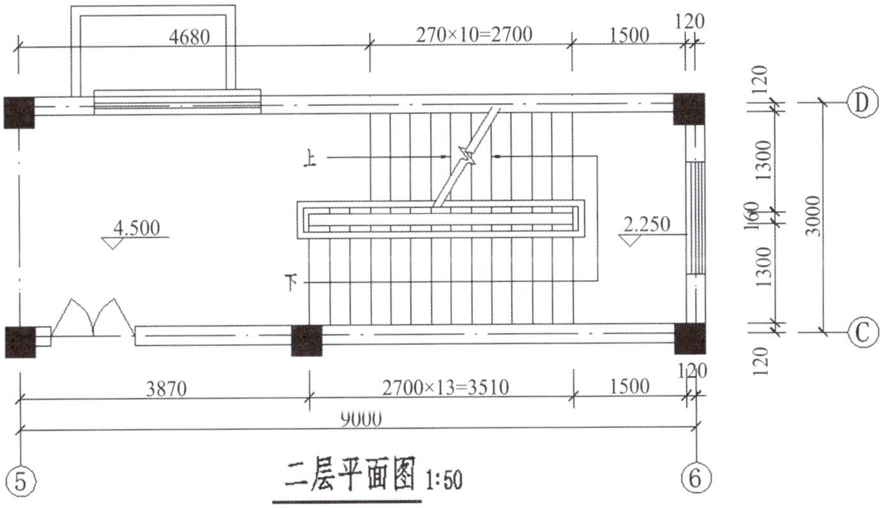

图 5-8-2　楼梯二层平面图示例

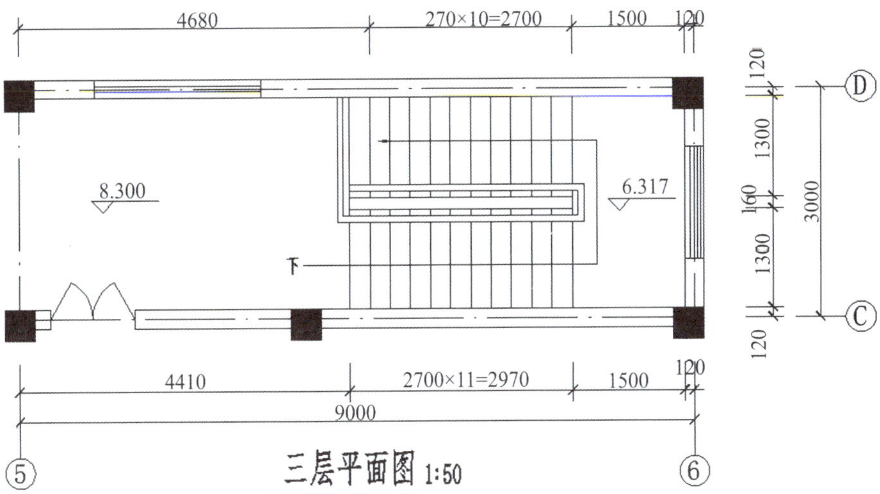

图 5-8-3　楼梯三层平面图示例

台及门窗洞口的位置剖切，向未被剖切梯段方向进行投影得到的正投影图。它能完整地表示出各层梯段、栏杆与地面、平台和楼板等构造间的相互关系，如图 5-8-4 所示。

5.8.2　墙身详图

墙身详图即外墙身详图，也叫墙身大样图，是将墙体从上至下做剖切，画出的放大局部的剖面图。它可以表明墙身及其屋檐、屋顶面、楼板、地面、窗台、过梁、勒脚、散水、防潮层等细部构造及其材料、尺寸大小及与墙身的关系等。外墙身详图可根据需要画出若干个，多层房屋中若各层墙身情况一样，可只画底层、顶层和一个中间层。

外墙身详图的识读方法和步骤如下。

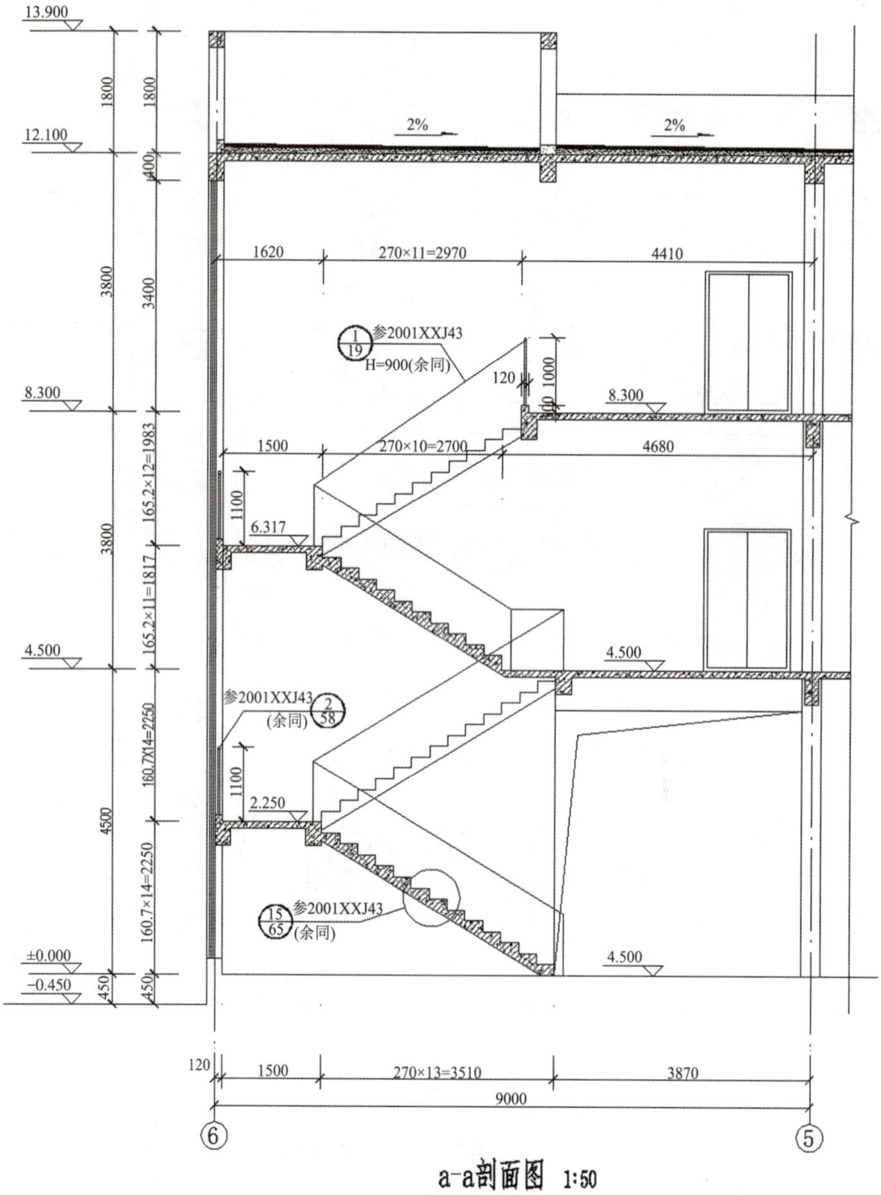

图 5-8-4　楼梯剖面图示例

（1）看图名，查找底层平面图中的局部剖切线，可知该墙身剖面的剖切位置和剖视方向。

（2）看檐口剖面部分，可知该房屋女儿墙（也称包檐）、屋顶层及女儿墙泛水的构造。

（3）看窗顶剖面部分，可知窗顶钢筋混凝土过梁的构造情况。

（4）看窗台剖面部分，可知窗台的材料、构造做法、具体尺寸等相关内容。

（5）看楼板与墙身连接剖面部分，了解楼层地面的构造、楼板与墙的搁置方向等。

（6）看勒脚剖面部分，可知勒脚、散水、防潮层等的做法。

（7）看图中各部位的标高尺寸，可知室外地坪、室内各层地面、顶棚和各层窗口上下尺寸及女儿墙顶的标高尺寸。

外墙身详图的示例具体可参见图 5-8-5。

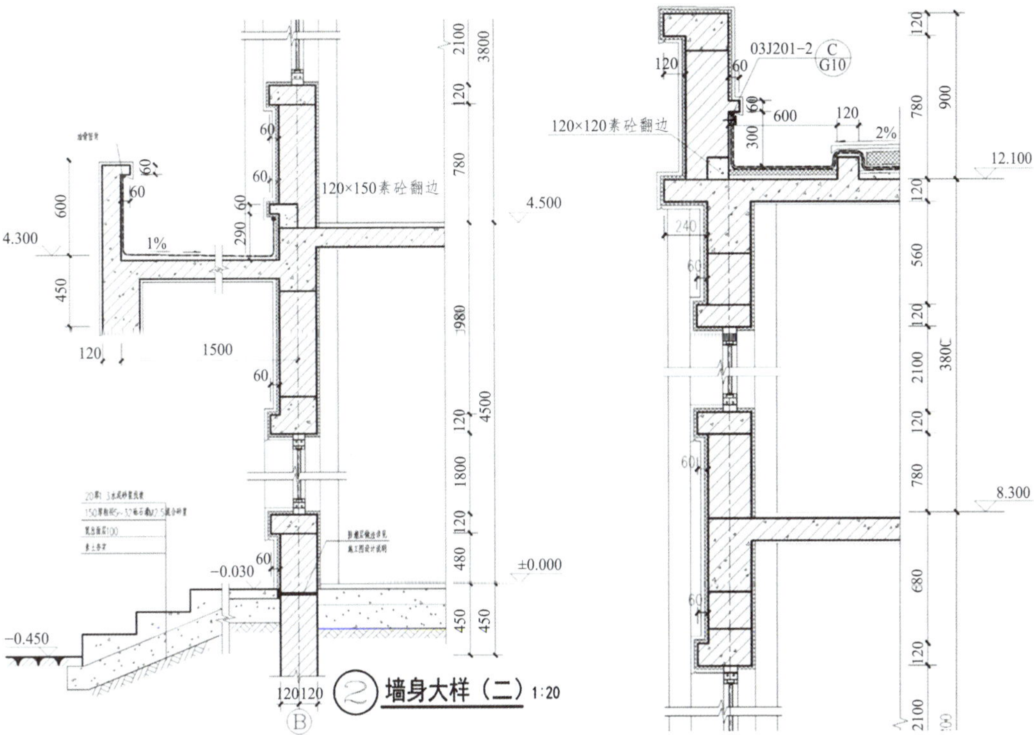

图 5-8-5　墙身详图示例

5.8.3　门窗详图

门窗详图是门窗的局部放大图，它详尽地表明门窗的立面形状、窗扇尺寸和开启方式（百叶窗的位置）。图 5-8-6 所示为门窗详图示例。

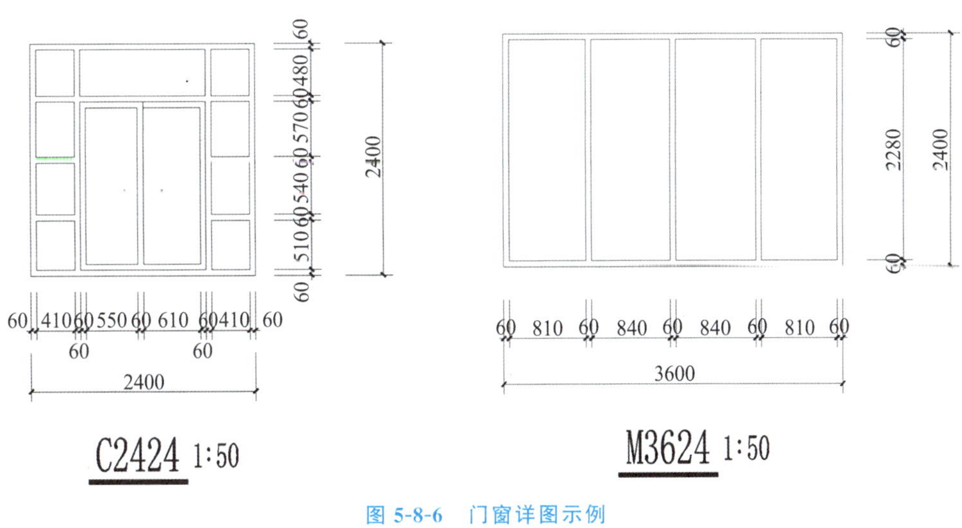

图 5-8-6　门窗详图示例

5.8.4 卫生间详图

卫生间详图是卫生间的局部放大图，它详尽地表明卫生间的定位轴线、轴线间距、施工要求、坡度、标高、无障碍卫生间的构造要求等。图 5-8-9 所示为卫生间详图示例。

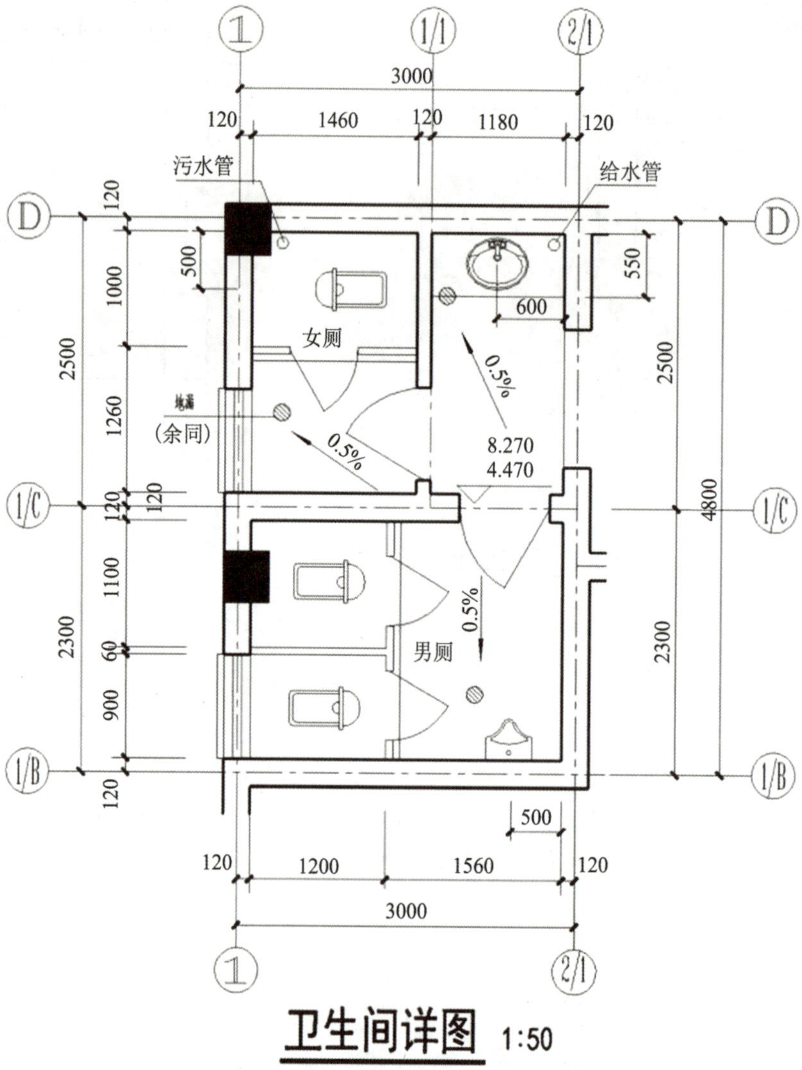

图 5-8-7 卫生间详图示例

除了上述详图类型，还有坡道详图、阳台详图（图 5-8-8）、雨篷详图（图 5-8-9）等其他详图，这里不再详述。

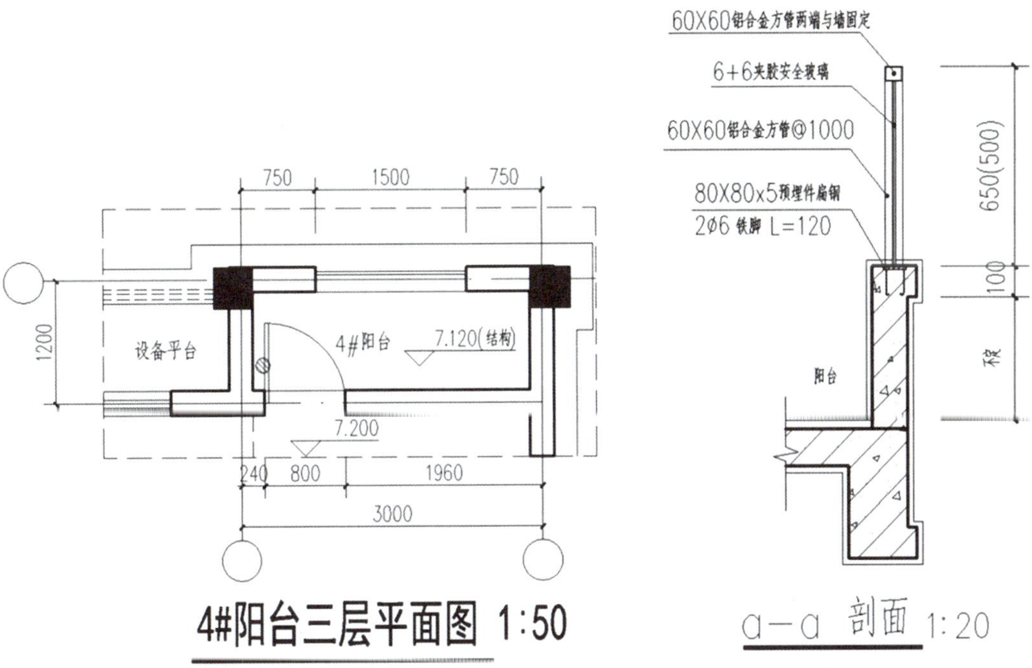

图 5-8-8　阳台详图

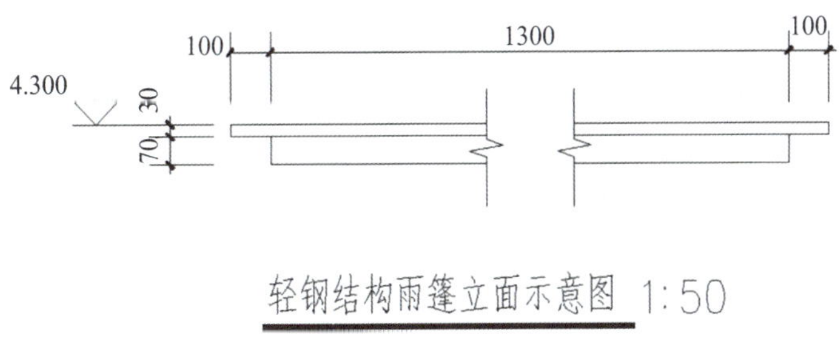

图 5-8-9　雨篷详图

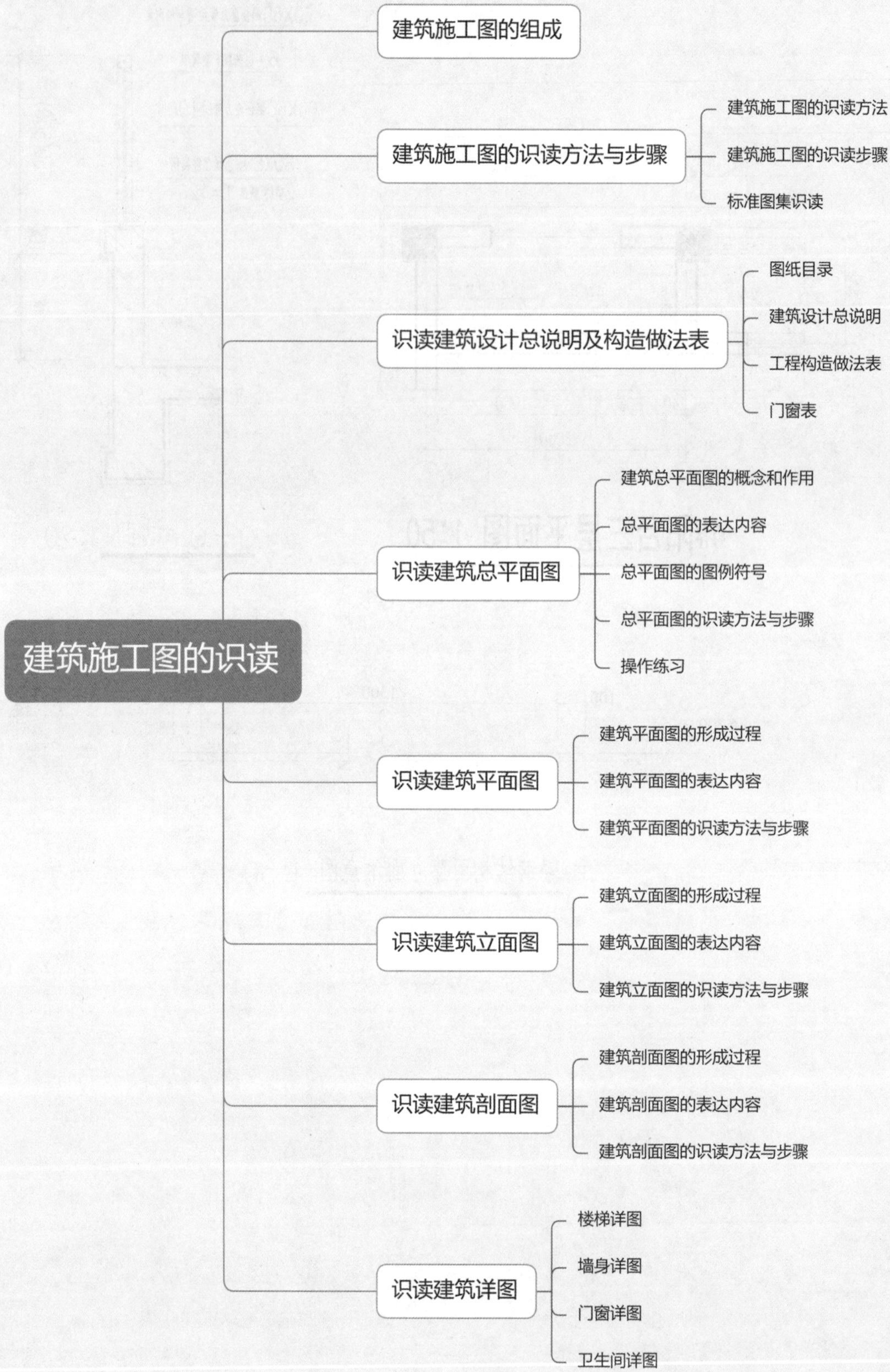
建筑施工图的识读
建筑施工图的组成
建筑施工图的识读方法与步骤
建筑施工图的识读方法
建筑施工图的识读步骤
标准图集识读
识读建筑设计总说明及构造做法表
图纸目录
建筑设计总说明
工程构造做法表
门窗表
识读建筑总平面图
建筑总平面图的概念和作用
总平面图的表达内容
总平面图的图例符号
总平面图的识读方法与步骤
操作练习
识读建筑平面图
建筑平面图的形成过程
建筑平面图的表达内容
建筑平面图的识读方法与步骤
识读建筑立面图
建筑立面图的形成过程
建筑立面图的表达内容
建筑立面图的识读方法与步骤
识读建筑剖面图
建筑剖面图的形成过程
建筑剖面图的表达内容
建筑剖面图的识读方法与步骤
识读建筑详图
楼梯详图
墙身详图
门窗详图
卫生间详图

项目 6　建筑施工图绘制基础

项目概述

建筑施工图是建筑工程图中非常重要的一类，简称为建施图，主要包括平面图、立面图、剖面图（简称平、立、剖）和详图等图样，用来表达建筑物的位置、外部造型、内部布置、内外装修、细部构造、固定设施及施工要求等。

本项目将分别讲解墙体的绘制、图纸中文本的输入、标高符号的绘制、表格的插入以及尺寸的标注，为后续建筑施工图的绘制建立绘图基础。

学习目标

知识目标：①掌握利用构造线绘制轴线、利用多线绘制墙体的方法；②熟悉文字样式的设置及在图纸中输入文字的方法；③熟悉图块的定义、插入、属性及属性编辑，掌握利用图块的定义和属性绘制标高符号和轴号的方法；④熟悉设置表格样式、创建表格及编辑表格的方法，可以在图纸中绘制表格；⑤掌握尺寸标准样式的设置方法，可以在图纸中进行尺寸标注；⑥熟悉图案填充的概念，能够创建图案填充、编辑图案填充。

素养目标：①培养学习者不畏艰辛、吃苦耐劳、开拓创新的职业素养；②具备应用国家或行业规范对所绘工程图纸进行质量控制的主动意识、能力和基本素养；③逐步培养沟通交流的习惯、分工协作的团队意识；④在工作中逐渐养成发现问题、分析问题、解决问题的良好工作习惯，形成认真细致、精益求精的工作作风。

关键内容

重点：①墙体的绘制及编辑；②文本的创建及编辑；③标高符号及轴号的创建及编辑；④表格的创建及编辑；⑤尺寸标注样式的设置及创建尺寸标注；⑥图案填充的创建及编辑。

难点：①利用图块属性创建标高符号和轴号；②尺寸标注样式的设置及编辑。

任务 6.1　墙体的绘制

在图 6-1-1 所示的局部平面图中，建筑的墙体要用多线来完成，墙体位置的确定要用构造线来辅助完成。本任务将围绕构造线、多线的学习来完成墙体的绘制。

6.1.1　构造线

构造线命令

构造线命令可以绘制向两边无限延长的直线。由于构造线具有这样的特性，因此在使用 ZWCAD 绘制工程图时，我们可以用构造线绘制辅助线。

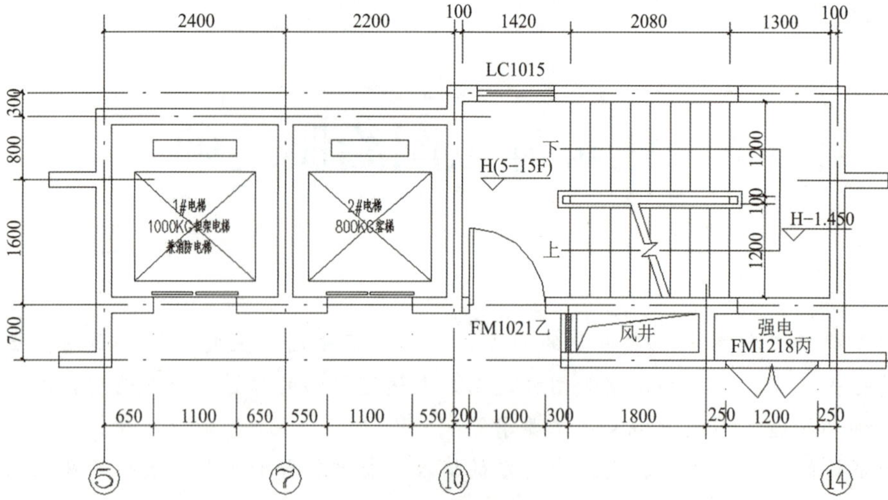

楼电梯五至十五层平面图 1:50

H表示5 15F各楼层楼面标高

图 6-1-1　局部平面图

1. 调用方法

菜单法：单击“绘图”→“构造线”菜单。

命令按钮法：单击绘图工具栏→构造线按钮。

键盘输入法：输入“XLINE”或“XL”。

2. 命令及提示

```
命令:XL// XLINE
指定构造线位置或 [等分(B)/水平(H)/竖直(V)/角度(A)/偏移(O)]:
```

3. 参数说明

【等分（B）】：将绘制一条以指定角的顶点为通过点，将指定角平分成两份的参照线。

【水平（H）】：将绘制一条通过选定点的水平参照线。

【竖直（V）】：将绘制一条通过选定点的垂直参照线。

【角度（A）】：将绘制一条给定角度的参照线。

【偏移（O）】：按照给定的距离，绘制一条与指定对象平行的参照线。

4. 实例应用

实例 1：用构造线命令绘制图 6-1-2 中的水平平行构造线。

```
命令:XL    //启动构造线命令
指定构造线位置或 [等分(B)/水平(H)/竖直(V)/角度(A)/偏移(O)]:H
//指定绘制水平构造线
定位://确定每条构造线的位置
```

实例 2：用构造线命令绘制图 6-1-3 中的垂直平行构造线。

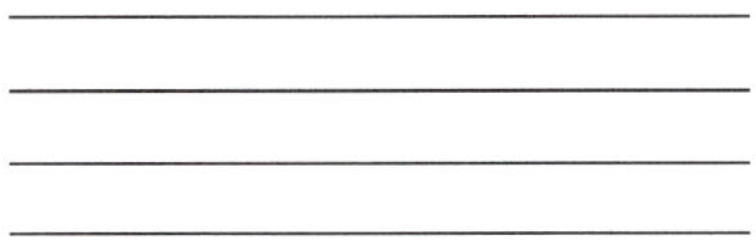

图 6-1-2 水平平行构造线

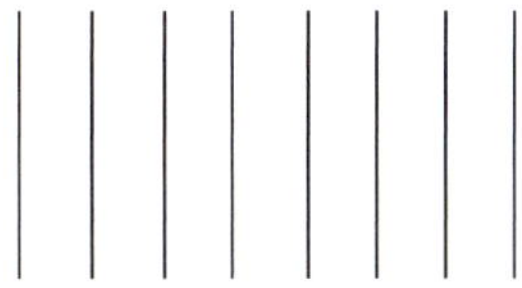

图 6-1-3 垂直平行构造线

命令:XL //启动构造线命令

指定构造线位置或 [等分(B)/水平(H)/竖直(V)/角度(A)/偏移(O)]:V

//指定绘制垂直构造线

定位://确定每条构造线的位置

实例 3: 用构造线命令绘制图 6-1-4 中的具有角度的构造线。

操作步骤:

调用构造线命令，指定以角度方式绘制构造线，输入构造线角度 15°，确定构造线过点。

实例 4: 用构造线命令绘制图 6-1-5 中的二等分构造线。

操作步骤:

调用构造线命令，指定以等分的方式绘制构造线，再指定要等分角的顶点 A、起点 L1 上的点和端点 L2 上的点即可。

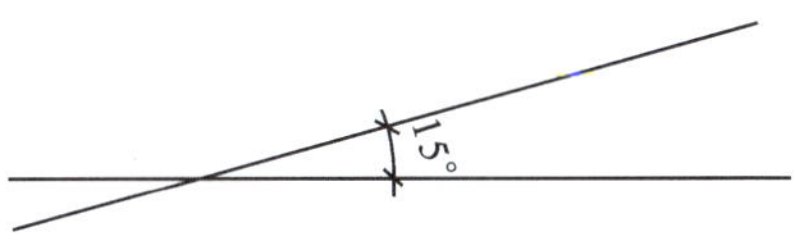

图 6-1-4 有角度的构造线

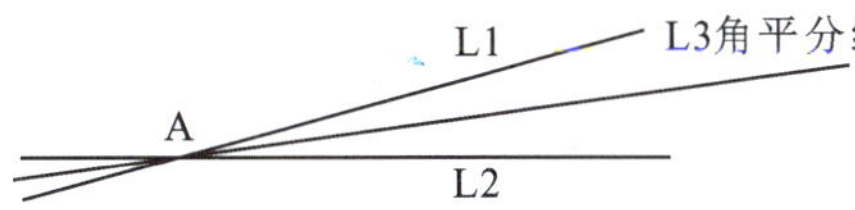

图 6-1-5 二等分构造线

实例 5: 用构造线命令绘制图 6-1-6 中的 L1、L2、L3、L4 构造线。

操作步骤:

调用构造线命令，选择以偏移距离的方式绘制构造线，输入距离 25，选择基准线 L1（可为直线、构造线），指定偏移的方向，重复该操作即可。

6.1.2 多线

在 ZWCAD 中，多线可以绘制工程图中的墙体。为了正确绘制我们需要的多线，首先要对多线的样式进行设置，其次绘制多线，最后对多线进行编辑。

多线命令

1. 设置多线样式

1) 调用方式

菜单法：单击“格式”→“多线样式”菜单，弹出图 6-1-7 所示的“多线样式”对话框。

键盘输入法：输入“MLSTYLE”。

2) 命令及提示

在调用设置多线样式命令后，弹出图 6-1-7 所示的对话框，在该对话框中可以添加、修改、保存样式。

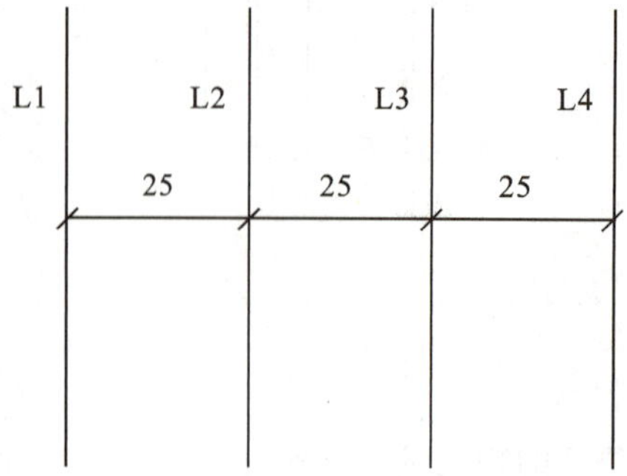

图 6-1-6　用偏移方式绘制构造线

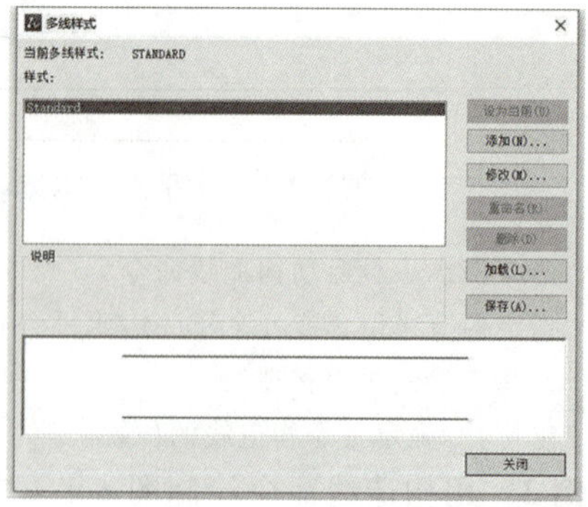

图 6-1-7　“多线样式”对话框

3）参数说明

【设为当前】：单击该按钮，可将被选定的多线样式设置为即将要使用的样式。

【添加】：会显示“创建新多线样式”对话框，用来创建新的多线样式，如图 6-1-8、图 6-1-9 所示。

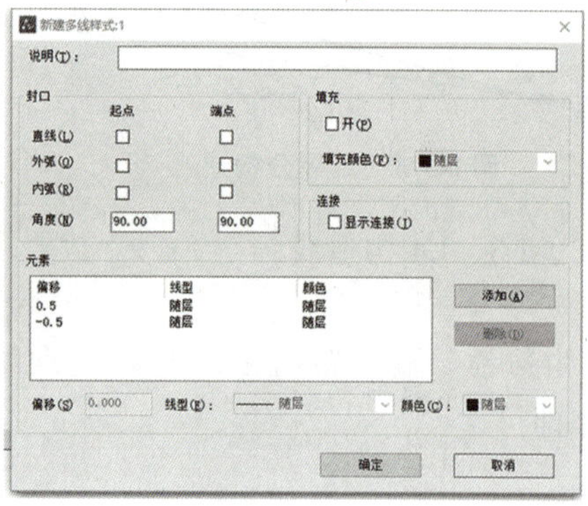

图 6-1-8　新建多线样式对话框

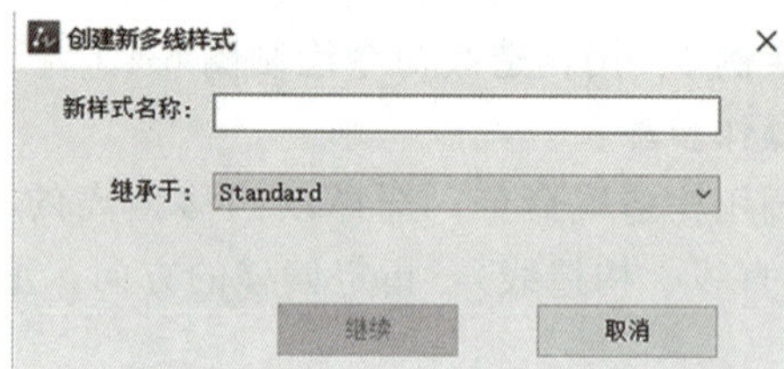

图 6-1-9　输入新建多线样式名称

【修改】：会显示修改多线样式对话框，用来修改选定的多线样式中的参数，如图 6-1-10 所示。

【重命名】：可以在样式列表中选择一个想改名字的样式，将其改成一个新的名字，但不能改为默认的 Standard。

【删除】：可以从样式列表中将选中的样式删除，但不会删除多线库中的样式。

【加载】：会显示“加载多线样式”对话框，用来从指定的多线库中添加样式，如图 6-1-11 所示。

【保存】：会显示“保存多线样式”对话框，可以保存新建的多线样式。

当在图 6-1-9 中输入新的样式名称并单击“继续”按钮后，同样会出现如图 6-1-10 所示的和“修改多线样式”一模一样的对话框。其中，“封口”用来设置多线起点和端点的封闭显示，若在起点、端点下方的小方框中点选，则为封口，不选则为开口；在图元中，我们可以添加或减少多线的条数，并设置相邻多线之间的偏移量，以及多线的颜色和线型。

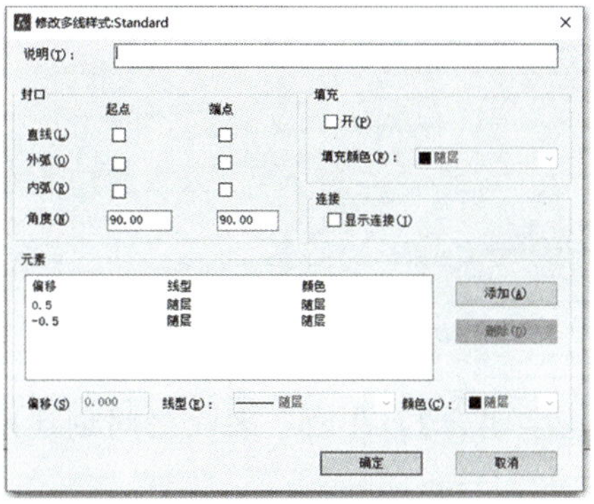

图 6-1-10　修改多线样式对话框

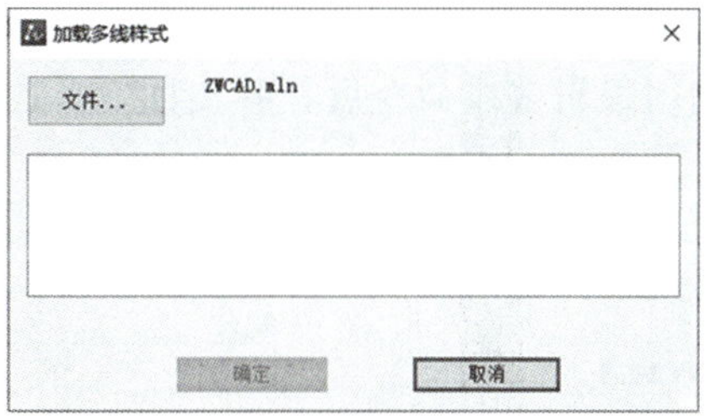

图 6-1-11　“加载多线样式”对话框

2. 绘制多线

1）调用方法

菜单法：单击“绘图”→“多线”菜单。
键盘输入法：输入“MLINE”或“ML”。

2）命令及提示

```
命令：ML// MLINE
当前设置:对正 = 上,比例 = 20.0000,样式 = STANDARD
指定起点或 [对正(J)/比例(S)/样式(ST)]:
```

3）参数说明

【对正（J）】：用来控制绘制出来的多线相对于十字光标的位置。有三种对正方式，即上（T）、无（Z）和下（B），系统默认的是上（T），如图 6-1-12 所示。

【比例（S）】：用来决定绘制出来的多线的宽度是样式中设置的宽度的多少倍。

【样式（ST）】：用来选择用哪种样式绘制多线。

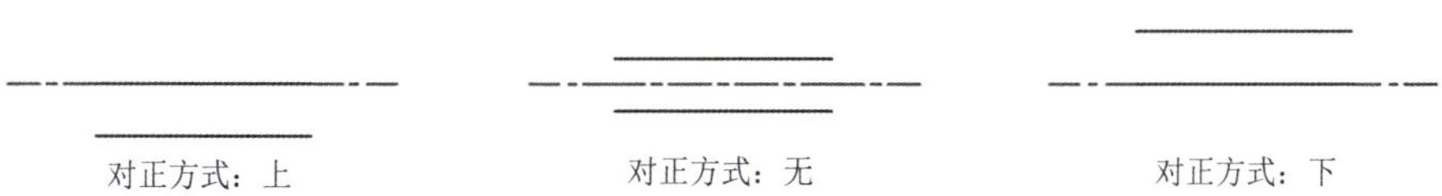

图 6-1-12　多线对正方式

3. 编辑多线

通常情况下，直接绘制出来的多线会有相交的情况，因此需要编辑后才能满足建筑制图的要求。

1）调用方法

菜单法：单击“修改”→“对象”→“多线”菜单。

键盘输入法：输入“MLEDIT”。

快捷键法：在需要修改的多线上双击鼠标左键。

2）命令及提示

调用编辑多线命令后，弹出图 6-1-13 所示的对话框。

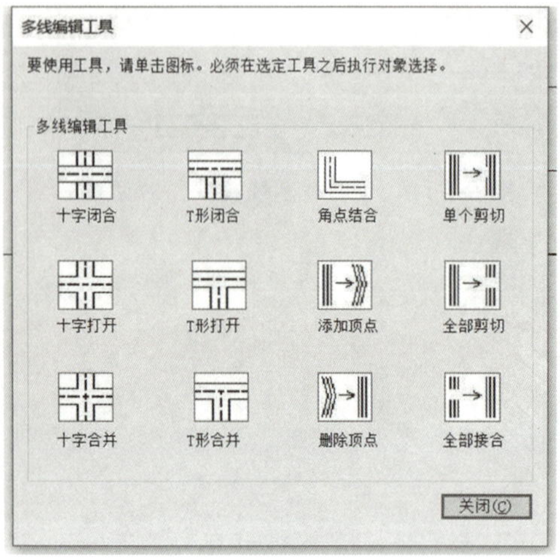

图 6-1-13　“多线编辑工具”对话框

3）参数说明

【十字闭合】：在两条多线之间创建闭合的十字交点。

【十字打开】：在两条多线之间创建打开的十字交点，打断将插入第一条多线的所有元素和第二条多线的外部元素。

【十字合并】：在两条多线之间创建合并的十字交点，选择多线的次序并不重要。

【T 形闭合】：在两条多线之间创建闭合的 T 形交点，将第一条多线修剪或延伸到与第二条多线的交点处。

【T 形打开】：在两条多线之间创建打开的 T 形交点，将第一条多线修剪或延伸到与第二条多线的交点处。

【T 形合并】：在两条多线之间创建合并的 T 形交点，将多线修剪或延伸到与另一条多线的交点处。

【角点结合】：在多线之间创建角点结合，将多线修剪或延伸到它们的交点处。

【添加顶点】：向多线上添加一个顶点。

【删除顶点】：从多线上删除一个顶点。

【单个剪切】：在选定多线元素中创建可见打断。

【全部剪切】：创建穿过整条多线的可见打断。

【全部接合】：将已被剪切的多线线段重新接合起来。

4）实例应用

实例：完成图 6-1-14 中房间墙体的绘制。

操作步骤：

第一步：设置绘图环境，设置好轴线图层和墙图层。

第二步：绘制构造线，纵向定位轴线之间的间隔分别为 4000mm，横向定位轴线之间的间隔为 5000mm，如图 6-1-15 所示。

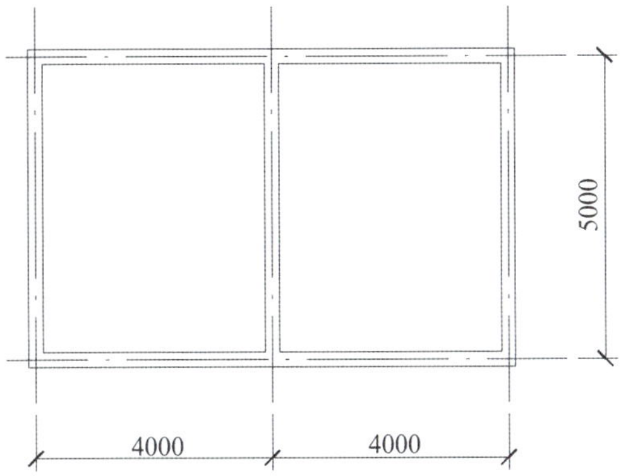

图 6-1-14　房间墙体的绘制

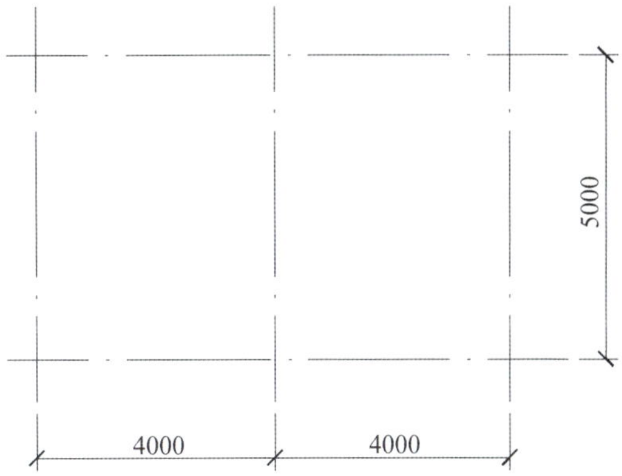

图 6-1-15　房间墙体的辅助构造线

第三步：设置多线样式。打开“格式”菜单下的“多线样式”命令，打开“多线样式”对话框→单击“添加”→输入新样式名为“240”，单击“继续”按钮→在“新建多线样式：240”对话框中进行图 6-1-16 所示的参数设置。

第四步：绘制墙体。将新建好的“240”置为当前，设置对正位置为“无”，比例为“1”，绘制即可，如图 6-1-17 所示。

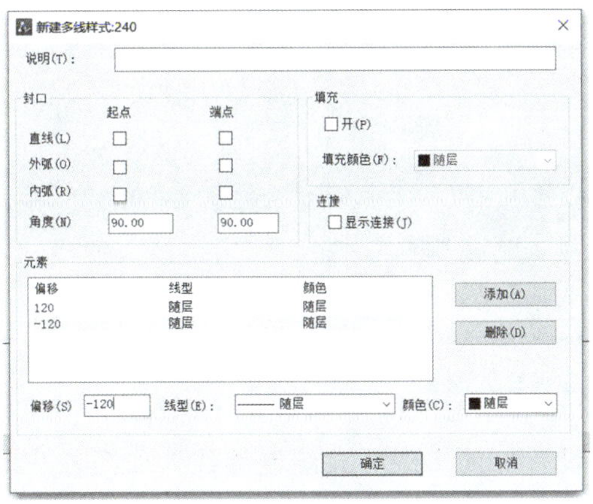

图 6-1-16　房间墙体中 240 墙体的多线样式设置

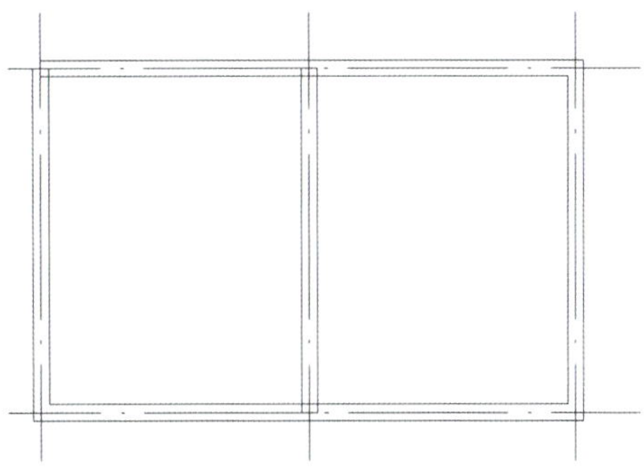

图 6-1-17　初步绘制的 240 墙体

第五步：编辑多线。在多线上双击鼠标，打开“多线编辑工具”对话框，或通过 MLEDIT 进入编辑多线的状态，选择“角点结合”后，单击需要结合的多线的两条边。接下来选择“T 形打开”，利用该工具编辑多线。

【任务实施】

任务：绘制图 6-1-1 所示的局部平面图。

操作步骤：

第一步：设置绘图环境，设置相关图层。

第二步：绘制轴线。调用构造线命令，按照开间进深尺寸绘制轴线，绘制结果如图 6-1-18 所示。

第三步：设置多线样式。打开“格式”菜单下的“多线样式”命令，打开“多线样式”

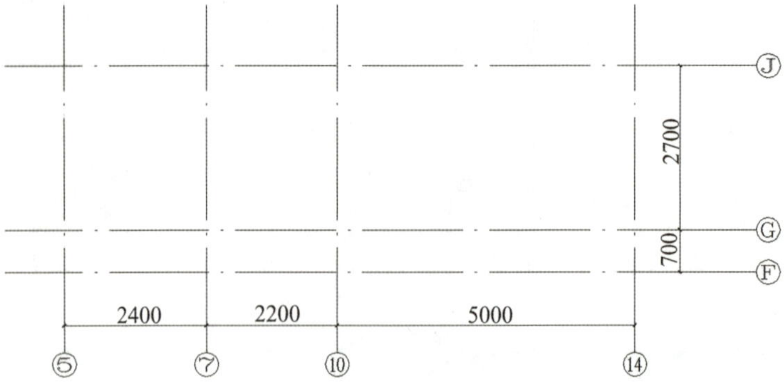

图 6-1-18　局部平面图的轴线

对话框→单击“添加”，输入新样式名为“240”，单击“继续”按钮→在“新建多线样式：240”对话框中，做图 6-1-19 所示的参数设置。

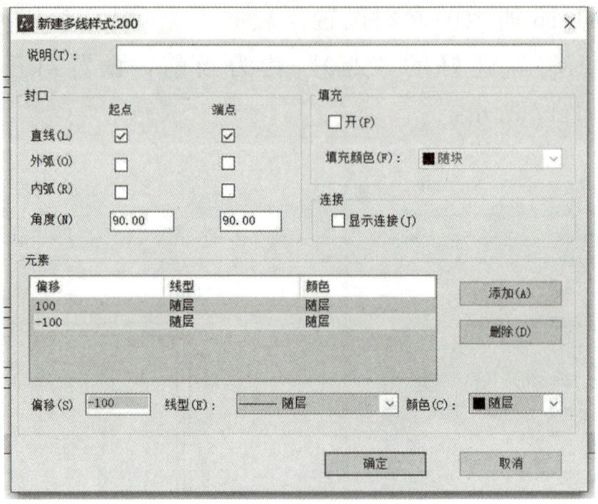

图 6-1-19　200 厚墙体多线样式设置

第四步：绘制墙体。调用绘制多线命令，用设置好的多线样式绘制墙线，如图 6-1-20 所示。

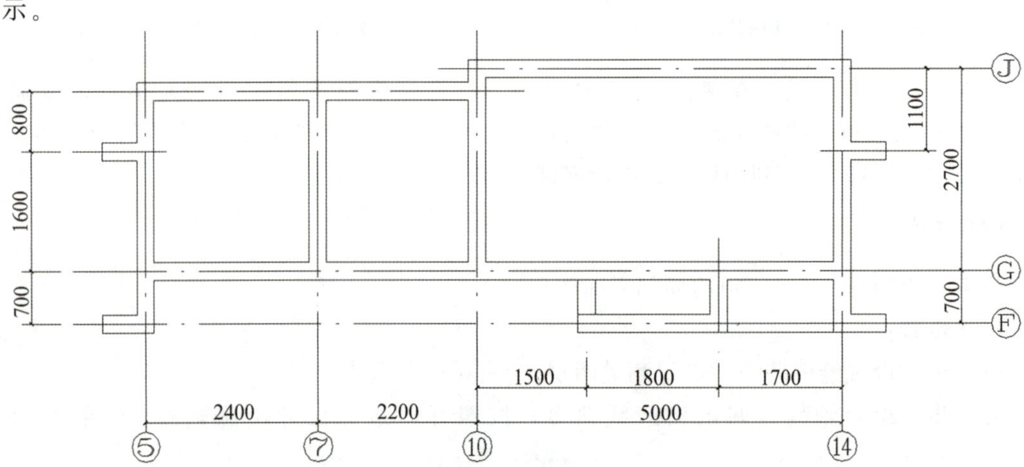

图 6-1-20　局部平面图中的墙体

第五步：绘制门窗洞口。用修剪命令进行门窗洞口的修剪，如图 6-1-21 所示。

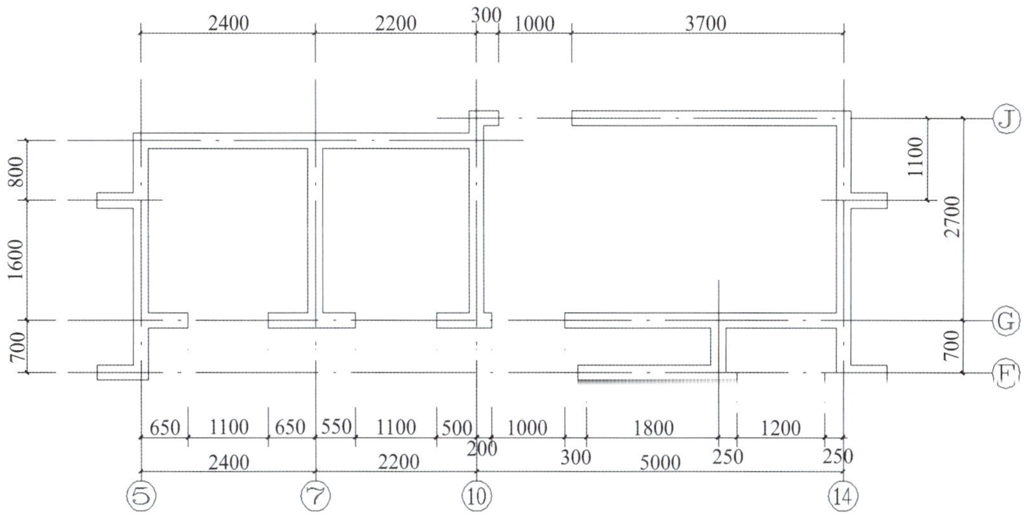

图 6-1-21　局部平面图中的门窗洞口

【实践题】

练习绘制图 6-1-22 所示的图形。

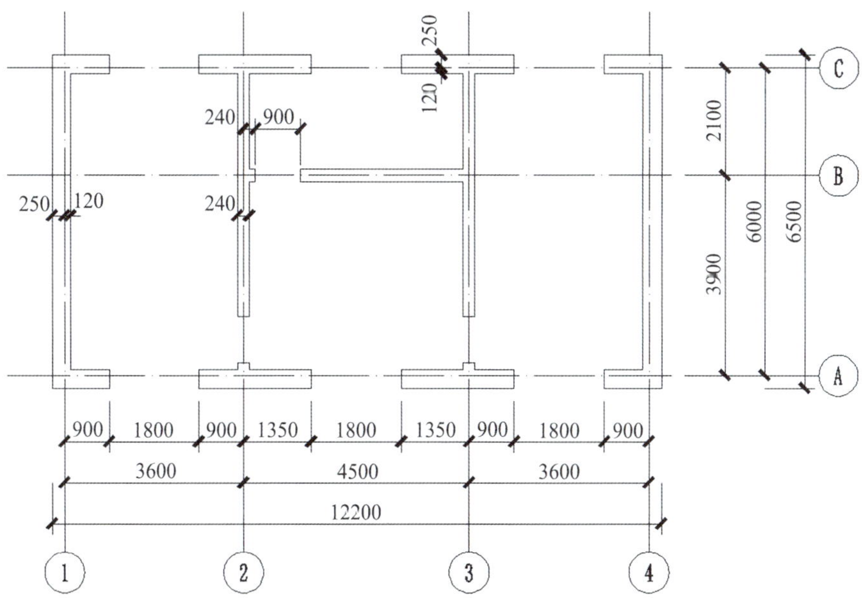

图 6-1-22　练习图形

任务 6.2　图纸文字的输入

文字是图纸的重要组成部分，它表达了图纸上的重要信息。在建筑工程图中，我们常常需要对图样进行详细而准确的标注和注释。ZWCAD 提供了许多类型的标注和设置标注格式的方法，本任务主要学习其中的一种标注类型：文字标注。

6.2.1 文字样式的设置

文字样式

字体是由具有相同构造规律的字母或汉字组成的字库。例如：英文有 Roman、Romantic、Complex、Italic 等字体；汉字有宋体、黑体、楷体等字体。ZWCAD 提供了多种可供定义样式的字体，包括 Windows 系统 Fonts 目录下的“ .ttf”字体和 ZWCAD 2023 的 Fonts 目录下支持大字体及西文的“ .shx”字体。用户还可以把自己需要的字体文件拷贝到 CAD 目录下的字体 Fonts 文件夹里，例如结构绘图用到的钢筋符号字体文件。

用户可根据自己的需要定义具有字体、字高、字符大小、文字效果（颠倒、反向、垂直、宽度因子、倾斜角度等）的文字样式。在对建筑工程图进行文字标注时，也必须按照行业规范要求，设置符合规范的文字样式。

1. 调用方法

菜单法：单击“格式”→“文字样式”菜单。

键盘输入法：输入“STYLE”。

2. 命令及提示

执行了“文字样式”命令后，会弹出图 6-2-1 所示的对话框。

3. 参数说明

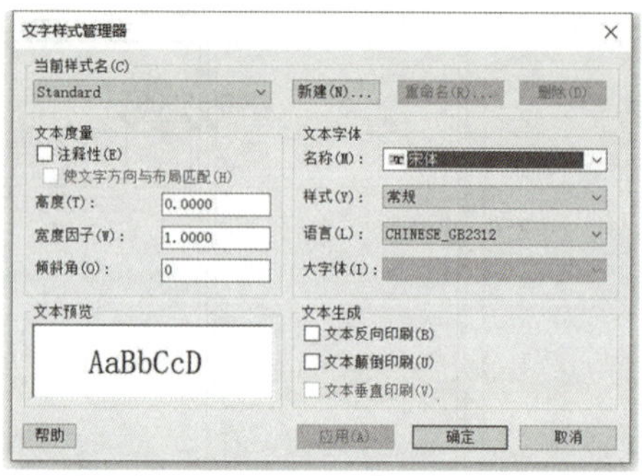

图 6-2-1 “文字样式管理器”对话框

【当前样式名】：列出当前文字样式。

【文本预览】：显示随着字体的更改和效果的修改而动态更改的样例文字。

【名称】：列出 Fonts 文件夹中所有注册的 TrueType 字体和所有编译的形（SHX）字体的字体族名，从列表中选择名称后，该程序读取指定字体的文件。除非文件已经由另一个文字样式使用，否则将自动加载该文件的字符定义。可以定义使用相同字体的多个样式。

【样式】：指定字体格式，比如斜体、粗体或者常规字体。选定“使用大字体”后，该选项变为“大字体”，用于选择大字体文件。

【大字体】：指定亚洲语言的大字体文件，只有 SHX 文件可以创建“大字体”。

【文本度量】：更改文字的大小。

【注释性】：指定文字为注释性，单击信息图标以了解关于注释性对象的详细信息。

【高度】：根据输入的值设置文字高度。输入大于 0.0 的高度，将自动为此样式设置文字高度；如果输入 0.0，则将默认为上次使用的文字高度，或使用存储在图形样板文件中的值。在相同的高度设置下，TrueType 字体显示的高度可能会小于 SHX 字体显示的高度。

【文本生成】：修改字体的特性，如高度、宽度因子、倾斜角度及是否颠倒显示、反向或垂直对齐。

【文本颠倒印刷】：颠倒显示字符。

【文本反向印刷】：反向显示字符。

【文本垂直印刷】：字符垂直对齐显示，只有在选定字体支持双向时“垂直”才可用，TrueType 字体的垂直定位不可用。

【宽度因子】：设置字符间距，输入小于 1.0 的值将压缩文字，输入大于 1.0 的值则扩大文字。

【倾斜角】：设置文字的倾斜角度，输入值介于－85 和 85 之间，将使文字按照设置的值倾斜。

4. 实例应用

实例：请设置“汉字”的文字样式。

操作步骤：

第一步：打开“文字样式管理器”对话框。

第二步：单击“新建”按钮，在弹出的“新文字样式”对话框中，输入样式名称“汉字”，如图 6-2-2 所示，单击“确定”。

图 6-2-2　“新文字样式”对话框

第三步：在“文字样式管理器”对话框中，将字体选择为“仿宋”，宽度因子设定为“0.7”，文字高度设定为“0”，其他取默认值。注意：选择字体时，如果选择字体名称前有@，则字体呈横向输入状态。

第四步：单击“应用”按钮，将新字形加入左侧样式列表中，单击“关闭”按钮完成新字形文字样式的设置。

6.2.2　单行文本的创建

调用单行文字命令后，每次只能输入一行文字，不能进行换行操作，一般在图纸中用来做房间名称标注、门窗编号标注、轴线号标注等。

单行文字的输入

1. 调用方法

菜单法：单击“绘图”→“文字”→“单行文字”菜单。

功能区：单击“注释”→“单行文字”

键盘输入法：输入“TEXT”或“DT”。

2. 命令及提示

```
命令：DT// TEXT
当前文字样式:“Standard”    文字高度：2.5    注释性：否
指定文字的起点或 [对正(J)/样式(S)]:
输入选项 [对齐(A)/布满(F)/居中(C)/中间(M)/左对齐(L)/右对齐(R)/左上(TL)/中上(TC)/
右上(TR)/左中(ML)/正中(MC)/右中(MR)/左下(BL)/中下(BC)/右下(BR)]:
指定文字高度 < 2.5> :
指定文字的旋转角度 < 0> :
```

3. 参数说明

【文字的起点】：以指定文字对象的起点、高度、角度的方式输入文本。

【对正】：该参数用来控制标注文本的排列方向和排列方式，用户也可以在“指定文字的起点”提示下直接输入这些选项。

对齐：指定文字对象的起点和终点后，文字对象在两点之间进行布满排列，字高随着键入的文字多少进行调整，文字越多字高越矮。

布满：指定文字对象的起点和终点后，输入文字的字高，文字对象在两点之间进行布满排列，但字高不会自动调整，文字越多字宽越窄。

居中：指定文字的中心点，输入的文字以中心点为基准向两边排列。

中间：指定文字的中间点，输入的文字以中间点为基准向四周排列。

“中间”和“正中”不一样，“中间”使用所有文字的中点，而“正中”使用大写字母高度的中点。

左对齐：指定文字的起点，输入的文字以此点为基准靠左对齐。

右对齐：指定文字的右边点，输入的文字以此点为基准靠右对齐。

左上：指定文字的左上点，输入的文字以此点为基准向上靠左对齐。

中上：指定文字的上部中心点，使文字对象与之对齐。

右上：指定文字的右上点，输入的文字在此点之下延伸并靠右对齐。

左中：指定文字的左边中间点，在此点靠左对齐文字。

正中：指定文字字符的中心点，使文字对象与之对齐。

右中：指定文字的右边中间点，在此点靠右对齐文字。

左下：指定文字的底左点，输入的文字以此点为基准靠左对齐。

中下：指定文字的底部中心点，输入的文字以此点为基准居中对齐。

右下：指定文字的右下点，输入的文字以此点为基准靠右对齐。

注意：以上选项只对水平方向的文字有效。

【样式】：指定文字样式。文字样式决定文字字符的外观，创建的文字使用当前文字样式输入 [?]，将列出当前文字样式、关联的字体文件、字体高度及其他参数。

4. 实例应用

实例：用仿宋、文字高度为 7mm、旋转角度为 0 的样式标注“建筑 CAD”这几个字。

操作步骤：

```
命令：DT                              //启动单行文字命令
//TEXT
当前文字样式："汉字"  文字高度：2.5      注释性：否
指定文字的起点或 [对正(J)/样式(S)]:        //用鼠标点选文字的起点
指定文字高度 < 2.5> : 7              //输入文字高度
指定文字的旋转角度 < 0> :             //输入文字旋转角度
```

6.2.3 多行文本的创建

用单行文本命令虽然也可以标注多行文本，但换行时定位及行列对齐比较困难，且标注结束后每行文本都是一个单独的实体，不易编辑。ZWCAD 为此提供了多行文本 MTEXT 命令，使用多行文本命令可以一次标注多行文本，并且各行文本都以指定宽度排列对齐，共同作为一个实体。这一命令在注写设计说明中非常有用。

多行文字的输入

1. 调用方法

菜单法：单击"绘图"→"文字"→"多行文字"菜单。
功能区：单击"注释"→"多行文字"
键盘输入法：输入"MTEXT""MT"或"T"。

2. 命令及提示

```
命令：T//MTEXT
当前文字样式："汉字"  文字高度：2.5      注释性：否
指定第一个角点：
指定对角点或 [对齐方式(J)/行距(L)/旋转(R)/样式(S)/字高(H)/方向(D)/字宽(W)/列(C)]:
```

3. 参数说明

在执行了多行文字命令，并确定了第一个角点和对角点后，系统会在工具工作区弹出"文字格式"对话框，如图 6-2-3 所示。

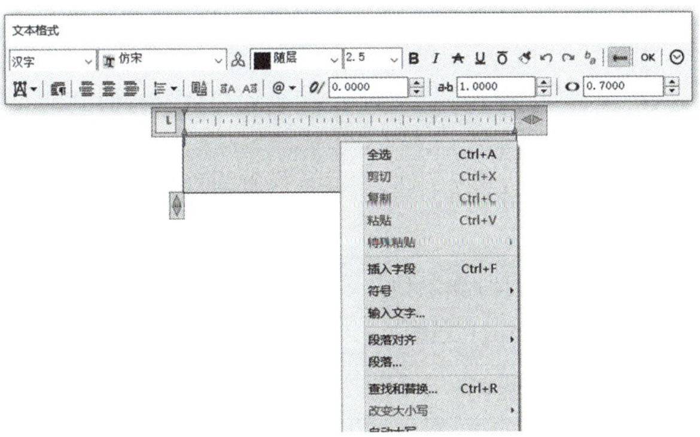

图 6-2-3　多行文字编辑对话框及快捷菜单

"文本格式"对话框中的选项说明如图 6-2-4 所示。
"文本格式"对话框中工具栏选项及按钮说明如表 6-2-1 所示。

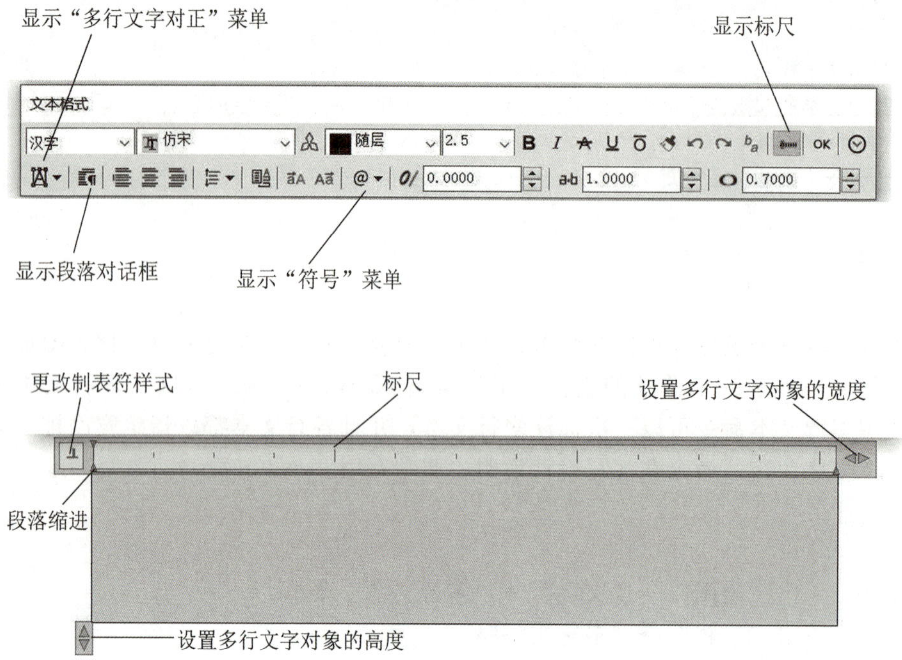

图 6-2-4 “文本格式”对话框各选项说明

表 6-2-1 “文本格式”对话框中工具栏选项及按钮说明

图标	名称	功能说明
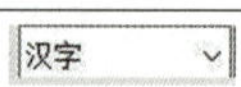	样式	为多行文字选择文字样式
	字体	从该下拉菜单表框中任选一种字体，修改选定文字或为新输入的文字指定字体
	颜色	用户可从颜色列表中为文字任意选择一种颜色，也可指定 ByLayer 或 ByBlock 的颜色，使其与所在图层或所在块相关联；或在颜色列表中选择“其他颜色”，打开“选择颜色”对话框，在此可选择颜色列表中没有的颜色
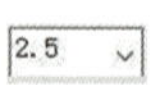	文字高度	设置当前字体高度。可在下拉列表框中选取，也可直接输入
	粗体/斜体/删除线/下划线/上划线	设置当前标注文本是否加黑、倾斜、删除、加下划线、加上划线
	撤销	撤销上一步操作
	重做	重做上一步操作
	堆叠	设置文本的重叠方式。只有当文本中含有“/”“^”“#”这三种分隔符号，且含有这三种符号的文本被选定时，该按钮才被执行

多行文字对正下拉菜单如图 6-2-5 所示。

特殊符号下拉菜单如图 6-2-6 所示。

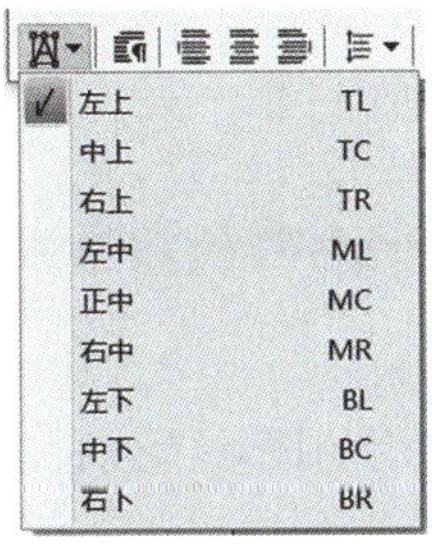

图 6-2-5　多行文字对正下拉菜单

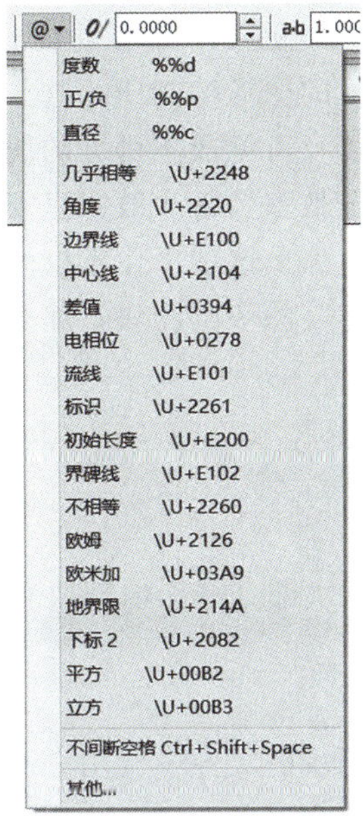

图 6-2-6　特殊符号下拉菜单

6.2.4　文本的编辑

1. 调用方法

菜单法：单击“修改”→“对象”→“文字编辑”菜单。

键盘输入法：输入“DDEDIT”。

快捷键法，在文字上双击鼠标左键或在文字上单击右键，在弹出的快捷菜单中选择“编辑文字”或“编辑多行文字”命令。

文字工具

2. 命令及提示

```
命令：DDEDIT
当前设置：编辑模式 = 多个
选择注释对象或 [放弃(U)/模式(M)]：
```

3. 参数说明

执行 DDEDIT 命令，选择需要修改的文字，光标会自动进入创建文字的地方并闪烁，此时修改文字对象的方法和创建文字的方法一样。

4. 实例应用

实例： 请将之前输入的文本“建筑 CAD”修改为“建筑工程 CAD”。

操作步骤： 略。

任务 6.3　标高符号与轴号的绘制

图块是 ZWCAD 的一项重要功能。图块是将多个实体组合成一个整体，并给这个整体命名保存，在以后的图形编辑中，这个整体就被视为一个实体。一个图块包括可见的实体，如线、圆弧、圆以及可见或不可见的属性数据。图块作为图形的一部分被储存。例如，一层教学楼中有很多个教室，每个教室里安装了四组双管荧光灯，图形绘制好后，如果发现双管荧光灯需要修改，那么这项工作不仅烦琐，而且重复。如果将双管荧光灯组合起来，定义成名为“双管荧光灯”的一个图块，那么在以后的绘图中，需要修改的时候只需修改一个图块即可。

6.3.1　图块的概念和定义

ZWCAD 的图块部分分为内部块和外部块两类。

图块的创建

1. 定义内部块

只能在定义图块的文件中调用，不能在其他文件中调用的图块为内部块。

1）调用方法

菜单法：单击“插入”→“块”。

工具栏：单击绘图工具栏→块创建按钮 。

键盘输入法：输入“BLOCK”或“B”。

2）命令及提示

执行创建块命令后会弹出“块定义”对话框，如图 6-3-1 所示。在该对话框中输入块名称、基点、定义的对象等，即可完成定义块的操作。

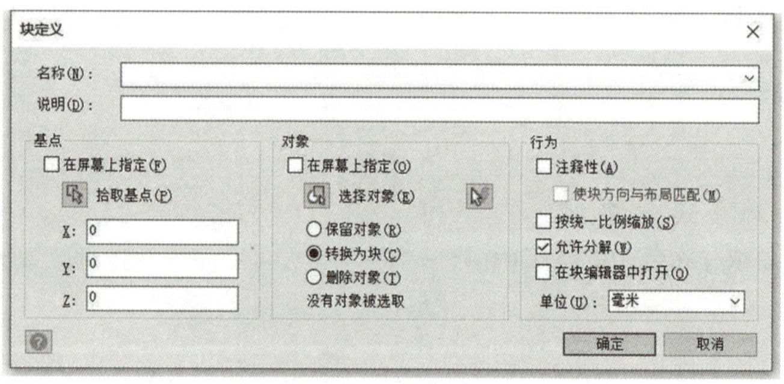

图 6-3-1　“块定义”对话框

3）参数说明

【名称】：指定块的名称，下拉列表中还列出了图形中已经定义过的图块名。

【说明】：添加图块的说明信息。

【基点】：指定块的插入基点，系统默认为坐标原点。可以通过单击“拾取基点”按钮或输入坐标值来确定图块插入基点。

【对象】：指定新块中要包含的对象，以及创建块之后如何处理这些对象，其具体含义如下：

选择对象：单击按钮，“块定义”对话框暂时消失，此时需要在图形屏幕上选择要组成新块的图形对象，选取结束后，系统自动返回对话框。

保留对象：当创建图块后保留源对象，即不改变定义图块源对象的任何参数。

转换为块：当创建图块后，将源对象自动转换为图块。

删除对象：当创建图块后，自动删除源对象。

【行为】：用于指定块的行为，具体选项含义如下：

注释性：指定块为注释性。

按统一比例缩放：指定是否阻止块参照不按统一比例缩放。

允许分解：指定块参照是否可以被分解。

在块编辑器中打开：用于确定在创建块后，是否在块编辑器中打开图块进行编辑。

4）实例应用

实例：用定义块命令将图 6-3-2 所示绘制好的图形定义成内部块。

2. 定义外部块

定义外部块，即“写块”，可以将图形中的某个图形或某个内部块以文件的形式存储在磁盘中，以便日后调用。任意文件都可调用该方法定义的图块。

1）调用方法

键盘输入法：输入“WBLOCK”或“W”。

功能区：“插入”→“创建”→“写块”按钮 写块

2）命令及提示

执行写块命令后，弹出图 6-3-3 所示的对话框。

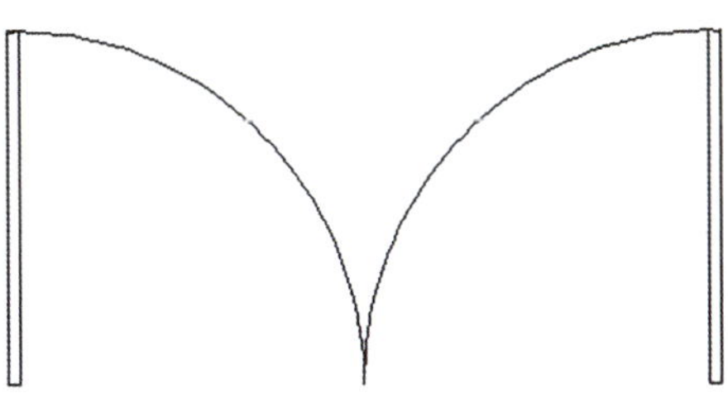

图 6-3-2 门

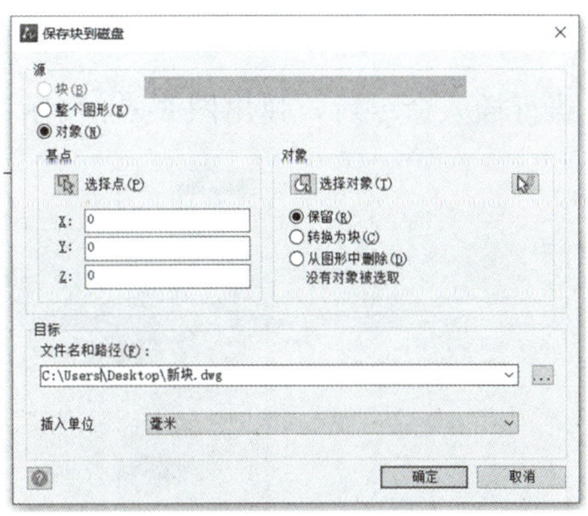

图 6-3-3 “保存块到磁盘”对话框

3）参数说明

【源】：用于选择创建块文件的对象，各选项含义如下：

块：指定要另存为外部块的块。

整个图形：选择需要另存为文件的图形。

对象：选择要另存为文件的对象，选择基点。

【基点】：指定块的基点，可通过鼠标拾取。

【对象】：指定新块中要包含的对象，以及创建块之后如何处理这些对象，与内部块相同。

【文件名和路径】：指定文件名和保存块的路径。

4）实例应用

实例：用写块的命令将图中定义的门图形存储成外部块。

操作步骤：

第一步：调用“写块”命令。

第二步：选择需要存储成块的对象或内部块。

第三步：输入存储外部块文件的存储路径和文件名，并保存。

6.3.2 图块的插入

图块的插入

插入图块是指将已经定义好的内部块或外部块插入当前图形文件中，以提高绘图效率。在插入图块的时候，需要指定被插入图块的名称、插入图块的位置、插入图块的比例及其旋转比例。

1. 调用方法

工具栏：“绘图”→“插入块”→“多行文字”菜单。

功能区：“插入”→“块”→插入块按钮

键盘输入法：输入“INSERT”或“I”。

2. 命令及提示

执行插入命令后，弹出图 6-3-4 所示的对话框。

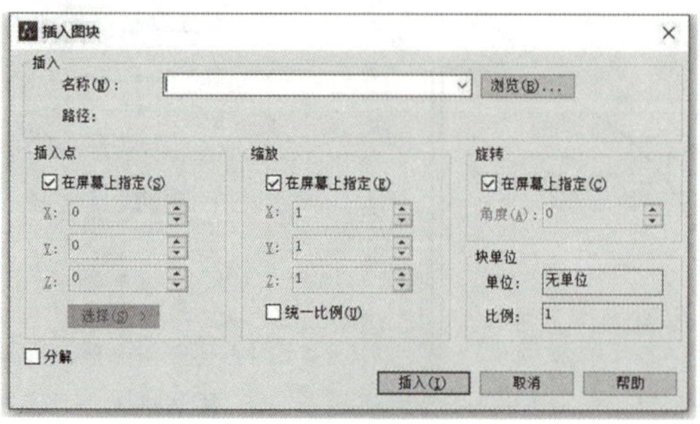

图 6-3-4 “插入图块”对话框

3. 参数说明

【名称】：从下拉菜单中选择要插入块的名称或块文件。
【路径】：列出插入块文件的路径。
【插入点】：选择要插入块的基点位置，可直接在屏幕上指定。
【缩放】：指定块在插入时的缩放比例，可使用统一比例或不同比例。
【旋转】：指定块在插入时旋转的角度。
【分解】：分解块并插入该块的各个部分。选定“分解”时，可以指定统一比例因子。

4. 实例应用

实例： 选择创建好的双开门图块，将其插入图形文件中。

6.3.3　图块的属性及属性编辑

在绘制块对象时，属性是与之关联甚深的文字信息。在定义属性后，可指定属性的特性，以及插入块时显示的提示信息，这些属性值将在块的同一位置以相同的文字样式和对齐方式显示。属性定义完成后，将在当前图形中显示定义的属性标记。

1. 图块的属性

图块的编辑

1）调用方法

菜单法：“绘图”→“块”→“定义属性”菜单。

功能区：“插入”→“属性”→定义属性按钮
键盘输入法：输入“ATTDEF”或“ATT”。
注：在命令行中输入“ATTDEF”后按回车键，将开启“定义属性”对话框，用户可在此对话框中设置属性值。
在命令行中输入“ATTDEF”后按回车键，则以命令行方式提示。

2）命令及提示

“定义属性”对话框如图 6-3-5 所示。

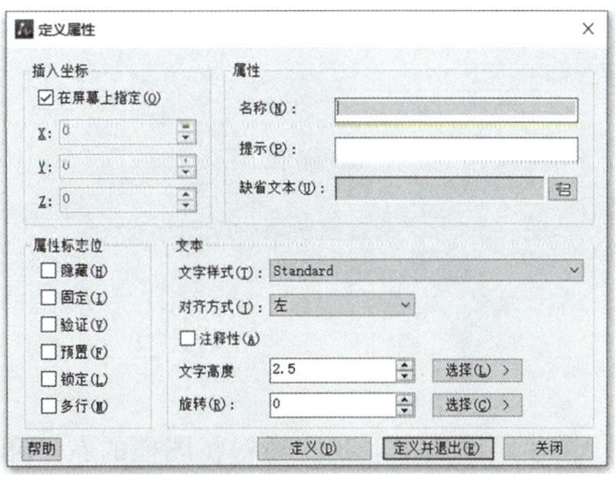

图 6-3-5　“定义属性”对话框

3）参数说明

【插入坐标】：指定属性的位置，可以输入坐标，或在屏幕上指定一点。
【属性】：具体设置选项如下。
名称：指定用来标识属性的名称。使用任何字符组合（空格除外）输入属性标记。小写字母会自动转换为大写字母。
提示：指定在插入包含该属性定义的块时显示的提示。如果不输入提示，属性标记将用作提示。

缺省文本：指定默认属性值。

【属性标志位】：在图形中插入块时，设定与块关联的属性值选项。

隐藏：在插入块对象时，控制是否显示属性值。

固定：控制在插入块对象时，是否赋予属性固定值。设置成固定值以后，属性的提示将不显示。此设置用于永远不会更改的信息。

验证：控制在插入块对象时，是否检验此属性值有效。

预置：控制在插入包含有默认属性值的块对象时，是否将属性设置为预设值。为在“命令”提示下显示（ATTDIA 设置为 0）时，应用“预置”选项。

锁定：控制在插入块对象时，是否锁定属性值的位置。

多行：控制在插入块对象时，是否创建多行文字属性。

【文本】：设定属性文字的对正、样式、高度和旋转。

4）实例应用

实例：定义轴号图块属性，轴号的尺寸如图 6-3-6 所示。

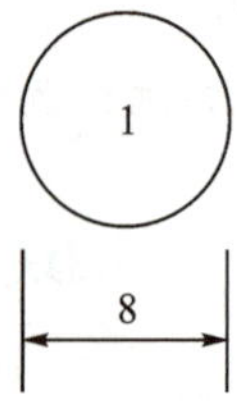

图 6-3-6　轴号的尺寸

2. 属性编辑

1）调用方法

功能区：“插入”→“属性”→“块属性管理器” 块属性管理器。

菜单法：“修改”→“对象”→“属性”→“块属性管理器” 块属性管理器(B)...。

键盘输入法：“ATTEDIT”或“ATE”。

2）命令及提示

图 6-3-7、图 6-3-8 所示是用不同方式调用属性编辑命令后弹出的对话框。

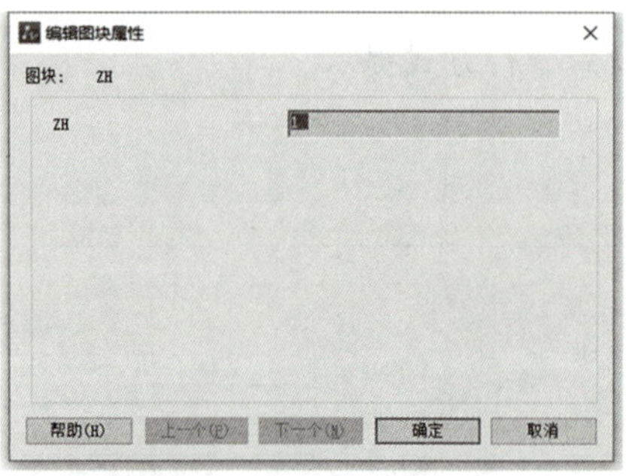

图 6-3-7　“编辑图块属性”对话框

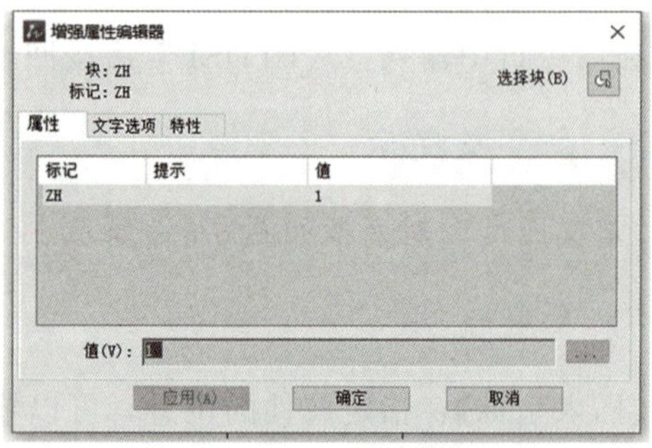

图 6-3-8　“增强属性编辑器”对话框

任务 6.4　表格的绘制

在建筑图纸中，我们通常在图框的右下角绘制标题栏，并在其中填入图纸的设计单位、时间等信息。因此，标题栏可以以表格的形式显示，在该表格中，可显示数字和其他项，以便快速引用、统计和分析，并方便用户查阅。

6.4.1　设置表格样式

在绘图文件中插入表格之前，必须先设置表格的样式。

表格的绘制与编辑

1. 调用方法

功能区：工具→样式管理器→表格样式。
工具栏：样式→表格样式。
菜单法：格式→表格样式。
键盘输入法：输入“TABLESTYLE”或“TS”。

2. 命令及提示

启动表格样式命令后，会弹出图 6-4-1 所示的对话框。

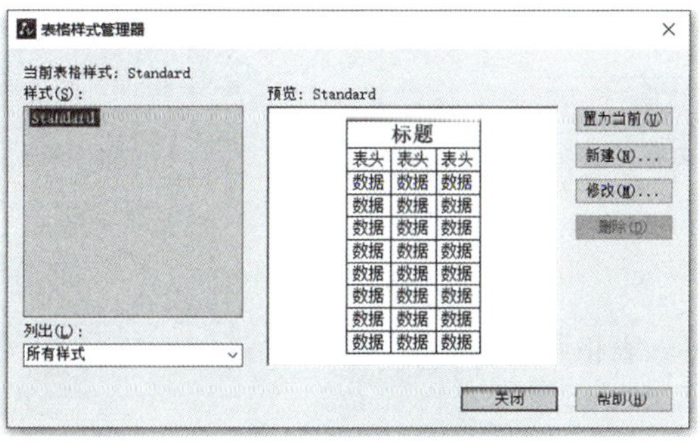

图 6-4-1　“表格样式管理器”对话框

3. 参数说明

在“表格样式管理器”对话框中，可以创建新的表格样式，可以对左侧已有的表格样式进行修改，也可以在左侧选择一种样式让其置为当前。单击“新建”按钮后会出现图 6-4-2 所示的对话框，用来输入新的表格样式的名称；单击“修改”按钮后会出现图 6-4-3 所示的对话框。

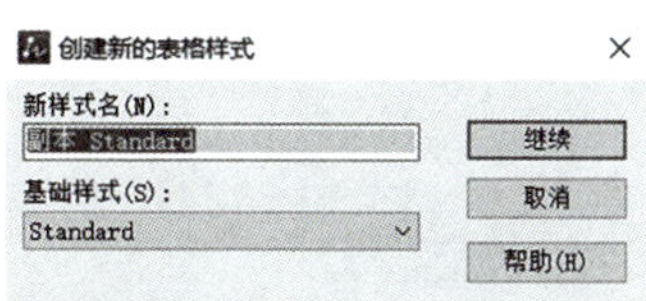

图 6-4-2　新建表格

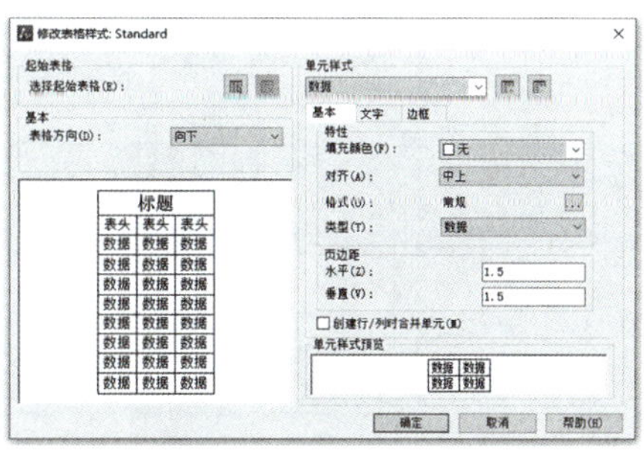

图 6-4-3　修改表格

在修改表格样式对话框中，我们可以对表格的特性（填充颜色、对齐方式、格式、类型及页边距等）进行设置和修改，也可以对文字的样式、高度、颜色和角度，边框的线型、线宽、颜色、间距等进行设置，如图 6-4-4、图 6-4-5 所示。

6.4.2 创建表格

表格样式设置好之后，就可以在图形中插入表格了。

注意：将自己设置好的表格样式置为当前，否则插入的表格就是系统默认的表格样式或最近一次使用的表格样式。

图 6-4-4　文字修改

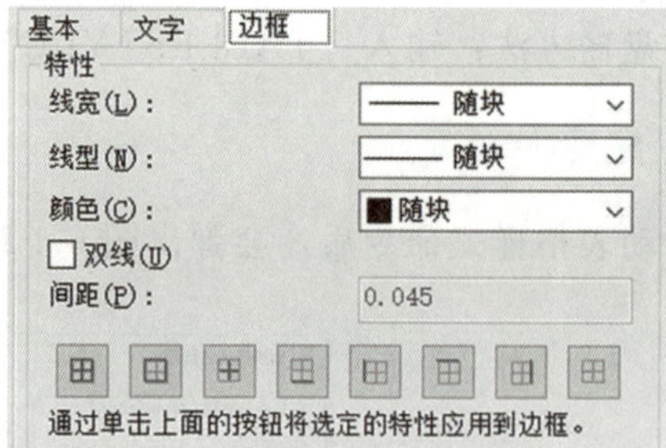

图 6-4-5　边框修改

1. 调用方法

功能区：注释→表格→表格。

工具栏：绘图→表格。

菜单法：绘图→表格 表格(T)...。

键盘输入法：输入“TABLE”或“TB”。

2. 命令及提示

启动插入表格命令后，会弹出图 6-4-6 所示的对话框，如。

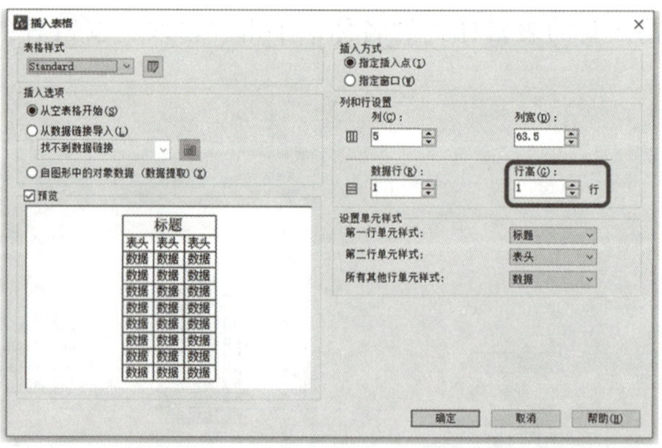

图 6-4-6　“插入表格”对话框

3. 参数说明

【表格样式】：用来选择当前插入的表格样式。

【插入选项】：可以选择“从空表格开始”“从数据链接导入”或“自图形中的对象数据（数据提取）”，一般默认选择“从空表格开始”。“从空表格开始”是指创建可以手动填充数据的空表格；“从数据链接导入”是指依据外部电子表格中的数据创建表格；“自图形中的对象数据（数据提取）”是指启动“数据提取”向导。

【插入方式】：指定表格左上角的位置或指定表格的大小和位置。

【列和行设置】：用来设置行和列的数目及各自的宽度和高度。注意：列宽的单位一般为毫米，行高的单位为“行”。

【设置单元样式】：用来控制不包含起始表格的表格样式，指定新表格中行的单元格式。

6.4.3　编辑表格

表格的编辑分为两部分，一部分为单元格内容的编辑，另一部分为单元格属性的编辑。

1. 单元格内容的编辑

在单元格内双击鼠标左键，进入单元格内容的编辑状态，【Enter】键用来控制换行的单元格输入，【Tab】键可以切换到下一个单元格继续输入。

2. 单元格属性的编辑

用户可以拉框选定要合并的多个相邻的单元格，右键合并即可。在调整单元格大小时，可以通过拖拽单元格边框来实现，但是这种方式比较随意。我们可以选中单元格，按【Ctrl+1】组合键调用单元格的特性工具栏，在这里详细设置单元格的对齐方式及单元格的大小等属性。选中单元格，按鼠标右键，如图 6-4-7 所示，进行单元格编辑。

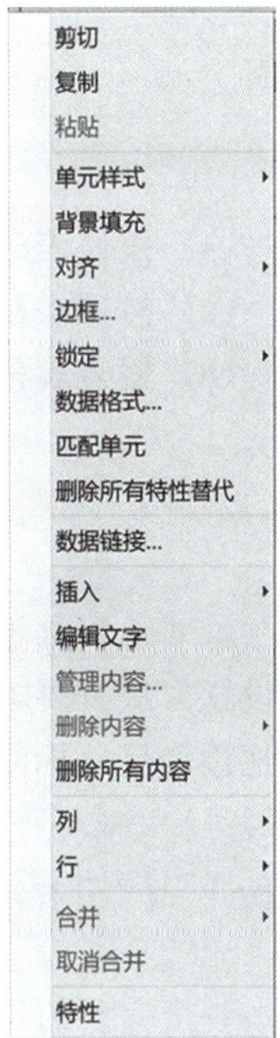

图 6-4-7　单元格编辑

3. 实例应用

实例：创建图 6-4-8 所示的门窗表，设置标题字高为 100mm，表头字高为 50mm，数据字高为 40mm，汉字字体为仿宋，非汉字字体为 simplex. shx。

操作步骤：

（1）设置新表格样式。在数据区域常规设置中，设置页边距，水平为 0，垂直为 0，对正位置为“正中”，设置其文字样式为“simplex. shx”，文字高度为 40mm；在标题区域常规设置中，设置页边距，水平为 0，垂直为 0，对正位置为“正中”，设置其文字样式为仿宋，文字高度为 100mm。

（2）单击“插入表格”按钮，设置列数为 12，列宽为 150mm，行数为 9，行高为 1 行，单击确定后插入表格。

（3）在绘图区单击插入点插入表格。

门窗表											
种类	编号	洞口尺寸（宽x高）		数量						采用图集	备注
		宽	高	一层	二层	三层	四层	阁楼层	合计		
门	M0921	900	2100	3	2			1	6	成品木门	甲方现场定
	M1021	1000	2100	4	3	7	7		21	成品木门	
	M1527	1500	2700	1					1	成品木门	
	M1521	1500	2100	2	2				4	成品木门	
窗	C0618	600	1800	2			2		4	分割详大样	
	C0818	800	1800	2			2		4	分割详大样	
	C0915	900	1500			6	6		12	分割详大样	
	C0918	900	1800			5	5		10	分割详大样	

图 6-4-8　门窗表

（4）按照表格所示尺寸，打开特性工具栏，分别设置单元格的行高和列宽。

（5）按照表格所示，合并相应的单元格。

（6）输入表格内容。

任务 6.5　图纸尺寸的标注

尺寸是建筑工程图中不可缺少的部分。本任务学习尺寸标注的创建方法，以及尺寸样式的设置方法及要求。学习本任务后，同学们应该能够结合行业规范要求，在建筑施工图中正确地添加尺寸标注。

6.5.1　尺寸标注的组成

一个完整的尺寸标注由尺寸界线、尺寸线、尺寸数字、尺寸起止符号、中心标记等部分组成，如图 6-5-1 所示。

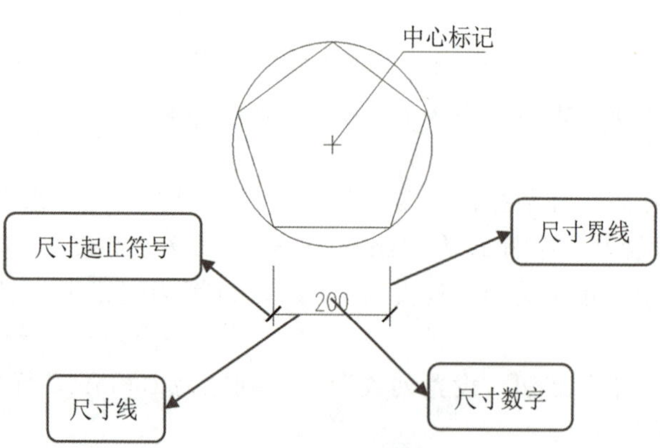

图 6-5-1　尺寸标注的组成

【尺寸界线】：左、右各一条，用来表示尺寸起始和终止的位置，多从图形的轴线引出，有时也可以用轮廓线代替。一般情况下，尺寸界线与尺寸线相互垂直。

【尺寸线】：用来代表所标注对象的长度，它与标注对象平行，在左、右两侧的尺寸界线中间，可与之垂直，也可以倾斜，尺寸线不能用图形中的对象代替，必须单独画出。如果是角度标注，尺寸线显示为一段圆弧。

【尺寸起止符号】：在尺寸线两端，和尺寸界线连接，用来表示尺寸线的起止位置，在建筑工程图的尺寸标注中，尺寸箭头选用建筑标记，为中粗斜短线。

【尺寸数字】：用来代表标注对象的具体长度和大小，一般写在尺寸线的上方。

【中心标记】：指示圆或圆弧的中心。

6.5.2　设置尺寸标注样式

在标注尺寸之前，需要先设置标注样式。

尺寸标注样式

1. 调用方法

功能区：工具→样式管理器→标注样式 标注样式。

工具栏：标注→标注样式→标注样式。

菜单法：标注→标注样式 标注样式(S)...。

键盘输入法：输入“DIMSTYLE”或“D”、“DST”或“DIMSTY”。

2. 命令及提示

启动标注样式命令后，弹出图 6-5-2 所示的对话框。

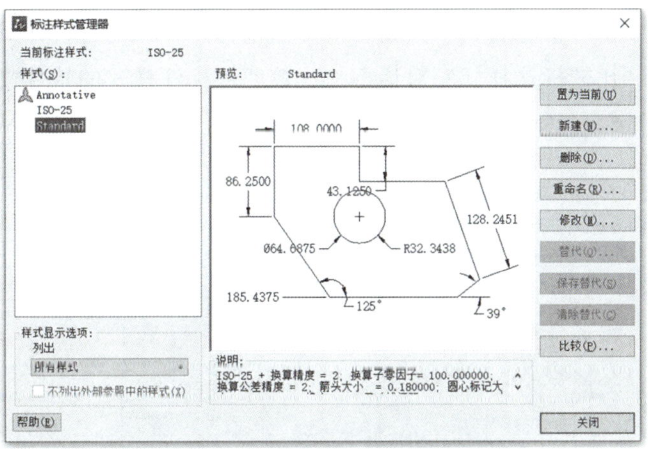

图 6-5-2　“标注样式管理器”对话框

3. 参数说明

【当前标注样式】：列出当前标注样式。

【预览】：在预览区域显示标注样式的图示。

【说明】：显示选中样式与当前标注样式相关的差异说明。

【置为当前】：将“样式”列表中选定的标注样式设为当前标注样式。

【新建】：开启新建标注样式对话框（图 6-5-3），用户可创建一个新的标注样式。用户可以指定新标注样式名称、基准标注样式、注释性以及新标注样式的适用标注类型等信息。

【删除】：删除“样式”列表中选定的标注样式。

若选定标注样式为当前样式，则该样式不能被删除。

若选定标注样式为当前图形正在使用的样式（非当前样式），则会弹出删除选择对话框，可以从中选择合适的操作：

删除记录以及多有使用记录的对象：将删除选择的标注样式，图纸中所有使用该样式创建的标注都将被删除。

更改为并除：在右侧下拉列表中选择一标注样式，图纸中所有使用该样式创建的标注将会使用指定样式进行替代，原标注样式被删除。

跳过记录删除：放弃删除标注样式的操作。

【重命名】：开启重命名标注样式对话框，用户可在其中修改标注样式的名称。

【修改】：开启修改标注样式对话框（图 6-5-4），用户可在其中修改标注样式的各种特性。

【替代】：开启替代当前标注样式对话框，用户可对当前使用标注样式创建与主样式属性不同的替代样式。

注：只可对当前使用的标注样式创建替代样式。

【保存替代】：对当前样式创建替代样式后，单击“保存替代”按钮，保存替代样式，并作为当前绘制标注的样式。

【清除替代】：单击“清除替代”按钮可清除当前标注样式的替代样式。

【比较】：开启“比较标注样式”对话框，比较两种标注样式的特性或显示一种标注样式的所有特性。

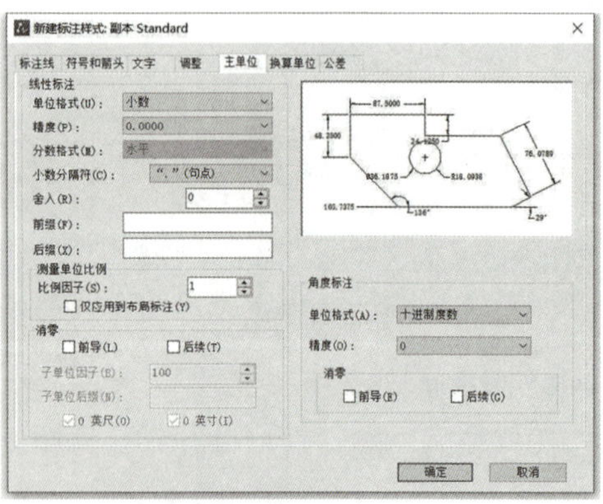

图 6-5-3　新建标注样式对话框

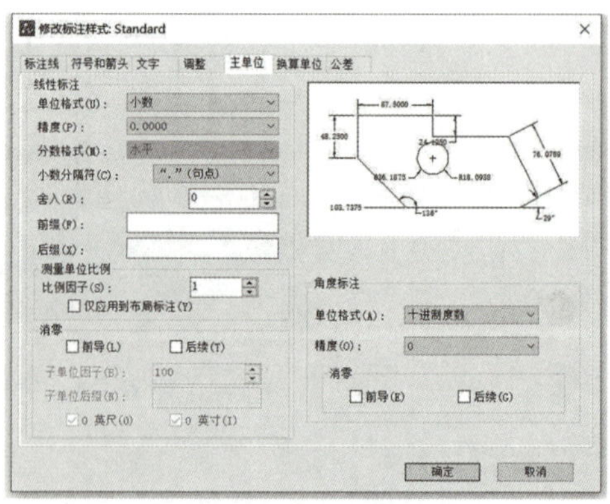

图 6-5-4　修改标注样式对话框

1）“标注线”选项卡

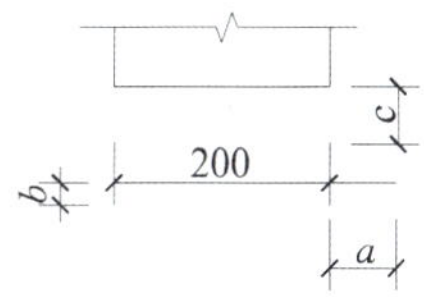

图 6-5-5

超出标记 a：尺寸线超出标注的距离，一般设置为 0，详见图 6-5-5。

超出尺寸线 b：尺寸界线超出尺寸线的距离，制图规范里规定为 2～3mm，详见图 6-5-5。

起点偏移量 c：尺寸界线距离标注对象的距离，制图规范里规定为≥2mm，详见图 6-5-5。

基线间距：两道尺寸间的距离，制图规范里规定为 7～10mm，详见图 6-5-5。

“标注线”选项卡如图 6-5-6 所示。

2）“符号和箭头”选项卡

箭头：第一个是与第一尺寸界线相连的箭头，第二个是与第二尺寸界线相连的箭头。在建筑工程图中，我们要求第一个箭头和第二个箭头都只能选建筑标记。

箭头大小：用来设置箭头的尺寸，数值可用来控制箭头长度方向的尺寸，宽度自动默认为长度的 40%，制图规范里规定为 2～3mm。

圆心标记：设置与尺寸界线相交的斜线的长度。

“符号和箭头”选项卡如图 6-5-7 所示。

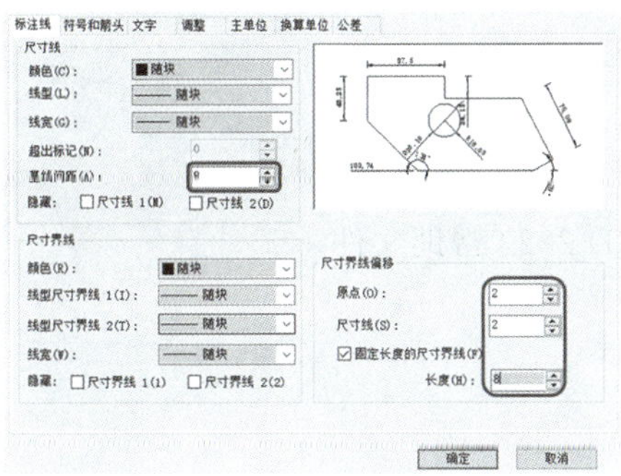

图 6-5-6　“标注线”选项卡

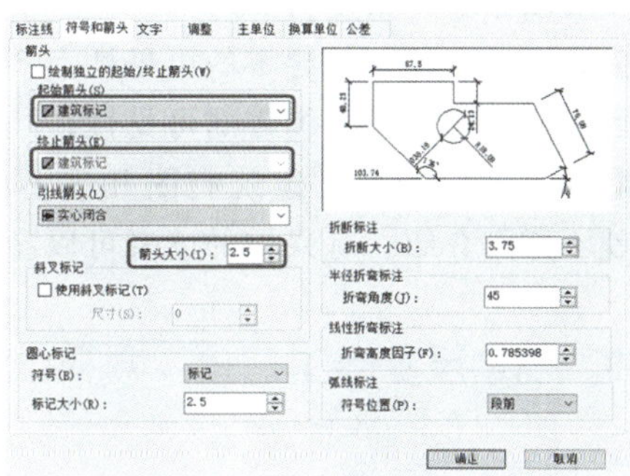

图 6-5-7　“符号和箭头”选项卡

3）“文字”选项卡

在“文字”选项卡中可以对文字进行样式、颜色和填充颜色、文字高度的设置，也可以对文字位置进行设置，如图 6-5-8 所示。分数高度比例是指尺寸文本中分数高度的比例因子，当“主单位”选项卡中“线性标注”中的“单位格式”设置为“分数”时，此选项可用。使用该设置值乘以文字高度，即为分数文字的高度。

4）“调整”选项卡

“调整”选项卡用来调整尺寸标注四个组成部分的放置问题。如果尺寸界线之间没有足够的空间来放置文字和箭头，那么首先应该从尺寸界线中移出的内容是什么，可以在该选项卡中选择。如图 6-5-9 所示。

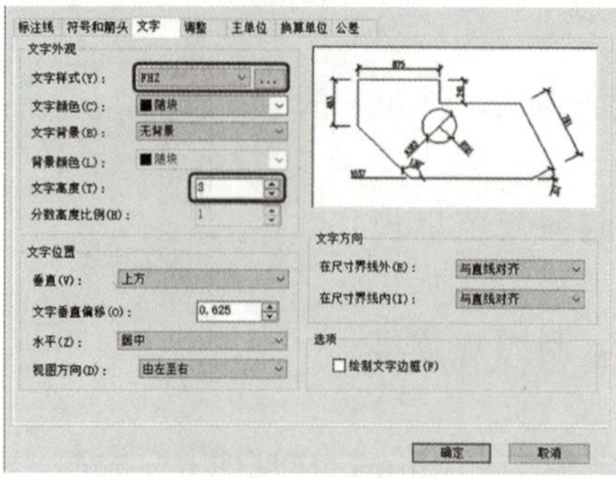

图 6-5-8　“文字”选项卡

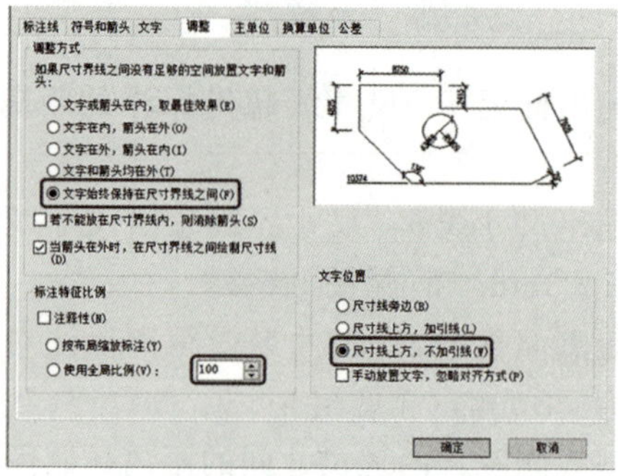

图 6-5-9　“调整”选项卡

使用全局比例：按照图纸上的比例来设置。如果出图比例为 1∶100，全局比例就应设置为 100；如果图纸上要求的出图比例为 1∶50，则使用全局比例应该调整为 50。

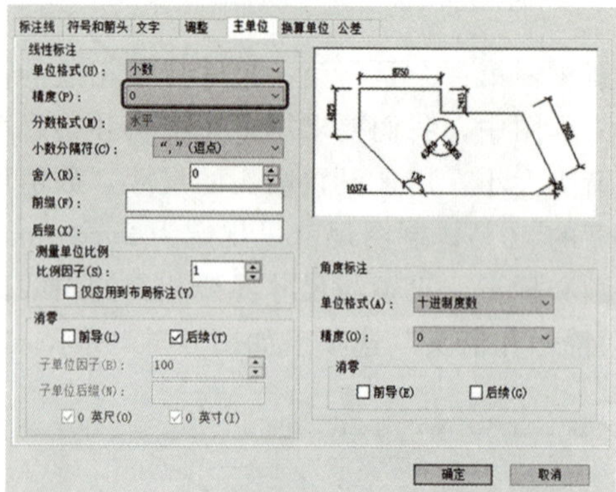

图 6-5-10　“主单位”选项

5）“主单位”选项卡（图 6-5-10）

精度：设置尺寸标注的精度，建筑制图中一般取整数，精度为 0。

前导：用来控制前导零的可见性。

后续：用来控制后续零的可见性。

对于其他的选项，建筑制图几乎不涉及，就不详细介绍，有兴趣的读者可以参考 ZWCAD 2023 帮助文件。

6.5.3　创建尺寸标注

尺寸标注

1. 快速标注

使用快速标注命令可以为选定对象快速创建一系列标注。

1）调用方法

菜单法：单击“标注”→“快速标注”快速标注(Q)菜单。

命令按钮法：单击标注工具栏→快速标注按钮。

键盘输入法：输入“QDIM”。

2）命令及提示

命令：QDIM

选择要标注的几何图形：

指定尺寸线位置或［连续(C)/并列(S)/基线(B)/坐标(O)/半径(R)/直径(D)/基准点(P)/编辑(E)/设置(T)］< 连续>：

3）参数说明

【指定尺寸线位置】：移动光标指定尺寸线的位置。
【连续】：创建一系列连续标注。
【并列】：创建一系列对齐标注。
【基线】：创建一系列基线标注。
【坐标】：创建一系列坐标标注。
【直径】：创建一系列直径标注。
【基准点】：编辑一系列标注。系统提示指定要删除或添加的标注点。
【设置】：为指定尺寸界线原点设置默认的对象捕捉模式。

2. 线性标注

1）调用方法

菜单法：单击“标注”→“线性” 线性(L) 菜单。
命令按钮法：单击标注工具栏→线性标注按钮。
键盘输入法：输入“DIMLINEAR”或“DLI”。

2）命令及提示

```
命令:DIMLINEAR
指定第一条尺寸界线原点或 < 选择对象> :
指定第二条尺寸界线原点:
创建了无关联标注。
指定尺寸线位置或 [多行文字(M)/文字(T)/角度(A)/水平(H)/垂直(V)/旋转(R)]:
```

3）参数说明

【多行文字】：显示“多行文字”编辑器窗口，可通过该编辑器来编辑标注文字内容以及文字的字体、大小、颜色等。

【文字】：在命令行中直接输入标注文字内容，或按回车键接受测量值。

【角度】：设置标注文字的显示角度，如图 6-5-11 所示。

【水平】：创建水平方向的线性标注，系统将使尺寸文字水平放置，如图 6-5-12 所示。

【垂直】：创建垂直方向的线性标注，系统将使尺寸文字垂直放置，如图 6-5-13 所示。

【旋转】：创建具有一定角度的旋转线性标注，设定尺寸线旋转的角度，如图 6-5-14 所示。

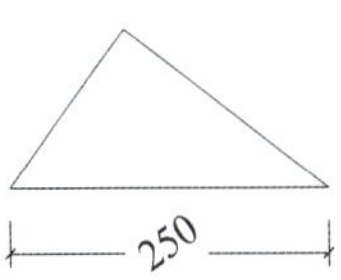

图 6-5-11　角度

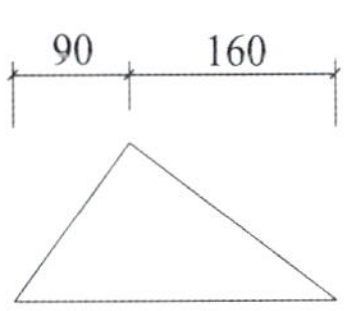

图 6-5-12　水平

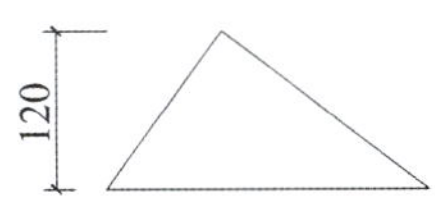

图 6-5-13　垂直

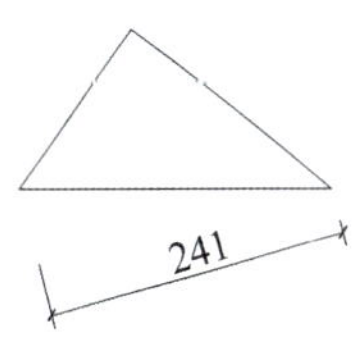

图 6-5-14　旋转

3. 对齐标注

1）调用方法

菜单法：单击“标注”→“对齐” 对齐(G) 菜单。

命令按钮法：单击标注工具栏→对齐标注按钮。

键盘输入法：输入“DIMALIGNED”或“DAL”。

2）命令及提示

```
命令:DAL// DIMALIGNED
指定第一条尺寸界线原点或 < 选择对象> :
指定第二条尺寸界线原点:
指定尺寸线位置或 [角度(A)/多行文字(M)/文字(T)]:
```

3）参数说明

【角度】：设置标注文字的显示角度。

【多行文字】：显示在位文字编辑器，可通过该编辑器来编辑标注文字内容以及文字的字体、大小、颜色等。

【文字】：在命令行中直接输入标注文字内容，或按回车键接受测量值。

对齐标注示例如图 6-5-15 所示。

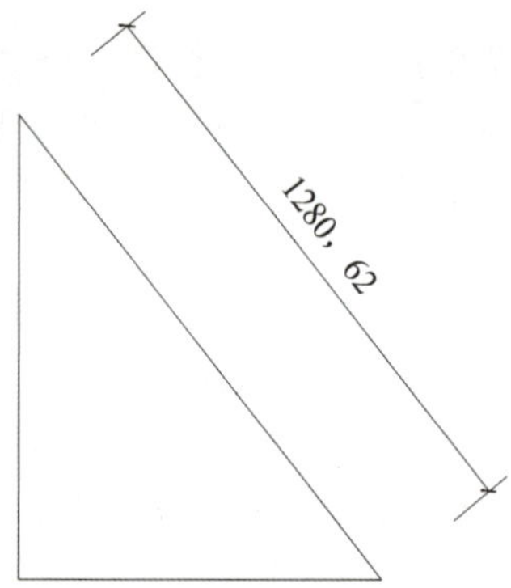

图 6-5-15　对齐标注示例

4. 弧长标注

用弧长标注命令为圆弧或者多段线弧线段创建弧长标注。

1）调用方法

菜单法：单击“标注”→“弧长” 弧长(H) 菜单。

命令按钮法：单击标注工具栏→弧长标注按钮。

键盘输入法：输入“DIMARC”或“DAR”。

2）命令及提示

```
命令: DAR// DIMARC
选择弧线段或多段线弧线段:
指定弧长标注的位置或[部分(P)/引线(L)/角度(A)/文字(T)/多行文字(M)]:
标注注释文字 = 119.11
```

3）参数说明

【弧长标注的位置】：通过指定点来确定尺寸线的位置，以及尺寸界线的绘制方向。

【部分】：选择一段圆弧创建弧长标注。

【引线】：创建带引线的弧长标注，引线属于标注的一部分。

【角度】：设置标注文字的显示角度。

【文字】：在命令行中直接输入标注文字内容。标注文字特性可在“标注样式管理器”对话框中进行设置。

【多行文字】：显示在位文字编辑器，可通过该编辑器来编辑标注文字内容以及文字的字体、大小、颜色等。

弧长标注示例如图 6-5-16 所示。

5. 坐标标注

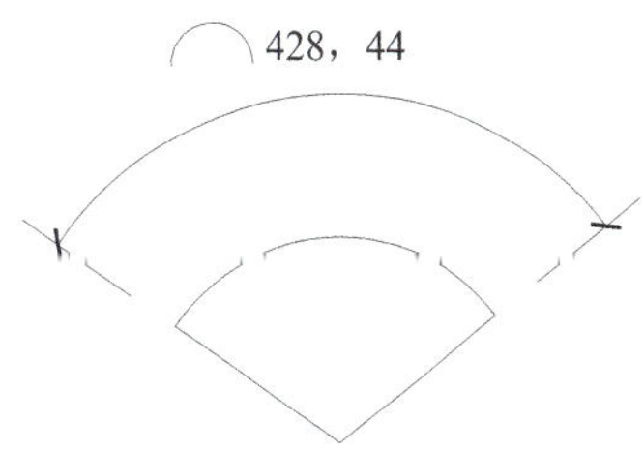

图 6-5-16　弧长标注示例

使用坐标标注命令来创建坐标标注。

坐标标注是一条引线，标注文字显示指定点的 *X* 或 *Y* 坐标值，即该点到坐标原点（基准点）在 *X* 或 *Y* 方向的垂直距离。

标注文字显示的 *X* 或 *Y* 坐标值是当前用户坐标系统 UCS 当前状态下的值，系统将以与当前用户坐标系统 UCS 轴正交的方向绘制引线。坐标标注采用绝对坐标值。

1）调用方法

菜单法：单击“标注”→“坐标”坐标(O)菜单。

命令按钮法：单击标注工具栏→坐标标注按钮。

键盘输入法：输入“DIMORDINATE”或“DOR”。

2）命令及提示

```
命令：DOR//DIMORDINATE
指定坐标标注点：
创建了无关联标注。
指定引线端点或 [文字(T)/多行文字(M)/角度(A)/X 基准(X)/Y 基准(Y)]：
标注注释文字 = 460.23
```

3）参数说明

【引线端点】：指定引线端点后，通过点坐标和引线端点的坐标差来确定建立 *X* 坐标标注还是 *Y* 坐标标注。当标注点与端点的 *X* 坐标差别较大时，标注将对 *Y* 坐标进行测量；反之，则对 *X* 坐标进行测量。

【文字】：在命令行中直接输入标注文字内容。

【多行文字】：显示在位文字编辑器，可通过该编辑器来编辑标注文字内容以及文字的字体、大小、颜色等。

【角度】：设置标注文字的显示角度。

【X 基准】：创建 *X* 坐标标注，并确定引线和标注文字的方向。

【Y 基准】：创建 *Y* 坐标标注，并确定引线和标注文字的方向。

坐标标注示例如图 6-5-17 所示。

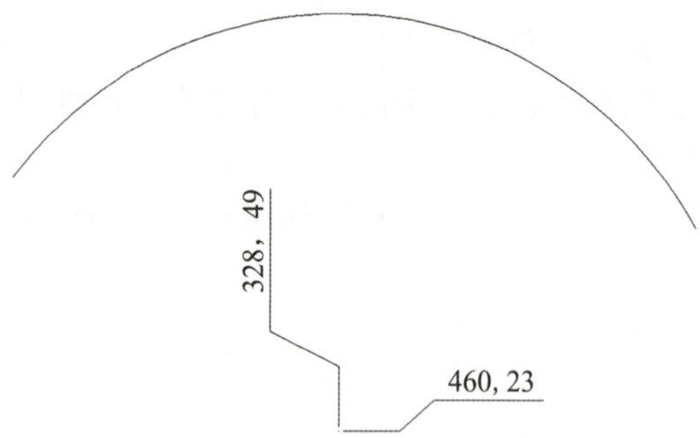

图 6-5-17　坐标标注示例

6. 半径标注

1）调用方法

菜单法：单击“标注”→“半径” 半径(R)菜单。
命令按钮法：单击标注工具栏→半径标注按钮。
键盘输入法：输入“DIMRADIUS”或“DRA”。

2）命令及提示

```
命令：DRA// DIMRADIUS
选取弧或圆：
标注注释文字 =
指定尺寸线位置或[角度(A)/多行文字(M)/文字(T)]：
```

3）参数说明

【角度】：设置标注文字的显示角度。

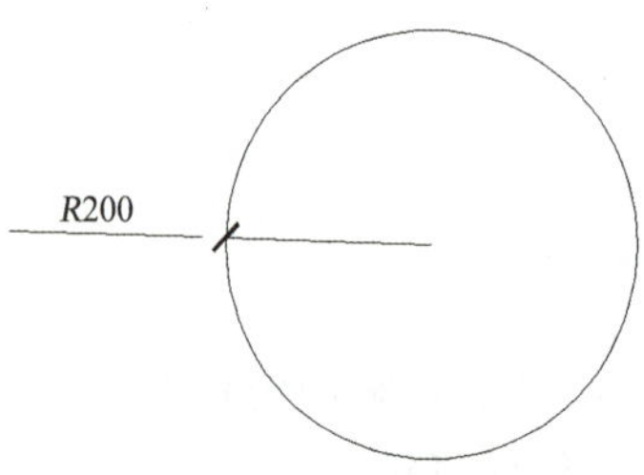

图 6-5-18　半径标注示例

【多行文字】：显示在位文字编辑器，可通过该编辑器来编辑标注文字内容以及文字的字体、大小、颜色等。

【文字】：在命令行中直接输入标注文字内容。如果要在标注文字中包含测量值，可以输入一对尖括号（<>）来表示生成的测量值。

半径标注示例如图 6-5-18 所示。

7. 折弯标注

使用折弯标注命令为圆、圆弧或者多段线弧线段创建折弯半径标注。

折弯标注的标注文字前带有一个半径符号。用户可以在任意合适的位置指定尺寸线的原点。

在修改标注样式对话框的“符号和箭头”选项卡中，可以修改折弯角度的大小。对一个已创建的折弯半径标注，可以通过夹点、STRETCH 命令或者“特性”选项板来修改折弯和中心位置替代。

1）调用方法

菜单法：单击“标注”→“折弯” 折弯(J) 菜单。

命令按钮法：单击标注工具栏→折弯标注按钮。

键盘输入法：输入“DIMJOGGED”或“JOG”。

2）命令及提示

命令：JOG// DIMJOGGED
选取弧或圆：
指定中心位置：
标注注释文字 = 91.29
指定尺寸线位置或 [角度(A)/多行文字(M)/文字(T)]：
指定折弯位置：

3）参数说明

【中心位置】：指定折弯半径标注的新圆心，该圆心将取代圆弧或圆的实际圆心来创建半径折弯标注。

【尺寸线位置】：指定一个点来确定尺寸线的位置。

【角度】：设置标注文字的显示角度。

【多行文字】：显示在位文字编辑器，可通过该编辑器来编辑标注文字内容以及文字的字体、大小、颜色等。

【文字】：在命令行中直接输入标注文字内容。如果要在标注文字中包含测量值，可以输入一对尖括号（＜＞）来表示生成的测量值。

【折弯位置】：指定一个点来确定折弯中点的位置。

折弯标注示例如图 6-5-19 所示。

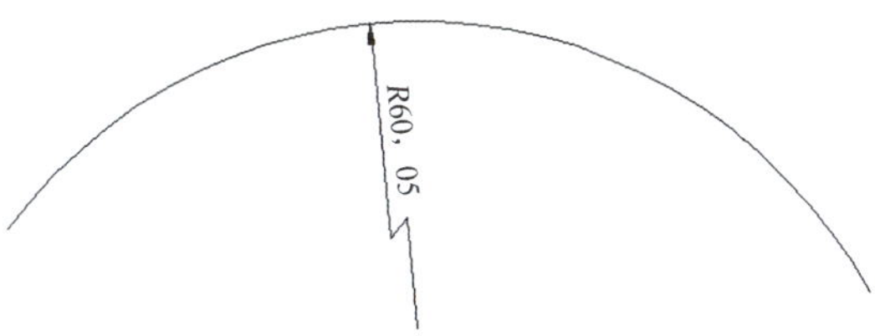

图 6-5-19　折弯标注示例

8. 直径标注

使用直径标注命令为圆或者圆弧创建直径标注，并显示带有直径符号的标注文字。

1）调用方法

菜单法：单击“标注”→“直径” 直径(D) 菜单。

命令按钮法：单击标注工具栏→直径标注按钮。

键盘输入法：输入“DIMDIAMETER”或“DDI”。

2）命令及提示

```
命令:DDI// DIMDIAMETER
选取弧或圆:
标注注释文字=
指定尺寸线位置或 [角度(A)/多行文字(M)/文字(T)]:
```

3）参数说明

直径标注中各参数的含义与半径标注中各参数的含义相同。

直径标注示例如图 6-5-20 所示。

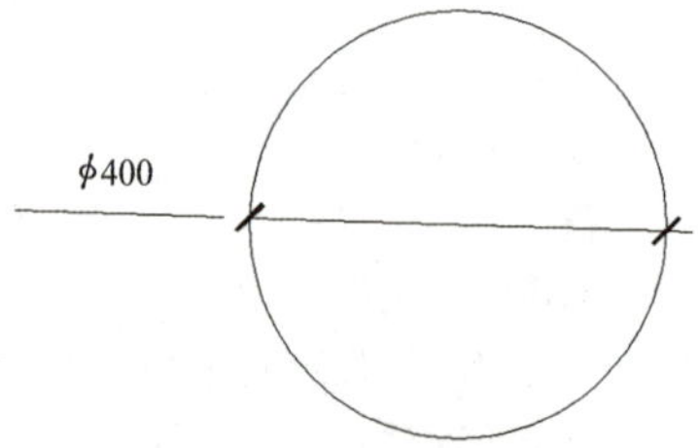

图 6-5-20　直径标注示例

9. 角度标注

使用角度标注命令为两条直线创建角度标注。以两条直线（或延长线）的交点为角度顶点，两条直线为边来确定角度。将两条直线（或延长线）以一条圆弧连接起来，这条圆弧就是尺寸线。圆弧张角的角度值始终小于 180°。

1）调用方法

菜单法：单击“标注”→“角度标注” 角度(A) 菜单。

命令按钮法：单击标注工具栏→角度标注按钮。

键盘输入法：输入“DIMANGULAR”或“DAN”。

2）命令及提示

```
命令: DAN// DIMANGULAR
选择直线、圆弧、圆或 <指定顶点>:
选取角度标注的另一条直线:
指定标注弧线的位置或 [多行文字(M)/文字(T)/角度(A)]:
标注注释文字= 30
```

角度标注示例如图 6-5-21 所示。

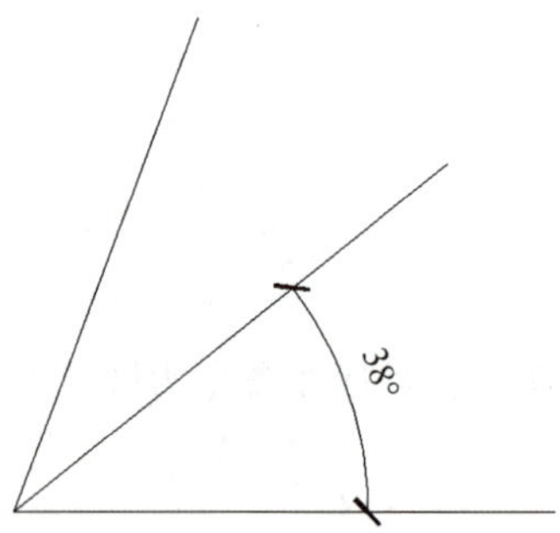

图 6-5-21　角度标注示例

10. 基线标注

为了使图纸标注得美观，每一层级之间的间隔应相等，我们通常会在标注样式中设置“基线间距”，在现有的标注基础上使用“基线尺寸标注”就可以了。

1）调用方法

菜单法：单击“标注”→“基线” 基线(B) 菜单。

命令按钮法：单击标注工具栏→基线标注按钮。

键盘输入法：输入“DIMBASELINE”或“DBA”。

2）命令及提示

```
命令：DBA// DIMBASELINE
指定下一条尺寸界线的起始位置或[放弃(U)/选取(S)] < 选取> ：
```

3）参数说明

【放弃】：撤销在命令期间上次输入的基线标注的操作。
【选取】：选择一个标注作为基线标注的基准。
基线标注示例如图 6-5-22 所示。

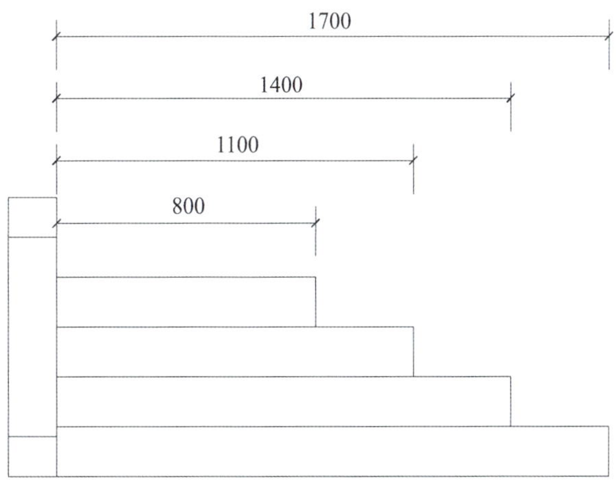

图 6-5-22　基线标注示例

11. 连续标注

使用连续标注命令可以连接上个标注，以继续建立线性、坐标或角度的标注。程序将基准标注的第二条尺寸界线作为下个标注的第一条尺寸界线。如果先前未创建标注，命令行会提示用户选取线性标注、角度标注或坐标标注作为连续标注的基准；如果先前已创建了标注，系统将跳过指定基准标注的流程，默认以上个标注为基准标注。

1）调用方法

菜单法：单击“标注”→“连续”连续(C)菜单。
命令按钮法：单击标注工具栏→连续标注按钮。
键盘输入法：输入“DIMCONTINUE”或“DCO”。

2）命令及提示

```
命令：DCO// DIMCONTINUE
指定下一条尺寸界线的起始位置或 [放弃(U)/选取(S)] < 选取> ：
```

连续标注示例如图 6-5-23 所示。

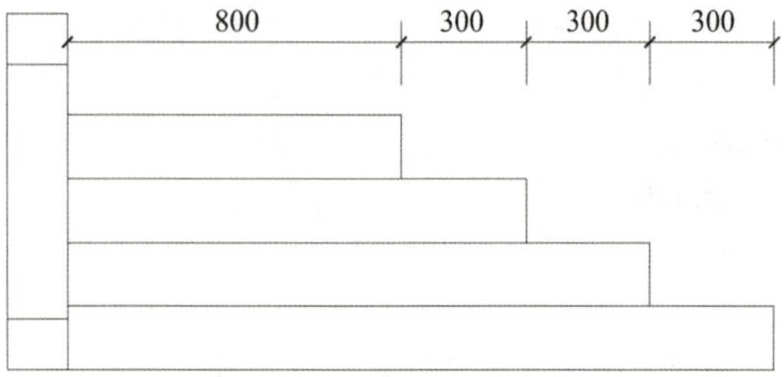

图 6-5-23　连续标注示例

12. 快速引线标注

使用快速引线标注可以快速创建引线并设置引线注释。

1）调用方法

菜单法：单击“标注”→“快速引线” 快速引线(E)菜单。
命令按钮法：单击标注工具栏→快速引线按钮。
键盘输入法：输入“QLEADER”或“LE”。

2）命令及提示

```
命令：LE//QLEADER
指定第一个引线点或 [设置(S)] < 设置> :
指定下一点：
指定文字宽度 < 0.000000> :
输入注释文字的第一行 < 多行文字> :
```

快速引线标注示例如图 6-5-24 所示。

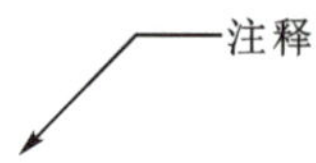

图 6-5-24　快速引线标注示例

13. 多重引线标注

使用多重引线标注命令绘制多重引线对象。

多重引线是 CAD 标准对象类型中的一种。大体来说，多重引线可以包含多条引线和一条说明；具体来说，多重引线通常由箭头、引线基线、引线、内容四部分组成。

1）调用方法

菜单法：单击“标注”→“多重引线” 多重引线(M)菜单。
键盘输入法：输入“MLEADER”或“MLD”。

2）命令及提示

```
命令：MLEADER
指定引线箭头的位置或 [内容优先(C)/引线基线优先(L)/选项(O)] < 引线箭头优先> :
指定引线基线的位置：
```

3）参数说明

【内容优先】：通过先指定内容，再指定引线箭头的顺序来创建多重引线。

【引线基线优先】：通过先指定引线基线位置，再指定引线箭头位置，最后指定内容的顺序来创建多重引线。

【引线箭头优先】：通过先指定引线箭头位置，再指定引线基线位置，最后指定内容的顺序来创建多重引线。

【选项】：指定用于设置多重引线相关内容的选项。

多重引线标注示例如图 6-5-25 所示。

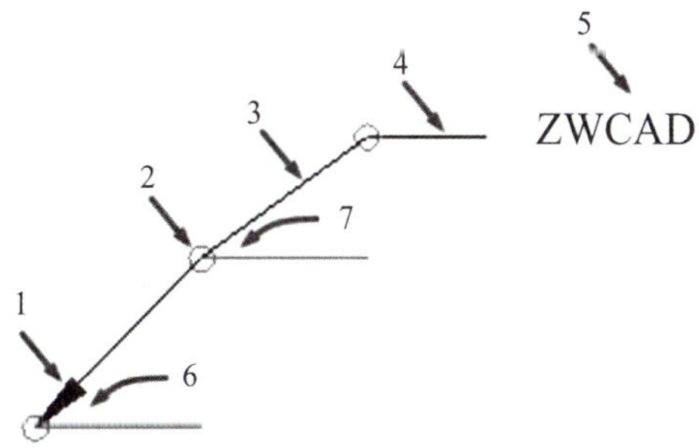

图 6-5-25　多重引线标注示例

1—箭头；2—节点；3—引线；4—基线；5—文字；6—约束角度 1；7—约束角度 2

使用 MLEADEREDIT（MLE）命令可以为当前多重引线添加或删除引线。

添加引线：为选择的多重引线对象添加引线，如图 6-5-26 所示。

删除引线：从所选择的多重引线对象中删除引线，如图 6-5-27 所示。

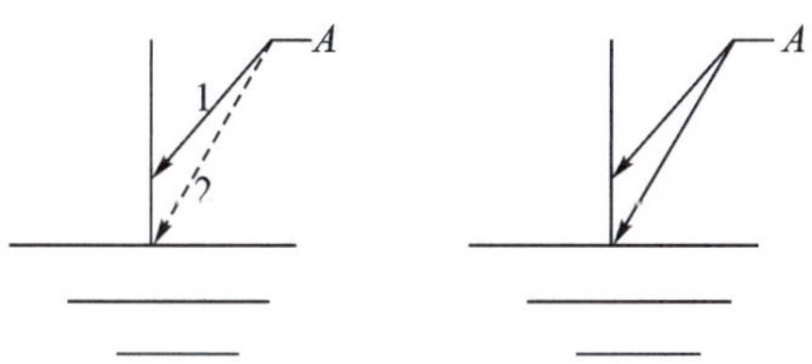

图 6-5-26　增加多重引线标注

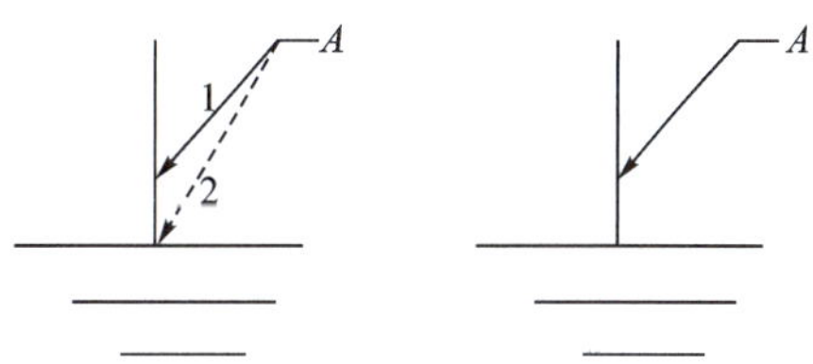

图 6-5-27　删除多重引线标注

14. 圆心标注

1）调用方法

菜单法：单击“标注”→“圆心标记”圆心标记(M)菜单。

命令按钮法：单击标注工具栏→圆心标记按钮。

键盘输入法：输入“DIMCENTER”或“DCE”。

2）命令及提示

```
命令：DCE//DIMCENTER
选取弧或圆：
```

6.5.4 编辑尺寸标注

1. 编辑标注

尺寸标注的编辑

使用编辑标注命令可以标注对象中的尺寸界线和标注文字；旋转标注文字或将标注文字恢复至默认位置；倾斜尺寸界线。

1）调用方法

命令按钮法：单击标注工具栏→编辑标注按钮。

键盘输入法：输入“DIMEDIT”或“DED”。

2）命令及提示

```
命令：DED// DIMEDIT
输入标注编辑类型 [默认(H)/新建(N)/旋转(R)/倾斜(O)] <默认>：
```

3）参数说明

【默认】：将具有角度旋转的标注文字恢复到默认设置的位置。

【新建】：创建新的文字以替换原来默认的标注文字。

【旋转】：将标注文字旋转一定的角度。若输入的文字角度为 0 ，则标注文字以默认的排列方式显示。

【倾斜】：设置线性标注尺寸界线的倾斜角度，倾斜角度从 UCS 的 *X* 轴进行测量。默认情况下，系统在创建线性标注时，尺寸界线与尺寸线是垂直的。这个选项的设置在尺寸界线与图形的其他部件有重叠或其他冲突时用处很大。

编辑标注示例如图 6-5-28 所示。

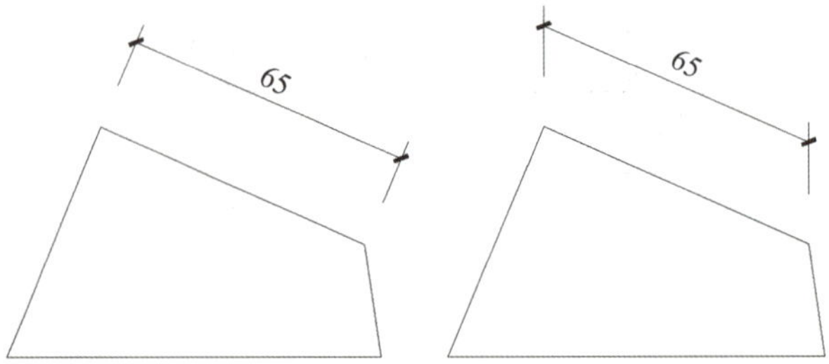

图 6-5-28 编辑标注示例

2. 编辑标注文字

使用编辑标注文字命令，可以编辑标注文字的显示角度和位置，重定位标注文字。

1）调用方法

菜单法：单击“标注”→“对齐文字” 对齐文字(X) 菜单。

命令按钮法：单击标注工具栏→编辑标注文字按钮。

键盘输入法：输入“DIMTEDIT”或“DIMTED”。

2）命令及提示

命令：DIMTED//DIMTEDIT
选择标注：
指定标注文字的新位置或［左对齐(L)/右对齐(R)/中心对齐(C)/默认(H)/角度(A)］：

3）参数说明

【标注文字的新位置】：拖拽鼠标指定标注文字的位置。

【左对齐】：为线性标注、直径标注以及半径标注指定标注文字以尺寸线为基准左对齐。

【右对齐】：为线性标注、直径标注以及半径标注指定标注文字以尺寸线为基准右对齐。

【中心对齐】：将标注文字放在尺寸线的中间。此选项只适用于线性标注、半径标注和直径标注。

【默认】：移动标注文字到默认位置（创建标注时的标注文字所在位置）。

【角度】：为标注文字设置角度值。标注文字角度从 UCS 的 X 轴测量。若输入零值，标注文字以默认角度放置。

编辑标注文字示例如图 6-5-29 所示。

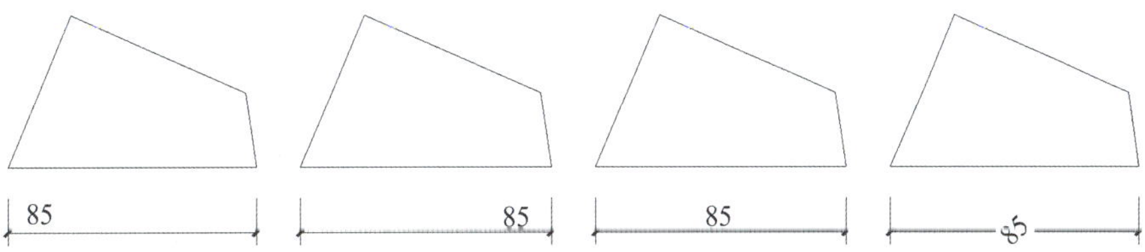

图 6-5-29　编辑标注文字示例

任务 6.6　图案的填充与编辑

6.6.1　图案填充的概念

在图样绘制过程中，有时候需要把某种图案填入某一指定的封闭区域，以表达该区域的特征，这就是图案填充。在建筑工程图中，用户可以用不同的图案表示不同材料，这在剖切面中十分常见。另外，在墙体、地面等对象上创建填充图案，以突出显示该部分。

填充命令

ZWCAD 预定义了很多填充的图案样例，用户也可以自定义自己需要或喜欢的填充图案。除此之外，用户还可以建立渐变色填充。渐变色填充可用于增强简报图面，增加视觉效果，提供反射在对象上的光源效果。

6.6.2　创建图案填充

图案填充命令可以打开“填充”对话框，在该对话框中设置填充方式，方便直观。设置内容包括填充图案的样式、比例、角度、填充边界等。

1. 调用方法

菜单法：单击“绘图”→“图案填充”图案填充(H)...菜单。

命令按钮法：单击绘图工具栏→图案填充按钮。

键盘输入法：输入“BHATCH”“BH”或“H”。

2. 命令及提示

执行命令后，调出图 6-6-1 所示的“填充”对话框，用户可在该对话框中进行设置。“填充”对话框有“图案填充”和“渐变色”两个选项卡，用户可在这里进行设置。

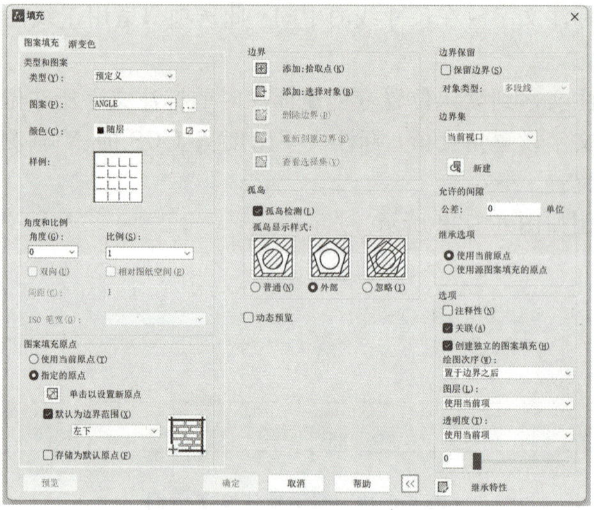

图 6-6-1 “填充”对话框

3. 参数说明

1）类型和图案

【预定义】：从提供的 70 多种符合 ANSI、ISO 和其他行业标准的填充图案中进行选择，或添加由其他公司提供的填充图案库。

【用户定义】：基于当前的线型及使用指定的间距、角度、颜色和其他特性来定义用户的填充图案。

【自定义】：填充图案在 acad. pat 和 acadiso. pat 文件中定义。可以将自定义填充图案定义添加到这些文件。

【样例】：用于显示当前选中的图案样式。单击所选的图案样式，也可以打开“填充图案选项板”对话框，如图 6-6-2、图 6-6-3 所示。

【颜色】：用某种颜色填充区域，实体填充就是使用纯色填充区域。

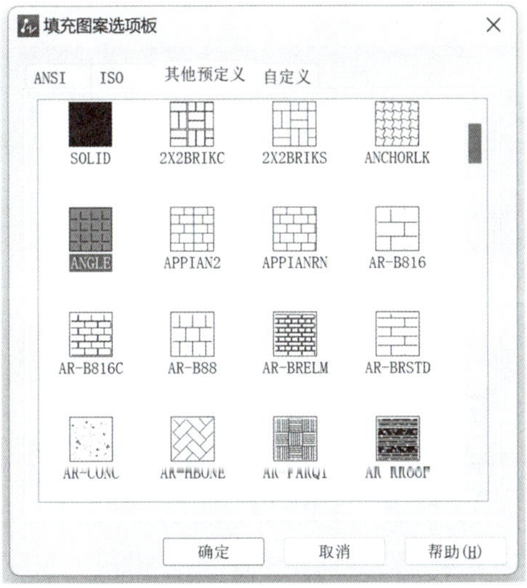

图 6-6-2　“填充图案选项板”对话框（其他预定义）

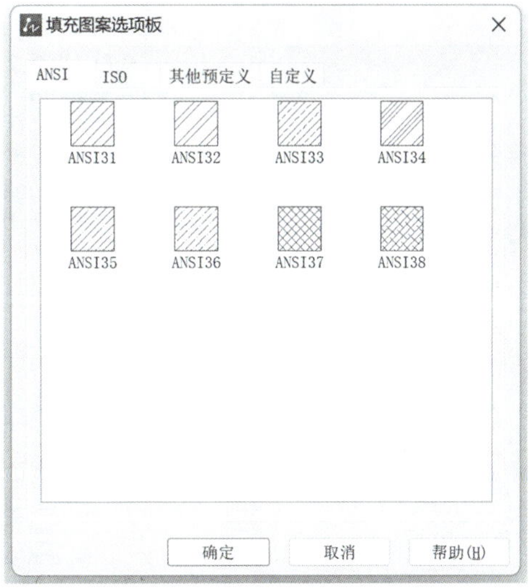

图 6-6-3　“填充图案选项板”对话框（ANSI）

2）角度和比例

【角度】：设置填充时图案的倾斜角度。缺省值是 0，用户可以输入值改变角度。

【比例】：设置图案填充时缩放的比例系数。软件提供的各图案都有缺省的比例，如果此比例不合适（太密或太稀），可以输入值，给出新比例。

3）图案填充原点

【使用当前原点】：将当前原点作为图案填充的起点。当前原点的值储存在系统变量 HPORIGINMODE 中。一般情况下，原点设置为（0，0）。

【指定的原点】：指定一点，将其作为新的图案填充原点。还可以选择边界的原点以图案的左下、右下、左上、右上或正中为新原点，如图 6-6-4 所示。

【预览】：使用当前图案填充或填充设置显示当前定义的边界。在绘图区域中，单击或按【Esc】键返回到对话框。单击鼠标右键或按【Enter】键接受图案填充。

4）边界

【添加：拾取点】：根据围绕指定点构成封闭区域的现有对象来确定边界，即在封闭区域内部拾取点。

【添加：选择对象】：选择作为边界添加的对象。

【删除边界】：从边界集中删除指定的边界。

【重新创建边界】：围绕选定的图案填充或填充对象创建多段线或面域，并使其与图案填充对象相关联（可选）。

【查看选择集】：使用当前图案填充或填充设置显示当前定义的边界。仅当定义了边界时才可以使用此选项。

5）孤岛

孤岛：指定用于在最外层边界内图案填充或边界填充的方法。

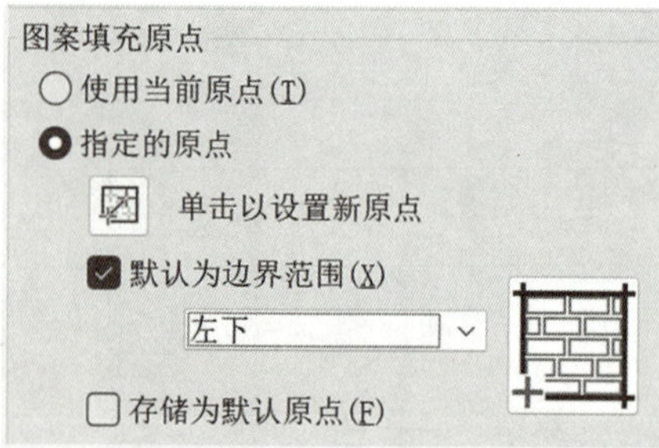

图 6-6-4　图案填充原点

【孤岛检测】：控制是否检测内部闭合边界（称为孤岛）。

【孤岛显示样式】：有“普通”“外部”“忽略”三个选项。

普通：从外部边界向内填充。如果遇到内部孤岛，填充将关闭，直到遇到孤岛中的一个孤岛，如图 6-6-5 所示。

外部：进行图案填充时，从最外层边界往内填充。此选项只对结构的最外层进行填充，而结构内部不填充，保持空白。在填充过程中遇到内部交叉点时终止填充，如图 6-6-6 所示。

忽略：进行图案填充时，从最外层边界往内填充。在填充过程中遇到第一个内部交叉点时停止填充，直到遇到第二个内部交叉点时继续进行图案填充，如图 6-6-7 所示。

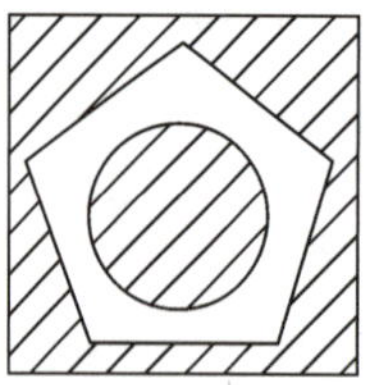
图 6-6-5　普通

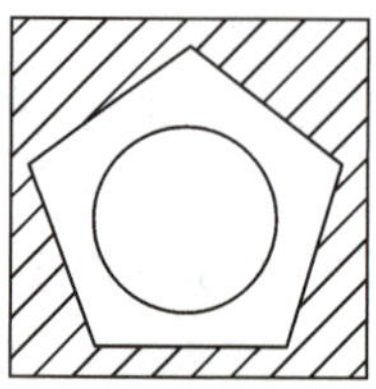
图 6-6-6　外部

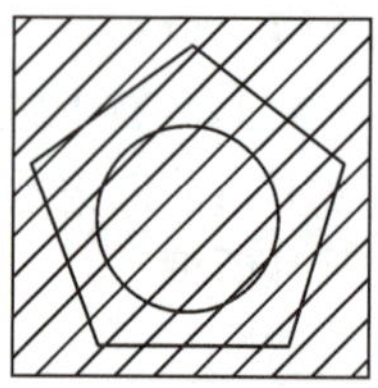
图 6-6-7　忽略

6）边界保留

【保留边界】：保留图案填充的边界，并将边界作为多段线对象添加到图形中。

7）边界集

【边界集】：定义当从指定点定义边界时要分析的对象集。当使用“选择对象”定义边界时，选定的边界集无效。

8）允许的间隙

【允许的间隙】：指定将对象作为填充图案边界时允许的最大间隙值。默认值为 0，表示该边界对象是封闭区域而没有间隙。

9）继承选项

【继承选项】：控制当用户使用“继承特性”选项创建图案填充时是否继承图案填充原点。

10）选项

【注释性】：设置图案填充为注释性，该特性能够缩放对象，从而使图案填充能够以合适的大小进行显示和打印。

【关联】：指定图案填充或填充为关联图案填充。关联的图案填充或填充在用户修改其边界对象时将会更新。

【创建独立的图案填充】：控制当指定了几个单独的闭合边界时，是创建单个图案填充对象，还是创建多个图案填充对象。

【绘图次序】：为图案填充或填充指定绘图次序。图案填充可以放在所有其他对象之后、所有其他对象之前、图案填充边界之后或图案填充边界之前。

【图层】：为指定的图层指定新图案填充对象，替代当前图层。选择“使用当前值”，可使用当前图层。

【透明度】：设定新图案填充或填充的透明度，替代当前对象的透明度。选择“使用当前值”，可使用当前对象的透明度设置。

11）渐变色

【单色】：采用单色渐变色填充。还需设置渐变色的着色值或渐浅值，数值设置在 0 到 1 之间。数值越小，体现“着色”效果，反之则体现“渐浅”效果。

【双色】：采用双色渐变色填充。指定能在两种颜色之间平滑过渡的双色渐变填充。

【居中】：勾选则按对称的渐变配置进行填充，否则则创建渐变填充朝左上方变化的渐变图案。

6.6.3 编辑图案填充

当我们需要对绘制的填充图案进行更改时，可通过编辑图案填充的方法来修改当前图案填充样式。

1. 调用方法

菜单法：单击“修改”→“对象”→图案填充(H)... 菜单。

命令按钮法：单击修改Ⅱ工具栏→按钮。

键盘输入法：输入“HATCHEDIT”或“HE”。

快捷键法：双击要编辑的图案填充对象。

2. 实例应用

绘制图 6-6-8 和图 6-6-9 所示的图形。

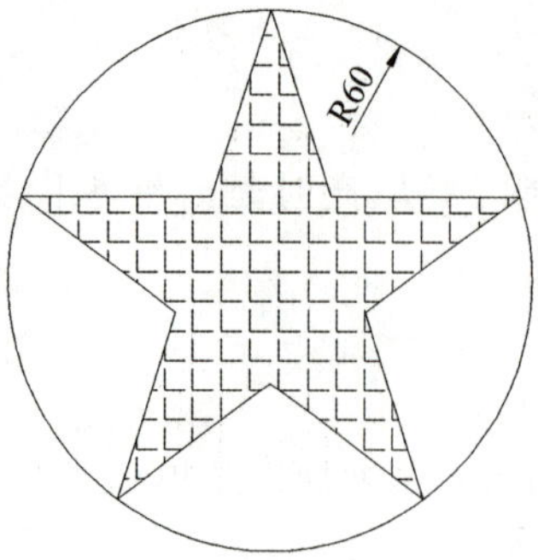

图 6-6-8　图案填充练习 1

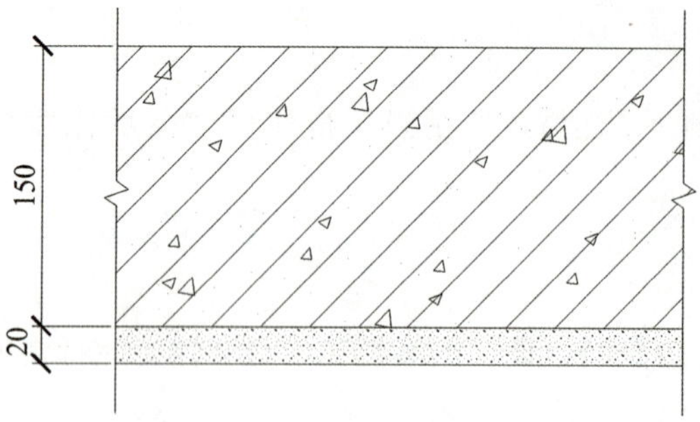

图 6-6-9　图案填充练习 2

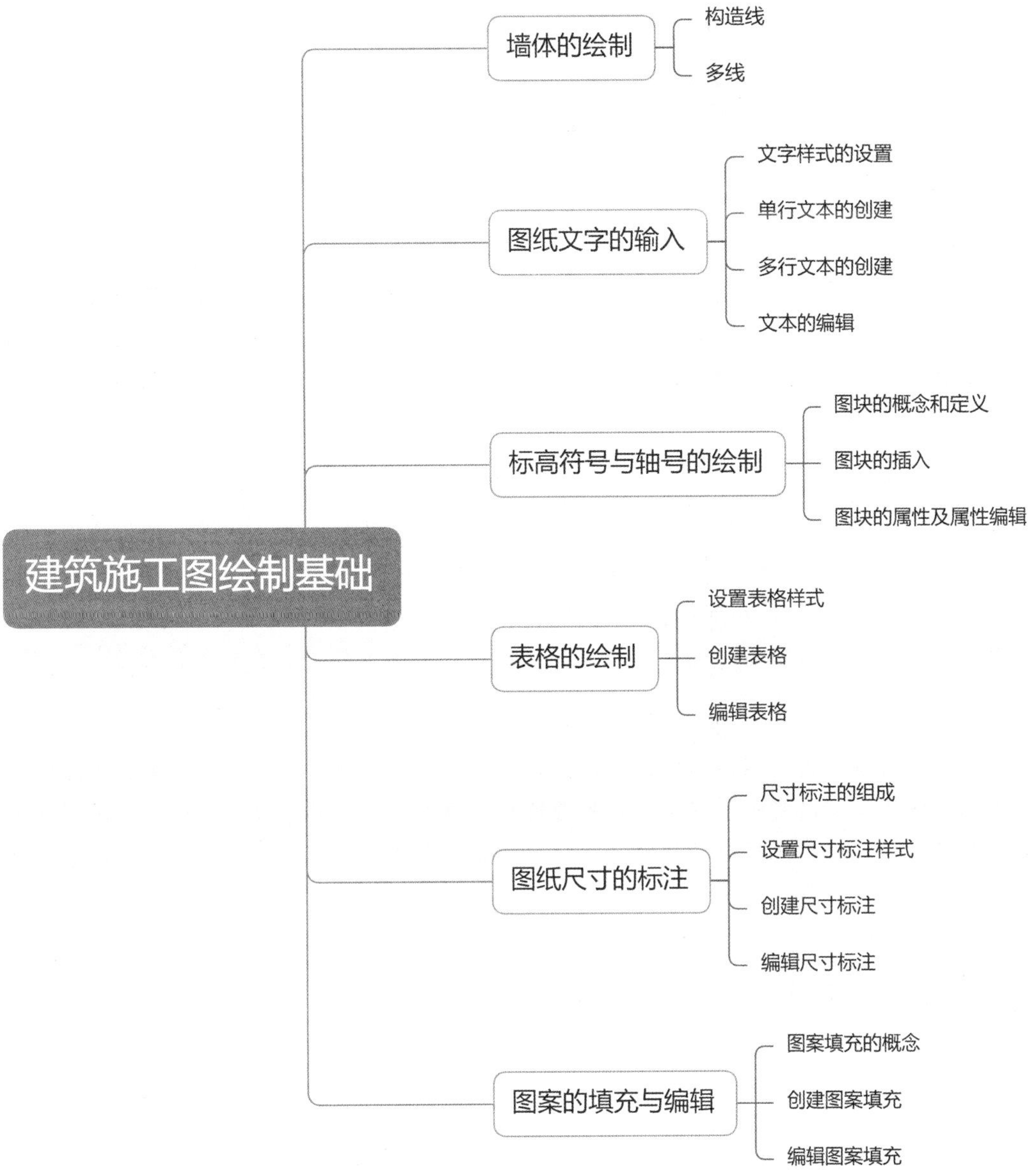
建筑施工图绘制基础
墙体的绘制
构造线
多线
图纸文字的输入
文字样式的设置
单行文本的创建
多行文本的创建
文本的编辑
标高符号与轴号的绘制
图块的概念和定义
图块的插入
图块的属性及属性编辑
表格的绘制
设置表格样式
创建表格
编辑表格
图纸尺寸的标注
尺寸标注的组成
设置尺寸标注样式
创建尺寸标注
编辑尺寸标注
图案的填充与编辑
图案填充的概念
创建图案填充
编辑图案填充

项目 7　建筑平面图绘制

项目概述

建筑平面图是建筑施工图的基本样图，它是用一个假想的水平的剖切面沿门窗洞口位置将房屋剖切后，对剖切面以下部分所作的水平投影图。它反映出房屋的平面形状、大小和布置，墙、柱的位置、尺寸和材料，门窗的类型和位置等。本项目的任务为绘制某建筑的建筑平面图。

学习目标

知识目标：①了解建筑制图标准；②掌握建筑平面图的绘图要求，并能根据建筑施工图的特点，选用最适合、最便捷的绘图工具、编辑工具和绘图技巧，快速绘制建筑平面图；③能准确选择合适的命令进行绘制。

素养目标：①具有团结协作的能力；②具有独立完成工程图纸绘制的能力。

关键内容

在了解建筑平面图构图与内容的基础上，运用文件操作命令和各种编辑工具灵活绘制建筑平面图，巩固绘制建筑施工图工具的综合运用。通过本项目的学习，学生能够对图纸进行正确的抄绘，强化对制图规范的理解，在日后的学习和工作中，多进行实践，就能够达到独立绘制工程图纸的目标。

任务 7.1　认识建筑平面图

1. 建筑平面图的定义

建筑平面图是指建筑物各层的水平剖面图，它可以清晰地描述房屋的结构组成、大小、布局及设施等。对于多层、高层建筑，在图纸中还应画出楼梯、电梯的位置和走向。建筑平面图作为建筑设计、施工图纸的重要组成部分，反映了建筑物的功能需要、平面布局及其平面的构成关系，是决定建筑立面及内部结构的关键环节。其主要反映建筑的平面形状、大小、内部布局、地面、门窗的具体位置和占地面积等情况。所以说，建筑平面图是新建建筑物的施工及施工现场布置的重要依据，也是设计及规划给排水、强弱电、暖通设备等专业工程平面图和绘制管线综合图的依据。

2. 建筑平面图绘图的一般步骤

（1）绘制墙身定位轴线及柱网。

（2）绘制墙身轮廓线、柱子、门窗洞口等各种建筑构配件。

（3）绘制楼梯、台阶、散水等细部。

（4）检查全图无误后，删除多余线条，按建筑平面图的要求加深加粗，并进行门窗编号，画出剖面剖切位置线等。

（5）尺寸标注。一般应标注三道尺寸，第一道为总尺寸，第二道为轴线尺寸，第三道为细部尺寸。

（6）图名、比例及其他文字内容。汉字字体用长仿宋，图名一般为 7～10 号字，图内说明字一般为 5 号字。尺寸数字字高通常用 3.5 号字，字迹要工整清晰、不潦草。

3. 相关知识

（1）设置绘图环境及 A2 横式图框的绘制。

（2）构造线及墙体的绘制与编辑。

（3）柱的绘制。

（4）绘制其他细部尺寸需要用到的命令。

（5）文本标注与应用、尺寸标注与应用。

（6）轴号的标注与标高的标注。

任务 7.2　绘制样板文件

绘制样板文件

为了避免每次启动 ZWCAD 绘图时都在默认设置的图形环境中绘图，我们可以依据行业的绘图需求设定绘图环境、图层等特性，保存成样板文件，后期进行调用即可。这样不但避免了绘图前的各种重复性设置，还可以大大节省绘图时间，提高绘图效率，保证图形文件使用标准一致。样板文件设置完毕后，可选择“文件”菜单中的“另存为”命令（图 7-2-1），在弹出的“图形另存为”对话框（图 7-2-2）中选择文件的保存类型为“图形样板（＊.dwt）”，输入样板文件的名称，单击“保存”按钮即可。样板文件的扩展名为“.dwt”。

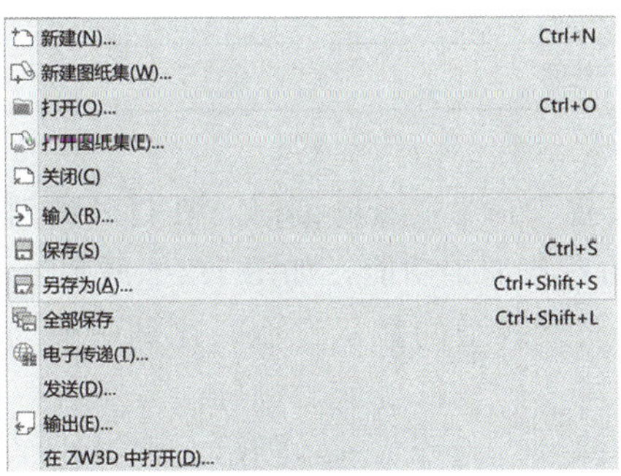

图 7-2-1　选择“另存为”命令

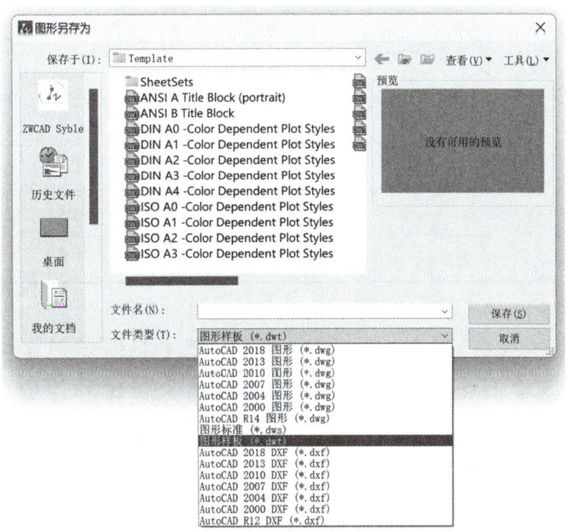

图 7-2-2　图形另存为“对话框”

任务：创建样板文件“A2 样板文件 .dwt”。要求绘制 A3 图框横式图纸，设置图层（按前文提及的图层设置要求设置），设置绘图环境。

操作步骤：

第一步：设置绘图环境。

（1）设置图形单位。单击“格式”菜单下的“单位”命令 单位(U)...，在弹出的对话框中将长度精度设置为“0”即可，如图 7-2-3 所示。

（2）设置图层。按照绘图要求，调用图层命令，打开图层特性管理器，如图 7-2-4 所示，按表 7-2-1 设置图层及其特性。

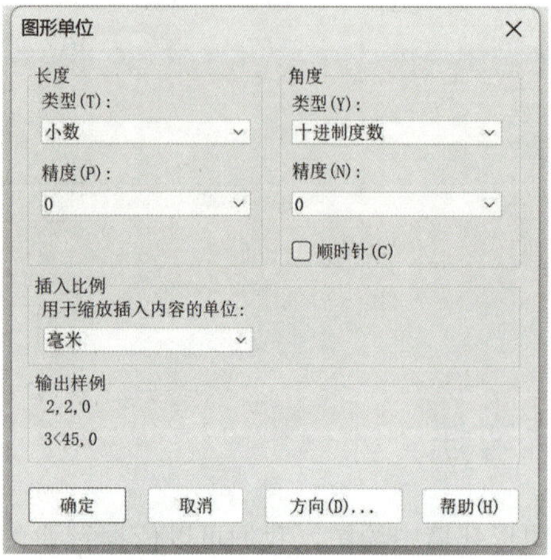

图 7-2-3 “图形单位”对话框

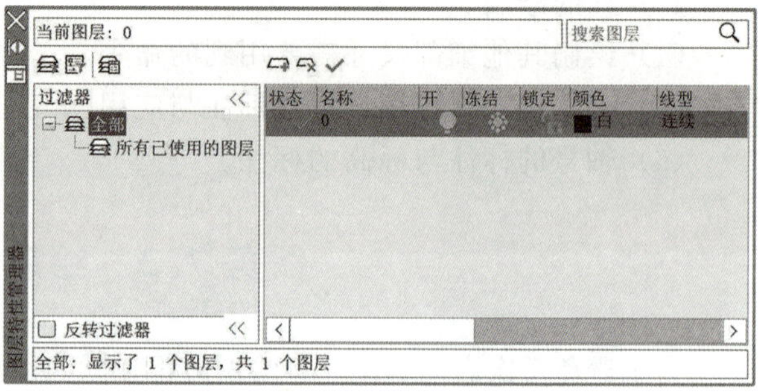

图 7-2-4 图层特性管理器

表 7-2-1 图层参数

序号	图层名称	颜色	线型	线宽
1	图框	6	连续	0.25
2	墙体、柱、楼板	2	连续	0.50
3	轴线	1	Center	0.15
4	门窗	4	连续	0.25
5	文字	7	连续	默认
6	尺寸标注	3	连续	0.15
7	其余投影线	6	连续	0.15
8	填充	8	连续	0.15

（3）设置对象捕捉。单击“工具”菜单中的“草图设置”命令 草图设置(F)...，在打开的对话框中激活“对象捕捉”选项卡，启用并设置一些常用的对象捕捉功能，如图 7-2-5 所示。

（4）设置图形线型比例。在命令行中输入“LTS”，调整线型的显示比例，比例一般与出图比例一致。

（5）设置文字样式。单击“格式”菜单中的“文字样式”命令 文字样式(S)...，在弹出的“文字样式管理器”对话框中设置文字样式如图 7-2-6 所示。

（6）设置标注样式。单击“格式”菜单中的“标注样式”命令 标注样式(D)...，在弹出的

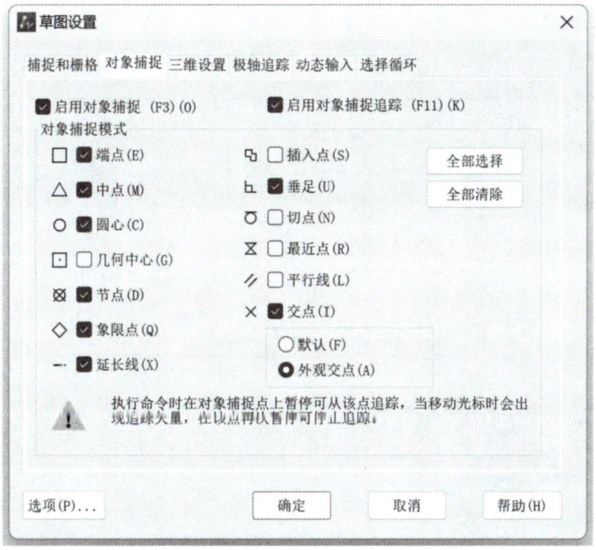

图 7-2-5　设置对象捕捉

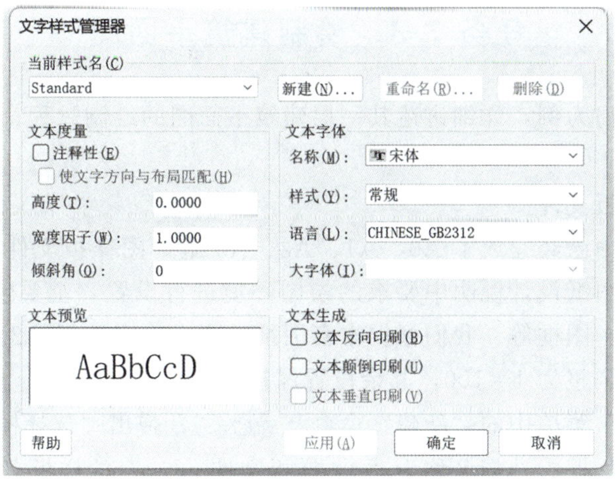

图 7-2-6　“文字样式管理器”对话框

“标注样式管理器”对话框中设置标注样式如图 7-2-7 所示。

第二步：绘制 A2 横式图幅。

(1) 绘制 A2 横式图幅，尺寸为 594mm×420mm。

(2) 调用直线命令（或矩形命令）绘制内部的线条。

第三步：保存样板文件。

调用“文件”菜单中的“另存为”命令存盘，文件保存类型为“.dwt”，输入文件名称“A2 样板文件”。单击“保存”按钮，即可保存为样板图。

同样，我们可以创建 A3、A1、A0 等施工图样板文件。

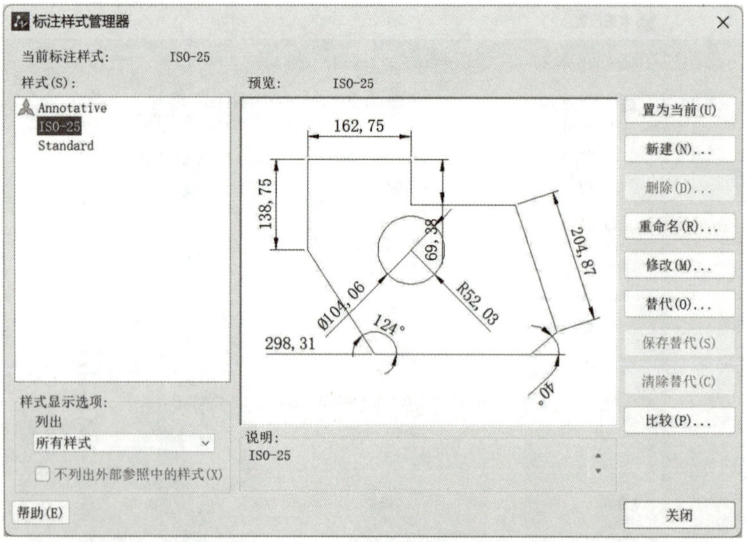

图 7-2-7 “标注样式管理器”对话框

任务 7.3 绘制建筑平面图

任务：以某建筑物为例，详细讲述其一层建筑平面图的绘制过程。

操作步骤：

第一步：调用模板文件。

我们在任务 7.2 中已经完成了 A0、A1、A2、A3 施工图样板文件的保存工作，样板文件已经根据建筑施工图纸设计说明中要求的绘图环境进行设置，主要包括绘图单位、图层、文字样式、标注样式、图框等。我们根据本套图纸的要求确定选择 A2 建筑施工图样板为当前样板，其绘图比例调整为 1∶100，其余设置保持不变。

(1) 打开“文件”菜单中的“新建”命令 新建(N)... ，弹出“选择样板文件”对话框。

(2) 在打开的对话框中选择名称为“A2 样板文件 . dwt”的样板文件，单击“打开”按钮，如图 7-3-1 所示。

图 7-3-1 选择样板文件

（3）选择“文件”菜单中的“另存为”命令 另存为(A)...，在弹出的对话框中选择文件保存路径，重新输入文件名“一层建筑平面图”，文件类型选择“AutoCAD R14 图形（*.dwg）”后，单击“保存”按钮，如图 7-3-2、图 7-3-3 所示。

第二步：绘制定位轴线，标注部分尺寸及轴号。

轴线和轴号的绘制

打开“一层建筑平面图.dwg”文件，开始绘制轴线。

（1）设“轴线”层为当前图层。

（2）调用构造线 XL 命令，在绘图窗口中绘制两条垂直构造线，如图 7-3-4 所示。运用阵列（AR）、偏移（O）等命令绘制轴网，X 向轴线间距为 5000、4000、4000、4000、5000，Y 向轴线间距为 1500、8000、3000，如图 7-3-5 所示。利用偏移命令、修剪命令、删除命令等将轴网修剪或删除多余的线条，保留合适的轴网，如图 7-3-6 所示。

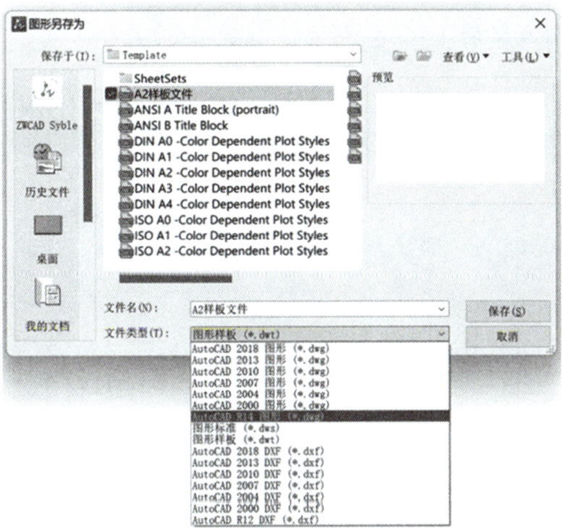

图 7-3-2　选择文件类型

图 7-3-3　修改文件名

图 7-3-4　绘制两条垂直构造线

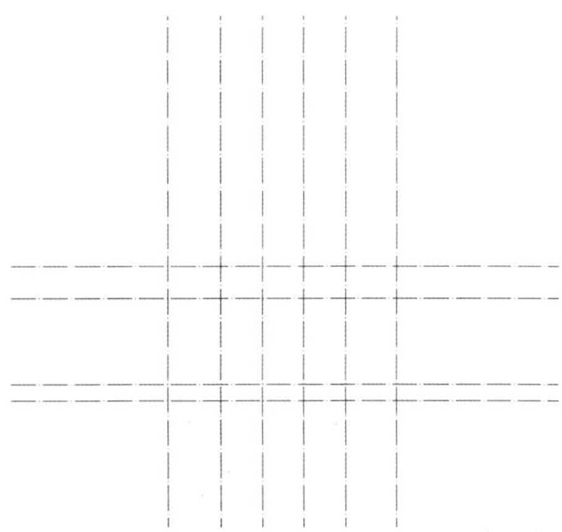

图 7-3-5　绘制轴网

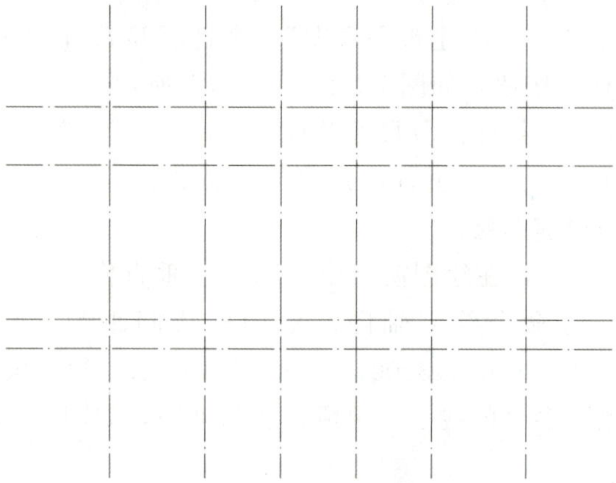

图 7-3-6　修剪轴网

（3）使用已经在项目 4 中介绍过的轴号图块进行插入。插入时，可将图形的比例放大合适的倍数。结果如图 7-3-7 所示。

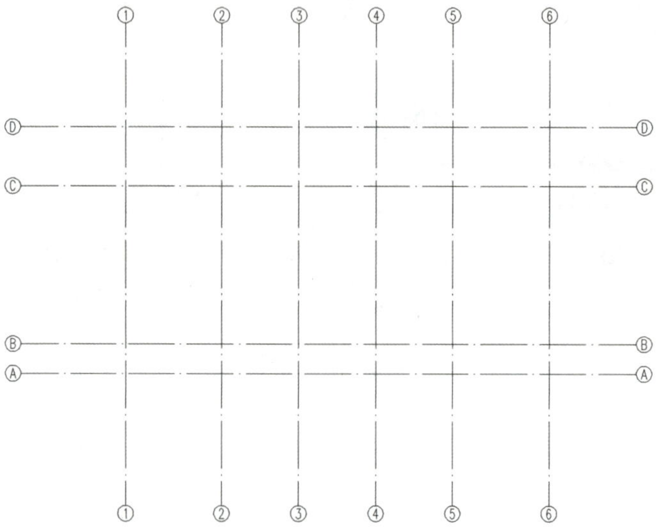

图 7-3-7　插入轴号

绘制墙体

第三步：绘制墙体及柱的轮廓线。

（1）绘制墙体。

设置符合本套图纸的多线样式，墙宽 240。

调用多线命令 ML 绘制外墙和内墙，在绘制过程中请注意多线的对正位置和比例，绘制过程中的部分放大图形如图 7-3-8 所示。由于使用多线命令绘制的墙体未能在交点处闭合，因此我们可以使用多线编辑命令（MLEDIT）对多线连接处进行编辑（也可以用鼠标双击多线，弹出多线编辑对话框），其中用到的编辑方式有角点结合、T 型打开等。

建议：一般情况下，在墙体上开好门窗洞口后，再进行多线编辑，修改墙线。

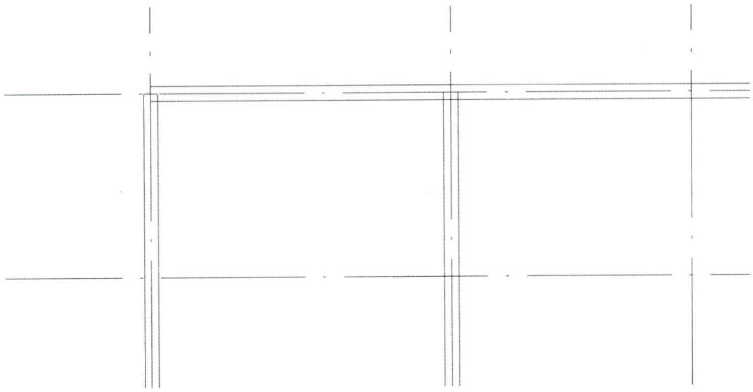

图 7-3-8　绘制墙体

（2）绘制柱。设置“柱”层为当前图层，绘制柱的轮廓。选择矩形命令（REC），绘制尺寸为 400mm×400mm 的矩形，使用当前图层的颜色进行填充，选择方式如图 7-3-9 所示，绘制完成的柱子如图 7-3-10 所示。

绘制柱

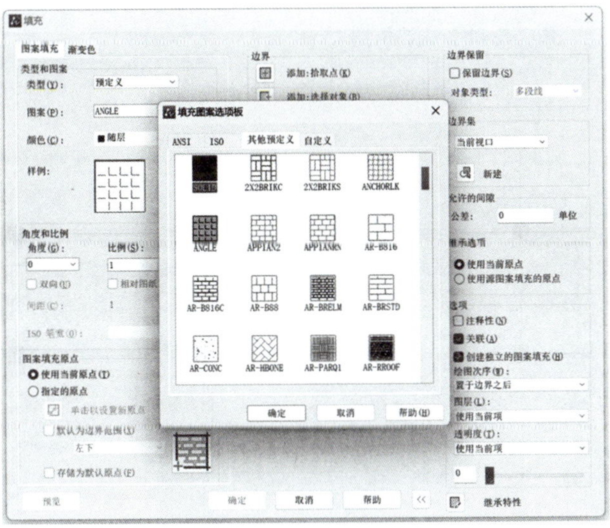

图 7-3-9　选择柱的填充图案

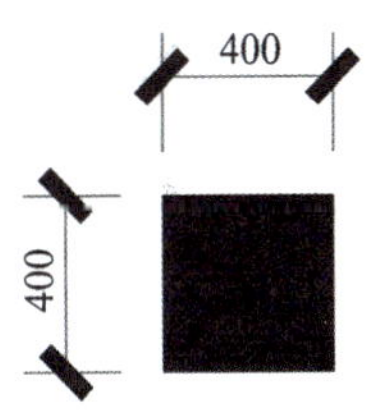

图 7-3-10　柱填充效果

按照图 7-3-11 柱定位图所示，将柱子放在墙体交界处，此时可使用复制、阵列、镜像等命令进行绘制，绘制后效果如图 7-3-12 所示。

第四步：绘制细部，如门窗、台阶、卫生间等。

（1）开窗洞。设置“墙体”层为当前图层。调用偏移命令（O），找到 A 轴和 1 轴交点，将 1 轴轴线向右偏移 1300mm 的位置，绘制窗户 C2428 的洞口，洞口尺寸为 2400mm，继续偏移 2400mm，如图 7-3-13 所示。然后调用修剪命令（TR），对窗洞进行修剪。修剪时，可将轴线层锁定，方便快速进行修剪操作，如图 7-3-14 所示。

绘制门窗

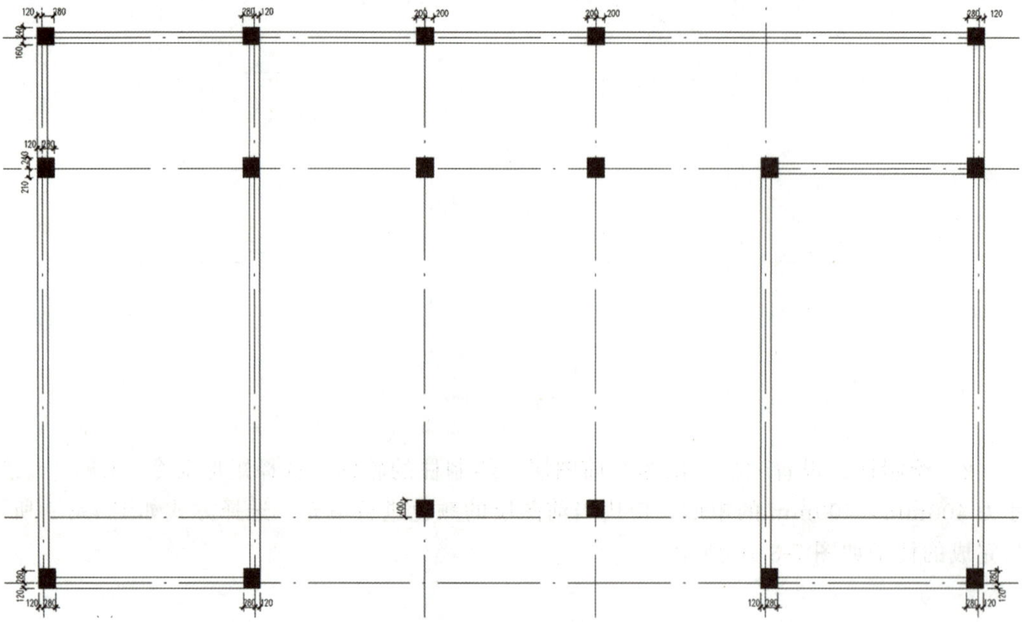

图 7-3-11　柱定位图

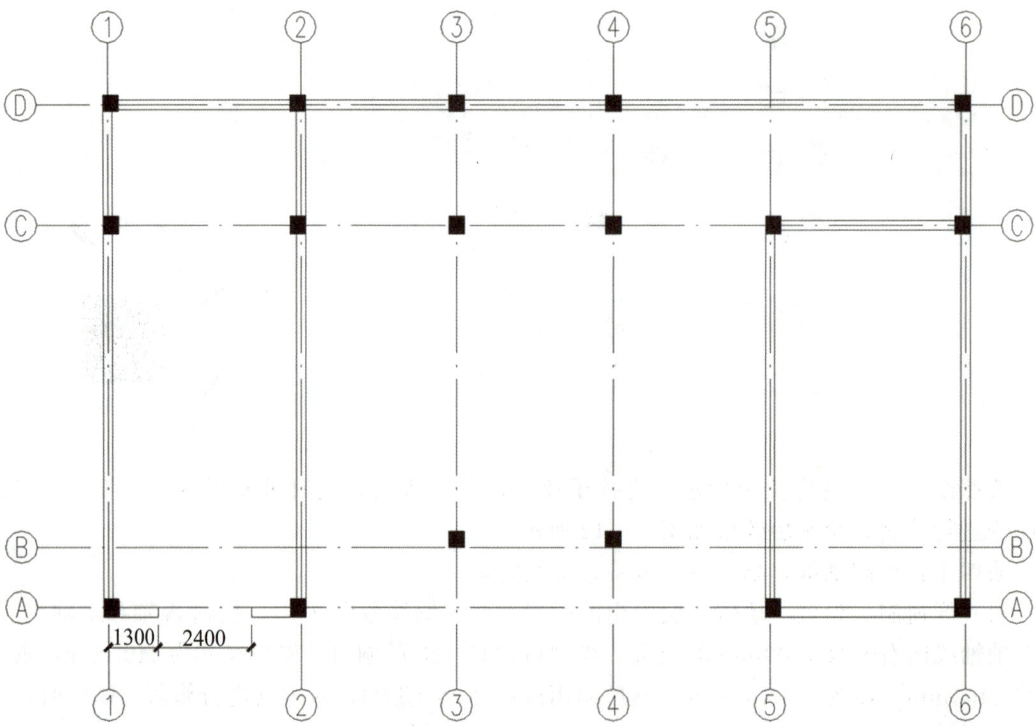

图 7-3-12　柱的绘制效果

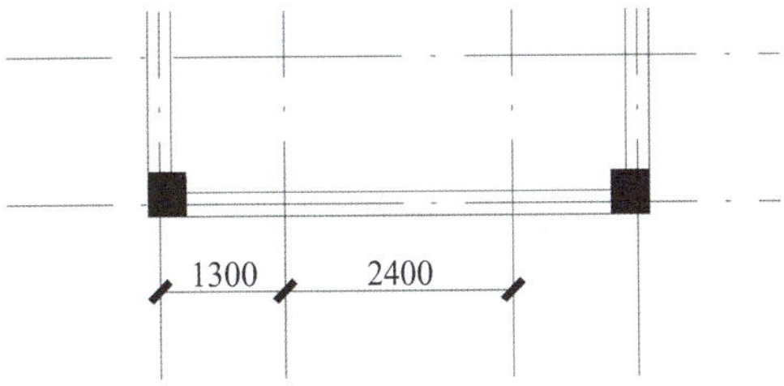

图 7-3-13 绘制洞口

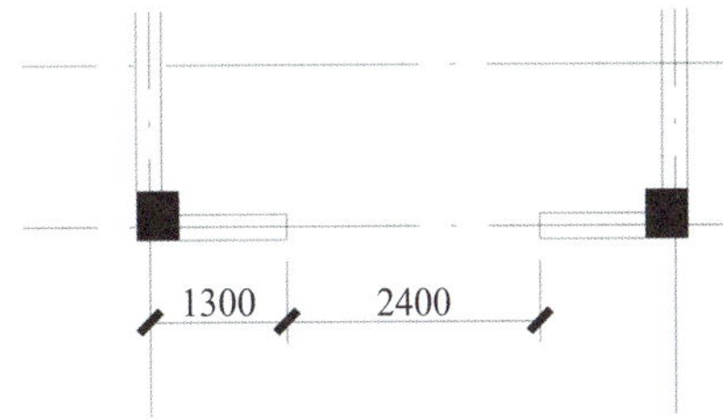

图 7-3-14 修剪洞口

重复以上命令，按平面图所示尺寸，绘制平面图上所有的窗洞口。

(2) 开门洞。门洞的绘制方法与窗洞的类似，这里不再重复，绘制后的图形如图 7-3-15 所示。

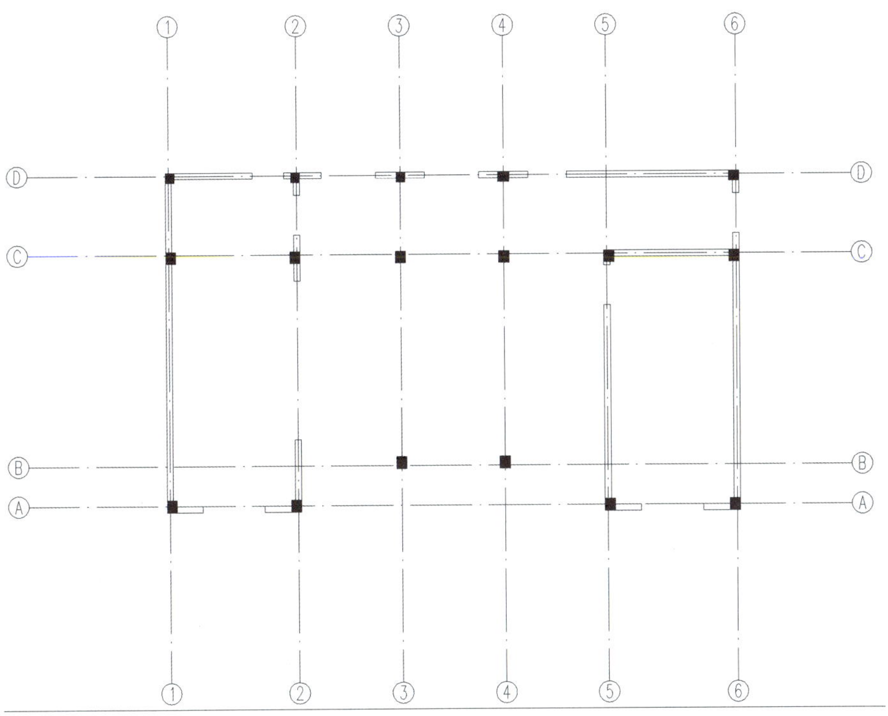

图 7-3-15 绘制门洞

(3) 绘制门窗。设置“门窗”层为当前图层。

首先，绘制尺寸为 2400mm×240mm 的矩形，连接中线，并将其向上向下偏移 40mm，删除绘制的中线，窗线保留 4 条线（也可以绘制 2400mm×240mm 的矩形后，将其用分解命令分解，然后用偏移命令将上部长度为 2400 的图线向下偏移 2 次，偏移距离为 80mm，即得到窗的图例），如图 7-3-16 所示。

其次，使用图块中的定义块（B）或保存块（W）命令，将该图形保存成图块，使其在插入过程中是一个整体，能够很好地进行编辑。图 7-3-17 所示为利用“块定义”对话框对图形进行存储的操作窗口。

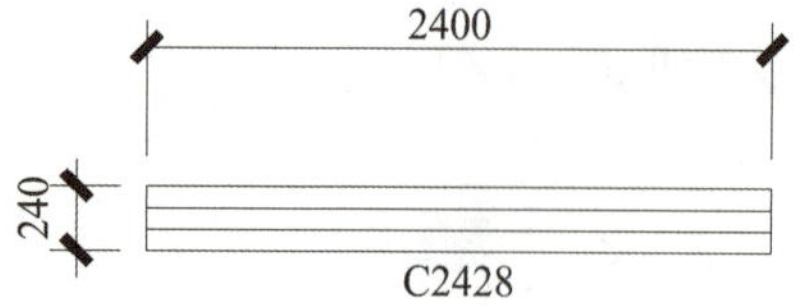

图 7-3-16　绘制窗的图例

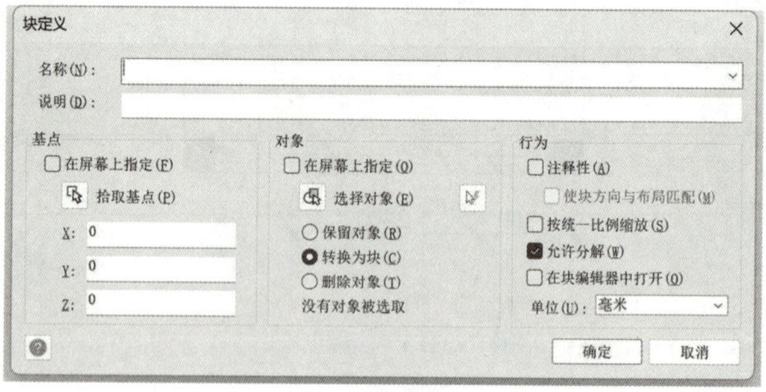

图 7-3-17　“块定义”对话框

如果平面图中窗的种类比较多，尺寸都不一致，那么这时也可以用多线的方式绘制窗，可以定义一个四条线的多线，总宽 240mm，多线样式如图 7-3-18、图 7-3-19 所示。

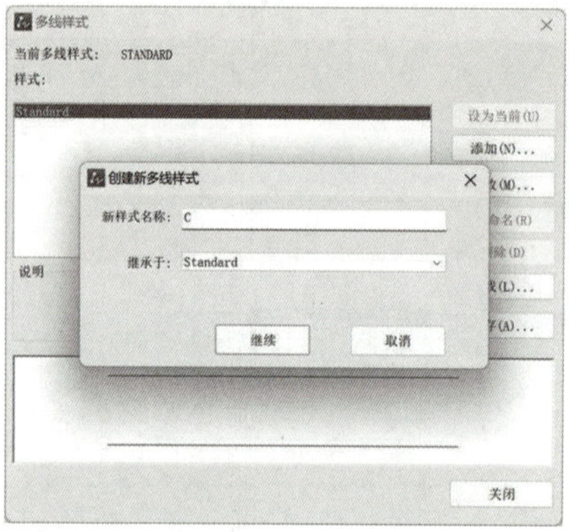

图 7-3-18　创建多线样式

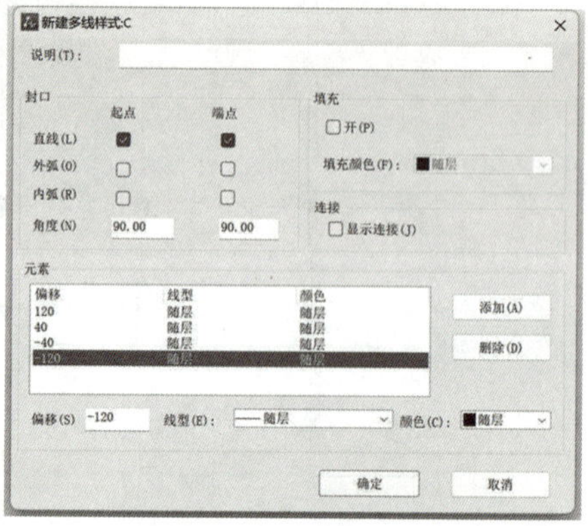

图 7-3-19　设置多线样式

调用多段线命令（PL），绘制门洞尺寸为 1500mm 的双扇门，而后使用复制、镜像、阵列、缩放等命令对标准门进行复制，形成的图形如图 7-3-20 所示。

绘制散水

（4）绘制散水。设置“散水”层为当前图层，绘制散水。本建筑平面图中的散水为 600mm，因此我们可以将外墙的轴线向外侧偏移 600mm＋120mm＝720mm，修剪后连接转角即可。在偏移过程中，可设置偏移方式为“图层（L）”，偏移后的图形就直接绘制在散水层上了，如图 7-3-21 所示。

（5）绘制台阶、坡道和楼梯。

绘制台阶

①绘制台阶及坡道。设置“台阶”层为当前图层。

绘制外部台阶，每一阶台阶的尺寸均相等，具体尺寸如图 7-3-22、图 7-3-23 所示，北门门口为 3 阶台阶，南门入口为 3 阶台阶及坡道。

②绘制楼梯。楼梯的绘制详见项目 10 建筑详图绘制。

平面图尺寸标注

（6）绘制卫生间设施。设置“设施”层为当前图层。按照图纸要求绘制，本一层平面图没有卫生间，如果其他的图纸需要绘制拖布池、面盆、蹲便池等图形，可以选择“工具”菜单栏“选项板”选项板命令，从“设计中心”设计中心(G)图库中插入适当比例的图形，如图 7-3-24 所示，文件夹路径为 D:\Program Files\ZWSOFT\ZWCAD 2023\Sample\zh-CN\Dynamic Blocks(10 个项目)，以上路径需参考自己 ZWCAD 的安装路径。

第五步：进行尺寸标注、轴号插入等。

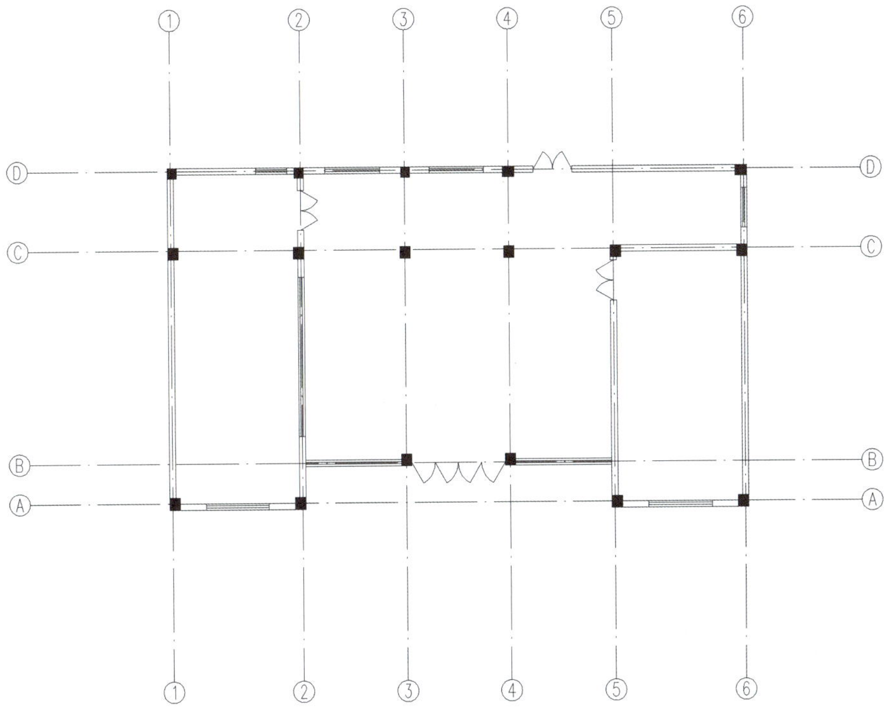

图 7-3-20　绘制门

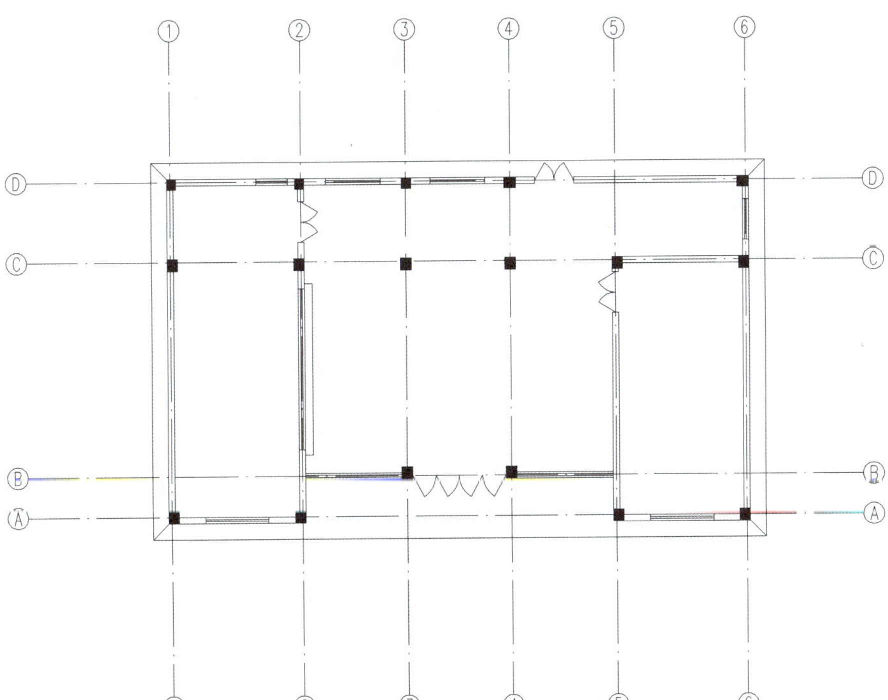

图 7-3-21　绘制散水

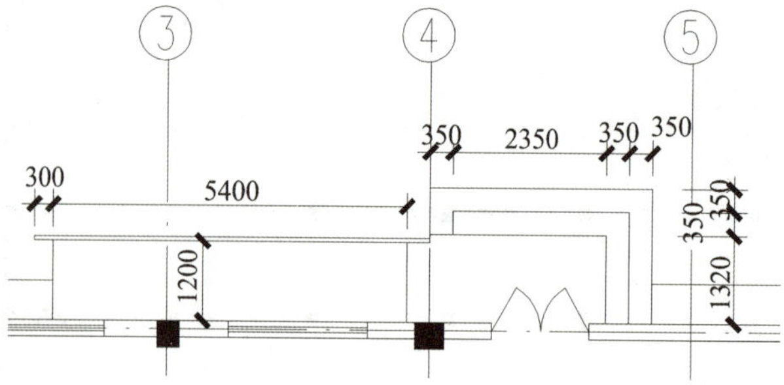

图 7-3-22　南门入口台阶及坡道

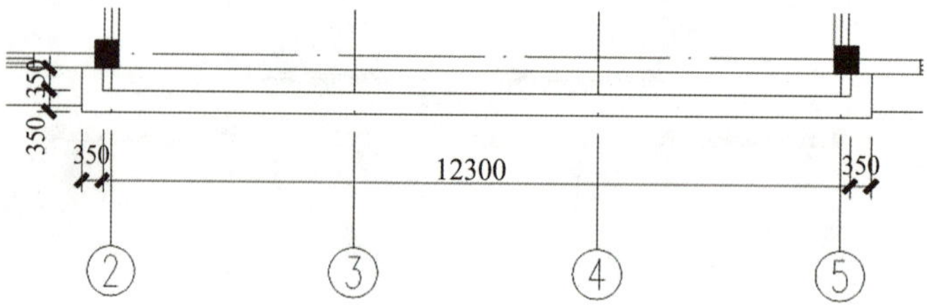

图 7-3-23　北门入口台阶

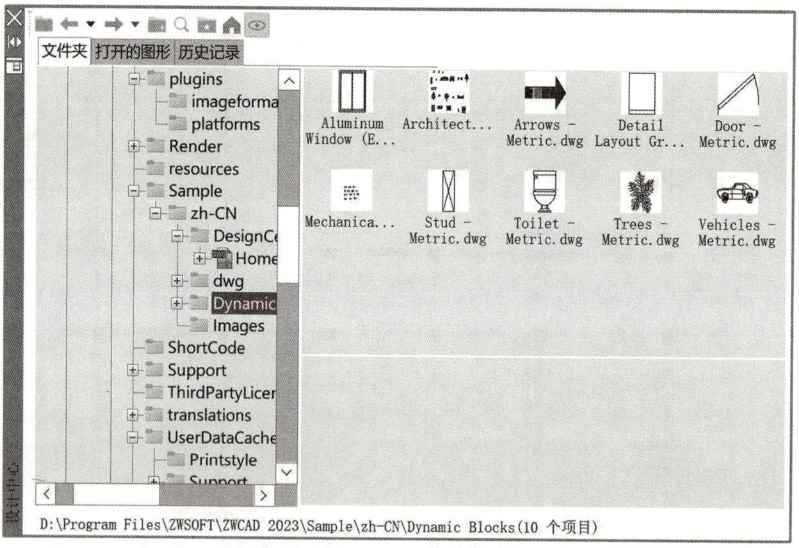

图 7-3-24　选择图形

平面图文字符号注写

设置“尺寸标注”层为当前图层，对图形其余部分进行尺寸标注。标注过程中，可以使用基线标注、对齐标注、连续标注等方式，标注后的图形如图 7-3-25 所示。

第六步：文字标注，绘制门窗编号、材料表、设计说明、标高、剖切符号等。

（1）设置“文本标注”层为当前图层，对房间的功能和门窗规格型号进行标注。可以使用单行文本标注（DT）或多行文本标注（MT），对输入错误的内容，在文本上双击，可以进入编辑界面，修改成正确的内容即可。

（2）标高的输入。

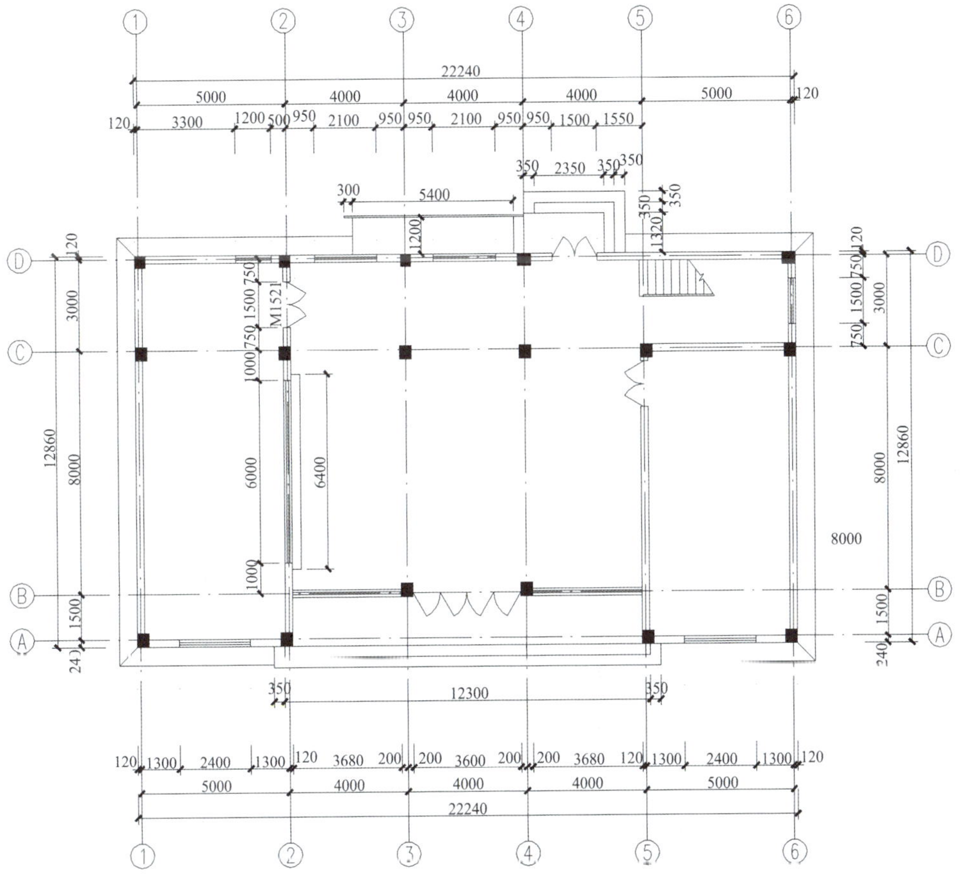

图 7-3-25　标注尺寸和轴号的图形

标高表示的是当前位置距离地面的高度，一般用等腰直角三角形和数字表示。在绘制时，按照制图规范绘制高度为 3mm 的标高符号，在实际图纸中，根据绘图比例进行放大即可，如图 7-3-26 所示。

（3）剖切符号的绘制。

剖切线标示绘制剖面图时剖切的位置，我们通常用多段线来进行绘制。剖切位置线长度一般为 6～10mm，投射方向线与剖切位置线垂直，其长度一般为 4～6mm，在投射方向线一侧，用数字标示剖切面的序号，剖切符号成对出现，如图 7-3-27 所示。

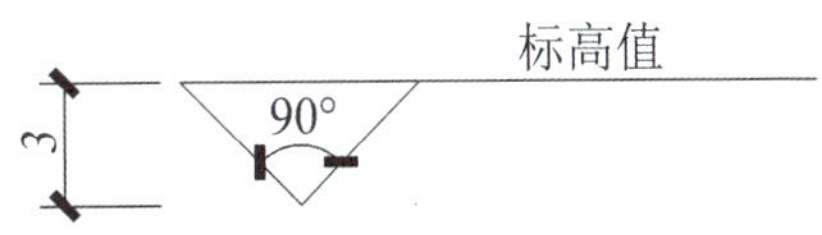

图 7-3-26　标高符号

（4）绘制指北针。

建筑施工图中通常用指北针来指明建筑物的朝向。制图规范中规定，指北针的圆形直径一般设置为 24mm，细实线绘制，指北针的宽度变化为 0～3mm，宽度为 0 的一头应标识“北”或“N”。在图纸中可依据绘图比例放大指北针的比例，如图 7-3-28 所示。

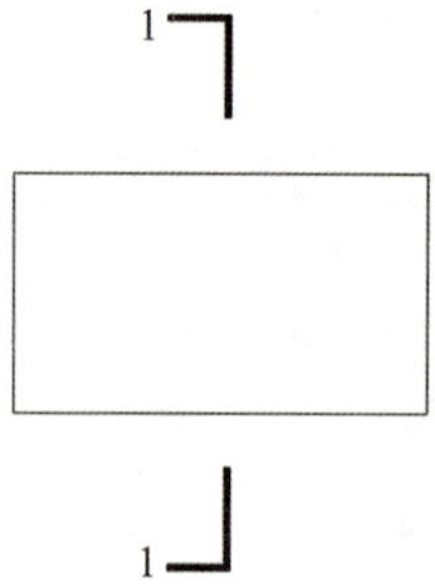

图 7-3-27　剖切符号

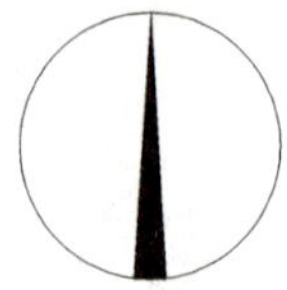

图 7-3-28　指北针

（5）绘制门窗表，填写设计说明。

门窗表用来表示设计图纸中的门窗等设施的规格和型号，可以使用 ZWCAD 中的绘制表格命令（TABLE）来设计，创建门窗表，设置标题字高为 100mm，表头字高为 50mm，门窗表如图 7-3-29 所示。

门窗表					
类别	设计编号	洞口尺寸/mm		数量	备注
		宽	高		
窗	C0621	600	1200	6	
	C1520	1500	2000	4	
	C1218	1200	1800	4	
门	M0921	900	2100	6	
	M1021	1000	2100	8	

图 7-3-29　门窗表

设计说明用来说明本套建筑的具体施工方案和施工要求。我们可以用多行文本（MT）进行书写、排版，如图 7-3-30 所示。

说明：
1. 本层建筑面积：265.7平方米。
2. 图示虚线为轻质隔墙由用户自理。
3. 消火栓、地漏、雨水管仅做示意参考，详见水施。
4. 所有未标明门垛均为120。

图 7-3-30　设计说明

最终绘制的一层平面图，如图 7-3-31 所示。

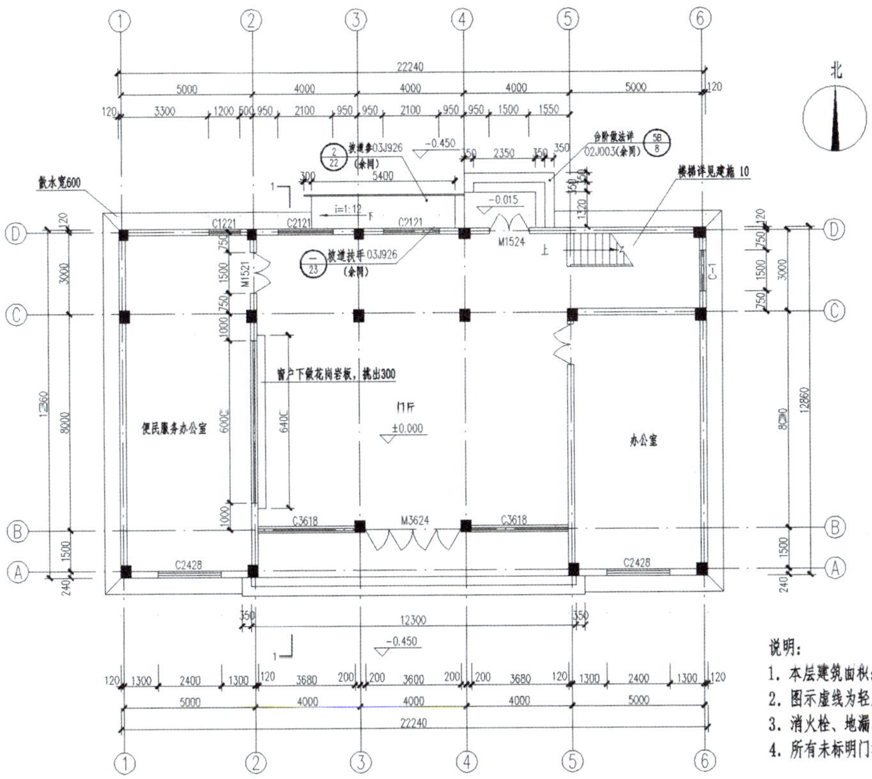

一层平面图 1:100

说明：

1. 本层建筑面积：265.7平方米。
2. 图示虚线为轻质隔墙由用户自理。
3. 消火栓、地漏、雨水管仅做示意参考，详见水施。
4. 所有未标明门垛均为120。

图 7-3-31　一层平面图

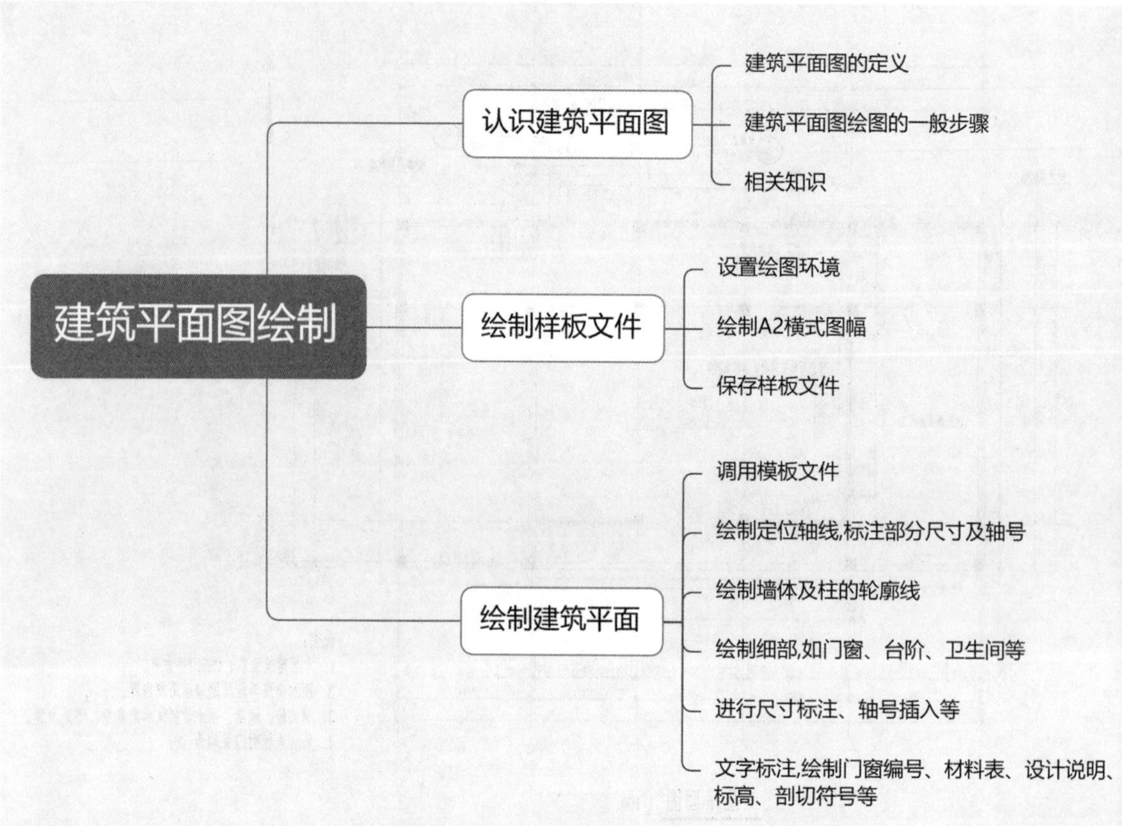
建筑平面图绘制
认识建筑平面图
建筑平面图的定义
建筑平面图绘图的一般步骤
相关知识
绘制样板文件
设置绘图环境
绘制A2横式图幅
保存样板文件
绘制建筑平面
调用模板文件
绘制定位轴线,标注部分尺寸及轴号
绘制墙体及柱的轮廓线
绘制细部,如门窗、台阶、卫生间等
进行尺寸标注、轴号插入等
文字标注,绘制门窗编号、材料表、设计说明、标高、剖切符号等

项目 8　建筑立面图绘制

项目概述

建筑立面图指的是在与建筑物立面平行的铅垂投影面上所作的投影图，简称立面图。通常立面图可以反映建筑物的外观、装饰材料、做法等。为了使立面图外形更清晰，通常使用粗实线表示立面图最外侧的轮廓线，室外地坪用标准粗度 1.4 倍的加粗线画，雨逢、阳台、柱子、窗台、台阶等投影线用中粗线画，门窗、水管等用细实线画。本项目我们将以平面图绘制的建筑物为模型，绘制该模型的南立面图。

学习目标

了解建筑制图标准，了解建筑立面图的绘制内容，掌握建筑立面图的绘图要求，并能根据建筑施工图的特点，选用最适合、最便捷的绘图工具、编辑工具和绘图技巧，快速绘制建筑立面图。

关键内容

通过本项目的学习，学生能够对立面图进行正确的抄绘，强化对制图规范的理解，在以后的学习和工作中，能够达到独立绘制立面图的目标。

任务 8.1　认识建筑立面图

1. 建筑立面图的定义

建筑立面图是按照一定比例绘制的建筑物的正面、背面和侧面的形状图，它表示的是建筑物的外部形式，说明建筑物的长、宽、高的尺寸，地面标高，屋顶的形式，阳台位置和形式，门窗洞口的位置和形式，外墙装饰的设计形式，材料及施工方法等。为了完整诠释所设计的建筑，设计师通常会绘出对应的 4 个立面，分别按照外貌特征命名为正立面图、背立面图和侧立面图，或者按照房屋朝向命名为东、西、南、北立面图。若建筑物立面没有要强调的构造，通常我们只需要绘制建筑物的主要出入口或能比较显著地反映出房屋外貌特征的那一面立面图，即正立面图。

2. 建筑立面图绘制的一般步骤

（1）画室外地坪线、横向定位轴线、室内地坪线、楼面线、屋顶线和建筑物外轮廓线。

（2）画各层门窗洞口线。

（3）画墙面细部，如阳台、窗台、楣线、门窗细部分格、壁柱、室外台阶、花池等。

(4) 检查无误后，删除多余线条，按立面图的线型要求进行图线加深。

(5) 标注标高、首尾轴线，书写墙面装修文字、图名、比例等，说明文字一般用 5 号字，图名用 10～14 号字。

3. 相关知识

(1) 设置绘图环境及 A2 横式图框的绘制。

(2) 构造线及墙体的绘制。

(3) 绘制其他细部尺寸需要用到的命令。

(4) 外墙装饰面材料的绘制。

(5) 文本标注与应用、尺寸标注与应用。

(6) 轴号的标注与标高的标注。

任务 8.2　绘制建筑立面图

任务： 以某建筑物为例，详细讲述其建筑立面图的绘制过程。

操作步骤：

第一步：调用模板文件。

有以下两种方法打开模板文件：

方法一，按照平面图的调用方法，继续调用“A2 样板文件 . dwt”的样板文件，另存为“立面图 . dwg”；

建筑立面图轴线及楼层线

方法二，打开“一层建筑平面图 . dwg”文件，另存为“建筑立面图 . dwg”，或直接将平面图、立面图绘制在一个文件中，将其改名为“某社区办公楼 . dwg”。

第二步：绘制定位轴线，并标注部分尺寸及轴号。

(1) 调用复制命令 (CO)，将建筑平面图中的 1 轴、6 轴、A 轴的轴线复制到空白处，再将 A 轴分别向下偏移 450mm (标高为－0. 45m)，向上偏移 13900mm (标高为 13. 9m)。

(2) 将 1 轴、6 轴的上端延伸至标高为 13. 9m 的线处，形成屋顶轮廓线。

(3) 标注 1 轴、6 轴轴号，此时可直接将“一层建筑平面图”中的轴号复制过来，或按照尺寸重新绘制，如图 8-2-1 所示。

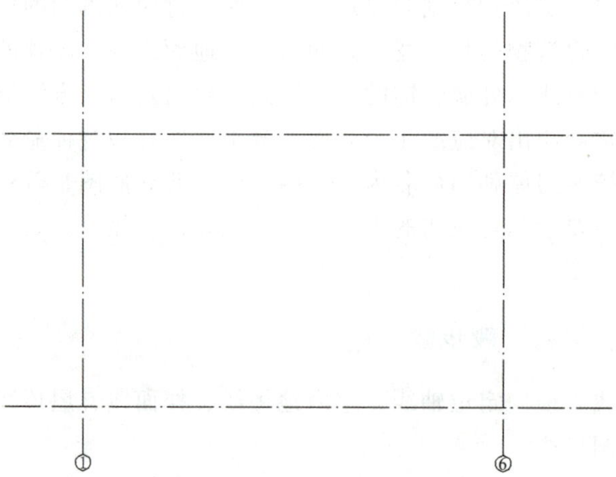

图 8-2-1　标注轴号

第三步：绘制楼层标高线及室外地坪线。

(1) 绘制楼层标高线。

调用复制命令（CO），按楼层标高绘制各楼层标高线，如图 8-2-2 所示。

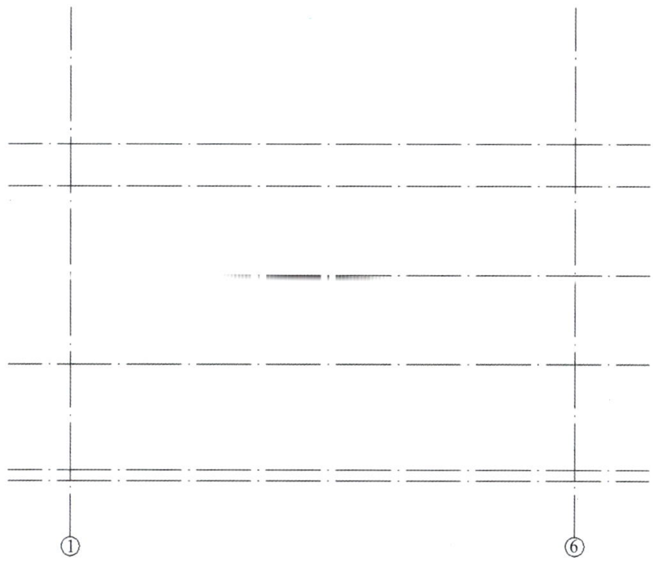

图 8-2-2　绘制楼层标高线

(2) 绘制室外地坪线。

新建图层“室外地坪”层，将标高为－0.45m 的轴线切换至“室外地坪”层，室外地坪线的线宽为 1.4b（b 为线宽组粗线的宽度），修改线宽为 140 的多段线，如图 8-2-3 所示。

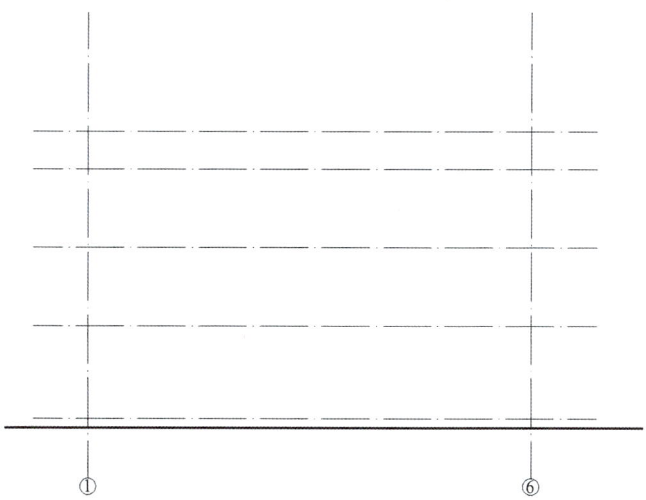

图 8-2-3　绘制室外地坪线

第四步：绘制外墙轮廓线及台阶。

(1) 绘制外墙轮廓线。

立面绘制外墙轮廓及台阶

设置“墙线”层为当前图层。调用偏移命令（O）将 1 轴和 6 轴分别向左和向右偏移 120，将偏移后的两条线轴线切换至“墙线”层，复制一层平面图中的 2 轴和 5 轴，再将 2 轴和 5 轴分别向左和向右偏移 120，找到了中间墙体的外轮廓线位置，同样将偏移后的两条线轴线切换至“墙线”层，按立面标高绘制屋顶的轮廓线。将绘制的外墙轮廓线修剪（TR）后，如图 8-2-4 所示。

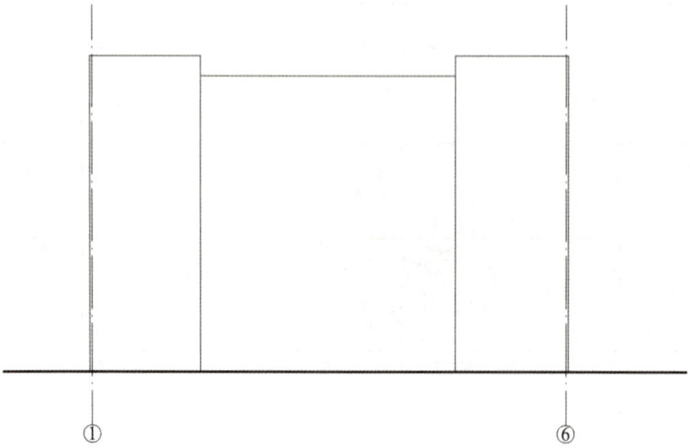

图 8-2-4　绘制外墙轮廓线

(2) 绘制台阶线。

按一层平面图中南面台阶的尺寸，绘制台阶线，如图 8-2-5、图 8-2-6 所示。

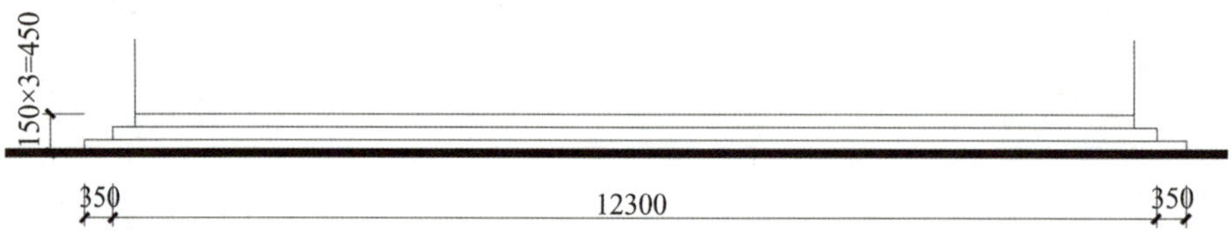

图 8-2-5　绘制台阶线 1

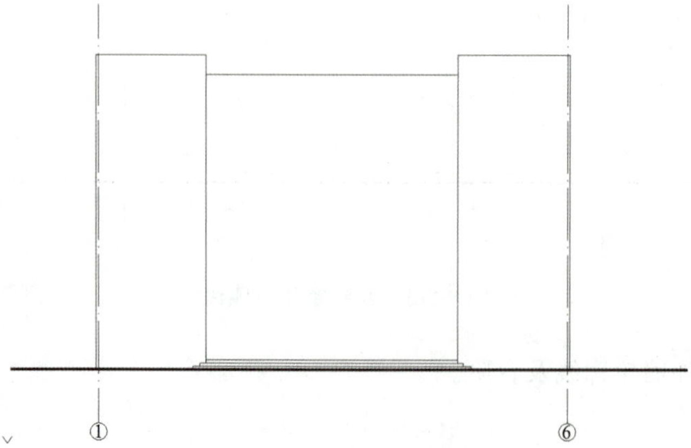

图 8-2-6　绘制台阶线 2

第五步：绘制细部，如门窗、外墙装饰线条等。

(1) 绘制窗台线和窗楣线。将标高为－0.45m 的踢脚线向上偏移 450mm，生成一条标高为 0 的线，随后将此线向上偏移 600mm，生成一条窗台线，将窗台线向上偏移 2800mm，生成首层的窗楣线，结果如图 8-2-7 所示。将窗台线向下偏移 120，窗楣线向上偏移 120，结果如图 8-2-8 所示。

建筑立面图门窗尺寸文字等

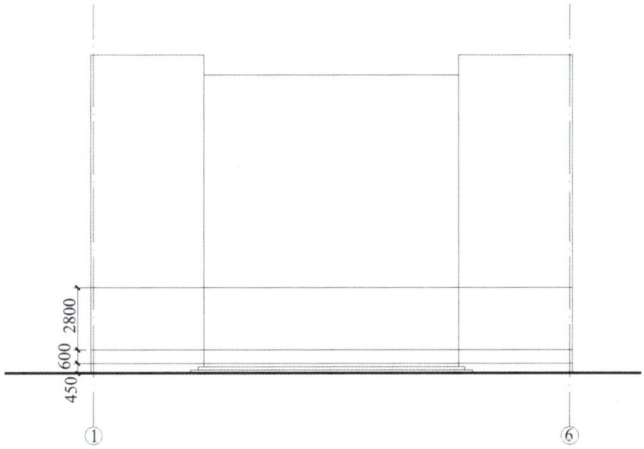

图 8-2-7　绘制窗台线和窗楣线 1

用复制命令（CO）或阵列命令（AR），将刚才绘制的窗台线和窗楣线进行复制，最终形成窗台线和窗楣线，结果如图 8-2-9 所示。

(2) 绘制窗户。在平面图的 1 轴和 2 轴之间找到窗 C2428 的位置，如图 8-2-10 所示，将 1 轴轴线向右偏移 1300、2400，然后将偏移后的两条轴线置为墙图层并修剪，如图 8-2-11 所示。

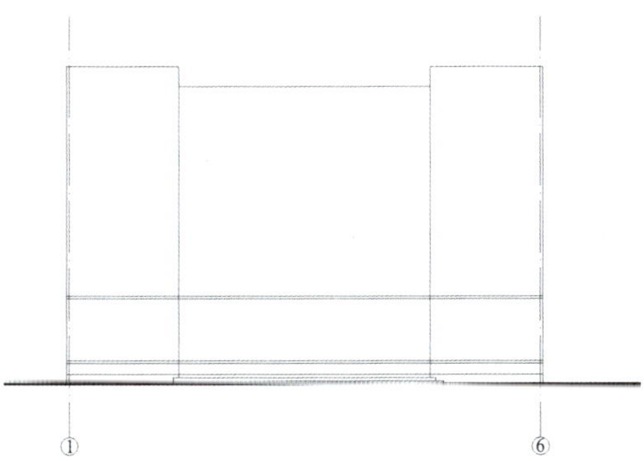

图 8-2-8　绘制窗台线和窗楣线 2

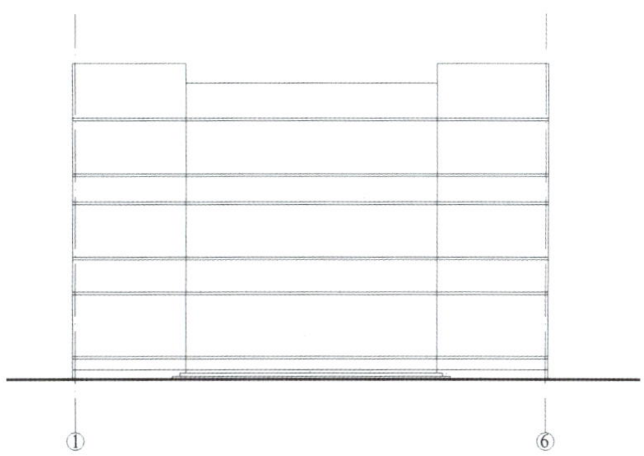

图 8-2-9　绘制窗台线和窗楣线 3

按图 8-2-12 所示窗的尺寸及局部二层平面图（图 8-2-13）定位，调用矩形命令（REC）、分解命令（X）、偏移命令（O）、修剪命令（TR）等，绘制立面中的窗和门，将门、窗插入立面图。

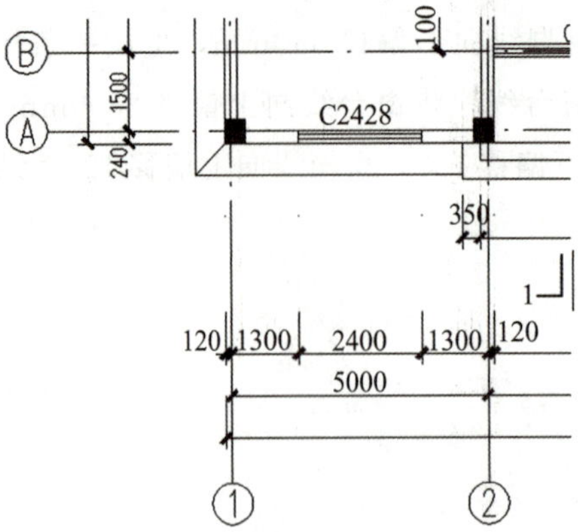

图 8-2-10　绘制窗户 1

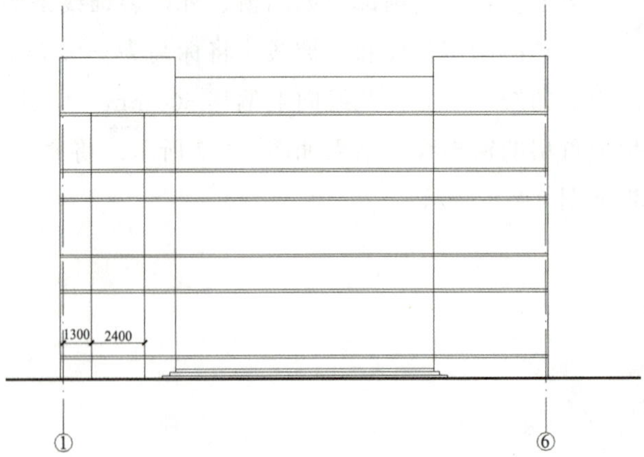

图 8-2-11　绘制窗户 2

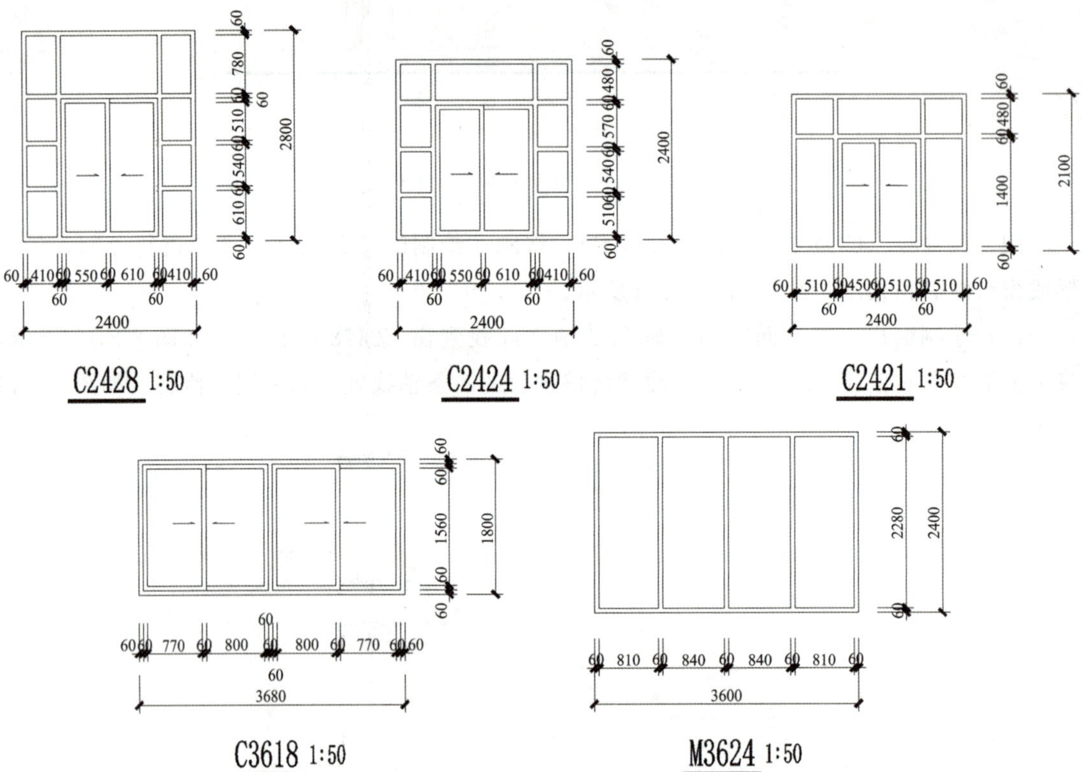

图 8-2-12　绘制窗户 3

(3) 绘制外墙装饰线条。

按图 8-2-14 所示尺寸，绘制外墙装饰线条。绘制完成后，如图 8-2-15 所示。

第六步：进行尺寸标注。

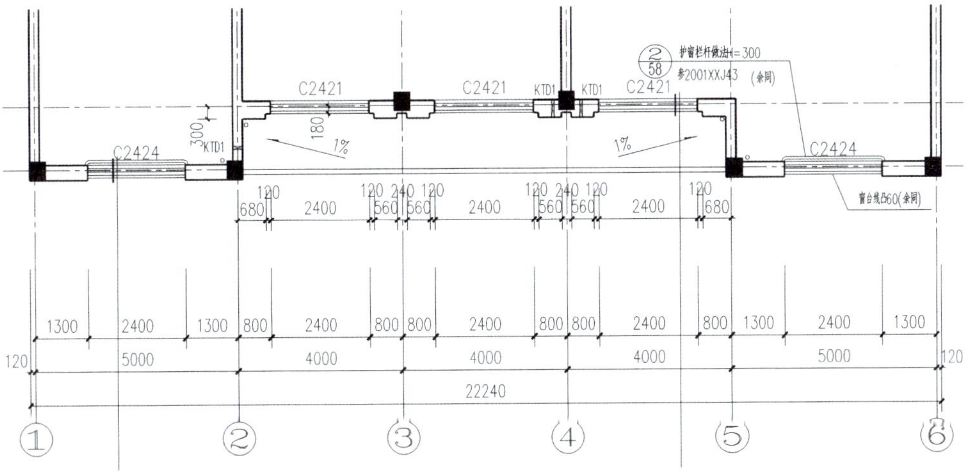

图 8-2-13　局部二层平面图

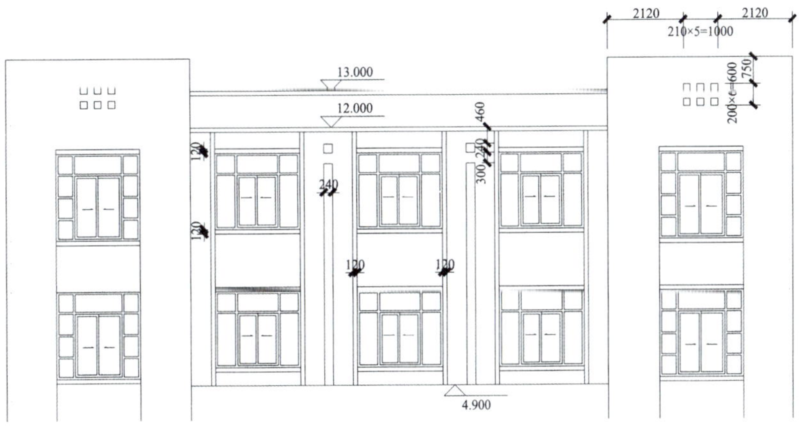

图 8-2-14　绘制外墙装饰线条 1

图 8-2-15　绘制外墙装饰线条 2

设置“尺寸标注”层为当前图层，对图形进行尺寸标注。标注过程中，可以使用基线标注、对齐标注、连续标注等方式，标注后的图形如图 8-2-16 所示。

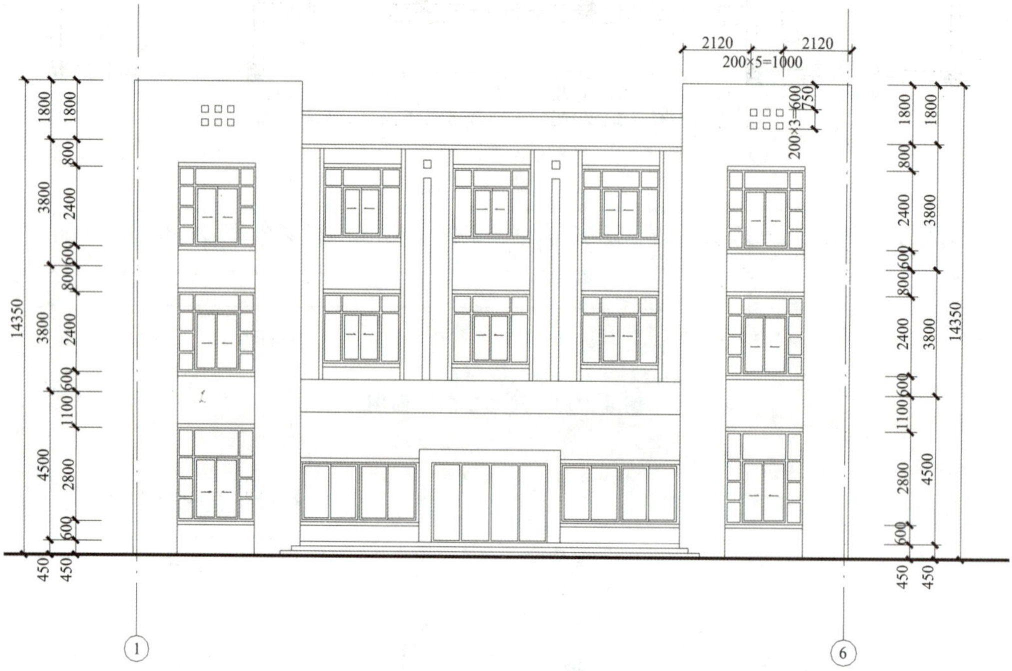

图 8-2-16　标注尺寸

第七步：添加标高。

在立面图的两侧绘制一条竖线，用来标示标高的位置，插入标高图块，按照提示位置插入标高，并修改相应标高数值，绘制完成后如图 8-2-17 所示。

图 8-2-17　添加标高

第八步：添加立面装饰材料图例。

设置“外墙装饰”层为当前图层。调用填充命令（H），立面墙选择名称为“AR-BRSTD”的图案样例进行填充，如图 8-2-18 所示，填充时根据显示的图形，适当调整填充比例，填充后的效果如图 8-2-19 所示。

第九步：添加文字说明、图名，效果如图 8-2-20 所示。

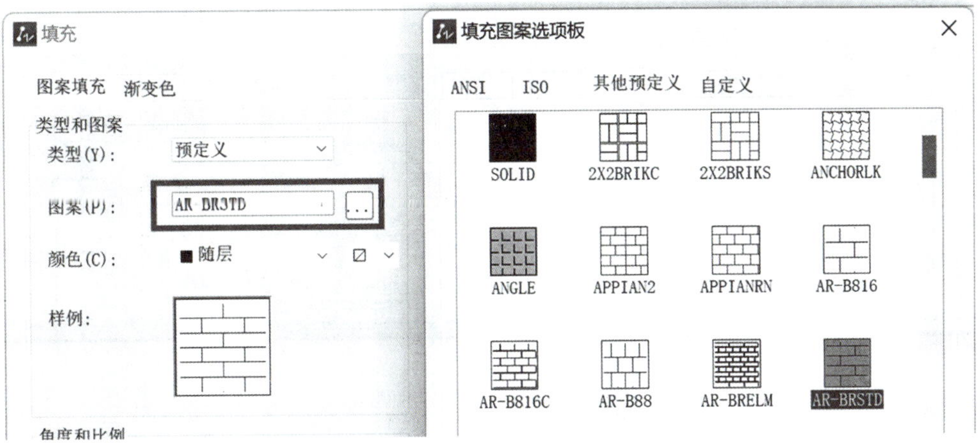

图 8-2-18　添加立面装饰材料图例 1

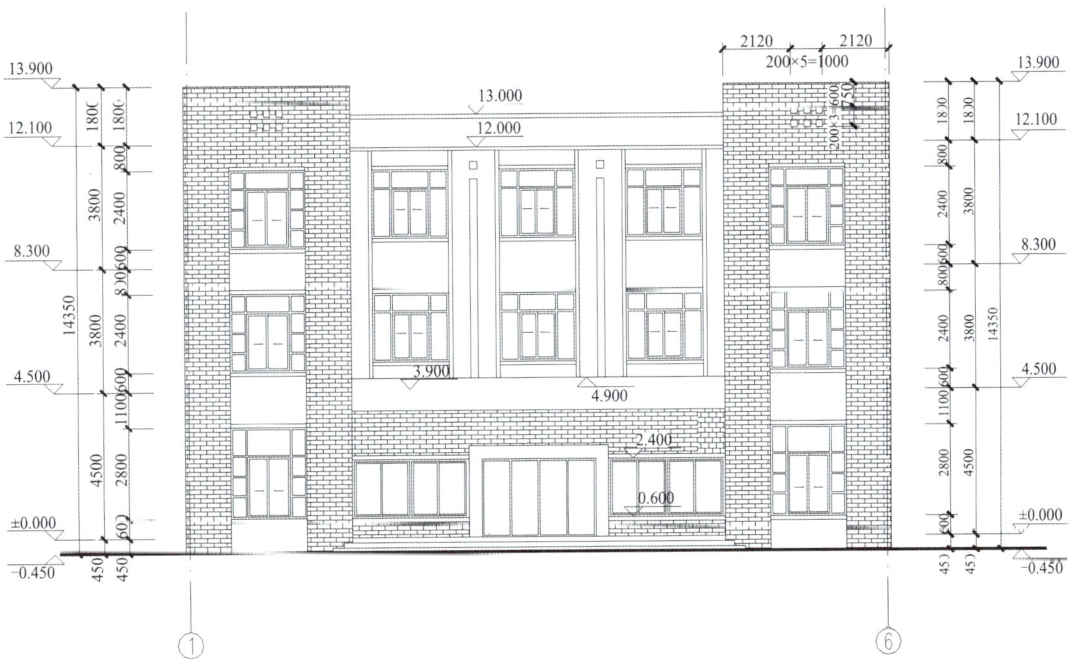

图 8-2-19　添加立面装饰材料图例 2

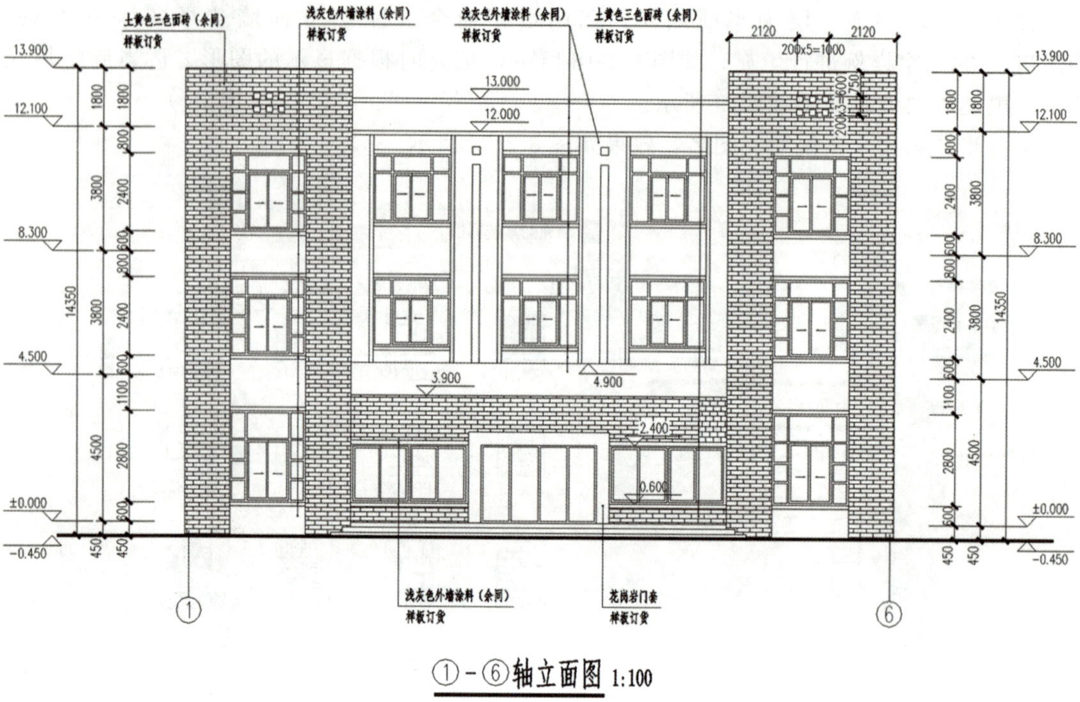

图 8-2-20　添加文字说明、图名

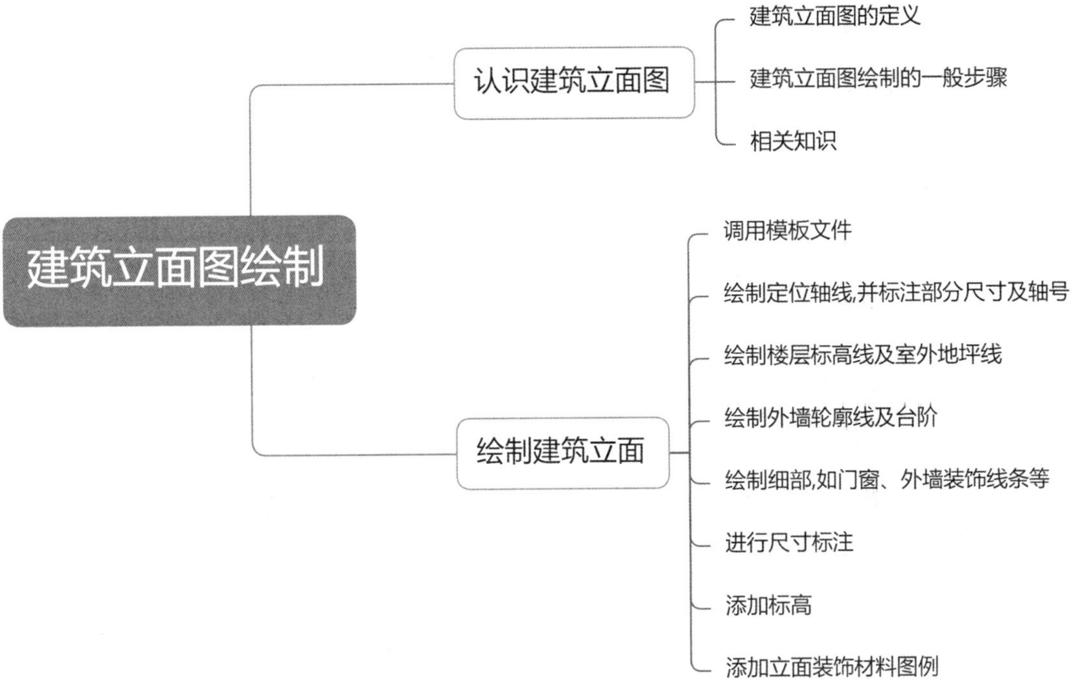
建筑立面图绘制
认识建筑立面图
建筑立面图的定义
建筑立面图绘制的一般步骤
相关知识
绘制建筑立面
调用模板文件
绘制定位轴线,并标注部分尺寸及轴号
绘制楼层标高线及室外地坪线
绘制外墙轮廓线及台阶
绘制细部,如门窗、外墙装饰线条等
进行尺寸标注
添加标高
添加立面装饰材料图例

项目9　建筑剖面图绘制

项目概述

剖面图用以表示房屋内部的结构或构造形式、分层情况和各部位的联系、材料及其高度等，是与平面图、立面图相互配合的不可缺少的重要图样之一。剖切位置应选择能反映出房屋内部构造的比较复杂与典型的部位，并应通过门窗洞的位置。若为多层房屋，应选择在楼梯间或层高不同、层数不同的部位。剖面图的图应与平面图上所标注剖切符号的编号一致，如1—1剖面图、2—2剖面图等。

该项目以项目7和项目8两个项目所绘制的建筑物为模型，绘制该建筑物的剖面图。

学习目标

了解建筑制图标准，了解剖切位置、投影方向和绘图比例，了解楼梯、地、楼、屋面的构造及其他未剖切到的可见部分的构造特征，掌握建筑剖面图的绘图要求，并能根据建筑施工图的特点，选用最适合、最便捷的绘图工具、编辑工具和绘图技巧，快速绘制建筑剖面图。

关键内容

正确抄绘，强化对制图规范的理解，在日后的学习和工作中，能够达到独立绘制工程图纸的目标。

任务9.1　认识建筑剖面图

1. 建筑剖面图的定义

假想用一个或一个以上的铅垂剖切平面剖切建筑物，得到的剖面图称为建筑剖面图，简称剖面图。剖面图用以表示建筑内部的结构构造、垂直方向的分层情况、各层楼地面、屋顶的构造及相关尺寸、标高等。剖切的位置常取楼梯间、门窗洞口及构造比较复杂的典型部位，剖面图的数量根据房屋的复杂程度和施工的实际需要而定。剖面图的名称必须与底层平面图上所标的剖切位置和剖视方向一致。

2. 建筑剖面图绘制的一般步骤

（1）根据进深尺寸，画出墙身的定位轴线；根据标高尺寸定出室内外地坪线、各楼面、屋面及女儿墙的高度位置。

（2）画出墙身、楼面、屋面轮廓。

（3）定门窗和楼梯位置，画出梯段、台阶、阳台、雨篷、烟道等。
（4）检查无误后，删除多余作图线，按图线层次描深。
（5）画材料图例，注写标高、尺寸、图名、比例及文字说明。

3. 相关知识

（1）设置绘图环境及 A2 横式图框的绘制。
（2）构造线及墙体的绘制。
（3）绘制其他细部尺寸需要用到的命令。
（4）剖切面材料的绘制。
（5）文本标注与应用、尺寸标注与应用。
（6）轴号的标注与标高的标注。

任务 9.2　绘制建筑剖面图

任务：绘制项目 7 中建筑物平面图所示的 1—1 剖面图。

操作步骤：

第一步：调用模板文件。

打开模板文件的方法与绘制立面图中打开模板文件的方法相似。方法一，按照平面图的调用方法，继续调用“A2 样板文件 .dwt”的样板文件，另存为“剖面图 .dwg”；方法二，打开“一层建筑平面图 .dwg”文件，另存为“建筑剖面图 .dwg”，或直接将平面图、立面图绘制在一个文件中，将其改名为“某办公楼 .dwg”，保存。

剖面图轴线及轴号

第二步：绘制定位轴线，并标注轴号。

（1）调用复制命令（CO），将建筑平面图中的 A 轴、B 轴、C 轴和 D 轴的轴线复制到空白处，用旋转命令（RO）将四条轴线旋转 90°，如图 9-2-1 所示。

（2）标注 A 轴～D 轴轴号，此时可直接将“一层建筑平面图”中的轴号复制过来，或按照尺寸重新绘制，如图 9-2-2 所示。

图 9-2-1　绘制定位轴线

图 9-2-2　标注轴号

第三步：绘制楼层标高线。

剖面图楼层标高线和室外地坪线

(1) 设置“轴线”层为当前图层。

(2) 绘制一条水平轴线作为室外地坪线，调用偏移命令（O），分别向上偏移 450mm，4500mm，3800mm，3800mm，900mm，如图 9-2-3 所示。

第四步：绘制室外地坪线和地面。

将标高为－0.45m 的轴线切换至“室外地坪”层，修改线宽为 100 的多段线，并将室外台阶按“一层建筑平面图”的定位尺寸绘出，如图 9-2-4 所示。

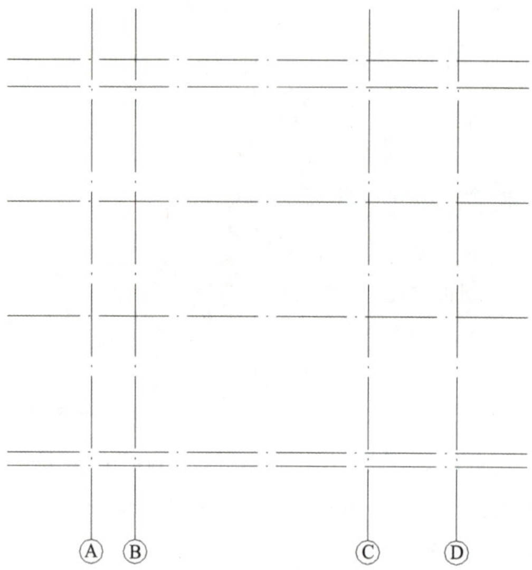

图 9-2-3　绘制楼层标高线

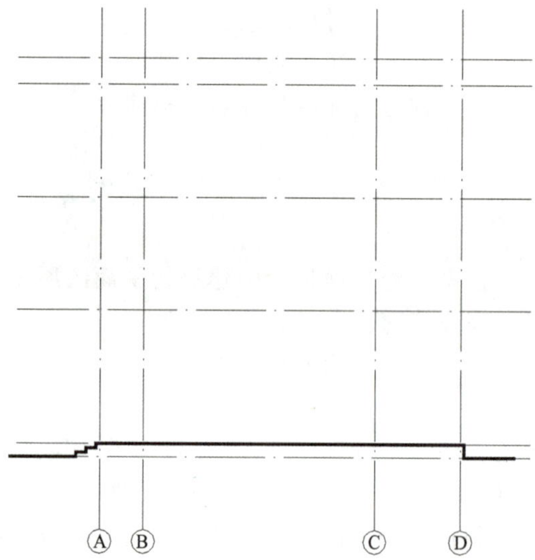

图 9-2-4　绘制室外地坪线和地面

剖面图绘制外墙、窗口、细部构件及窗

第五步：绘制外墙及外墙窗。

(1) 绘制墙线。设置“墙线”层为当前图层。调用多线命令，在 B 轴和 D 轴上绘制剖面墙体轮廓，如图 9-2-5 所示。

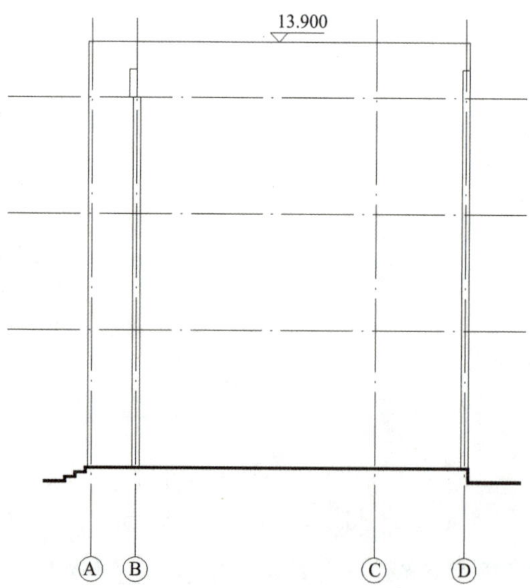

图 9-2-5　绘制剖面墙体轮廓

（2）绘制窗台板、过梁等构件。

调用直线命令（L）、偏移命令（O）等，在外墙上窗洞位置绘制外墙窗洞口，如图 9-2-6 所示。按图 9-2-7 所示绘制外墙上的窗台板、过梁、女儿墙压顶等构件。然后将这些构件放置于相应位置上，如图 9-2-8 所示。

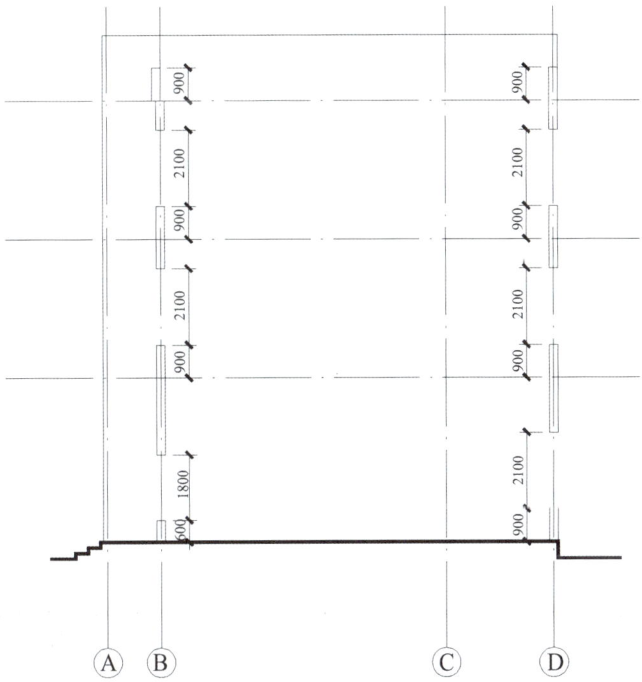

图 9-2-6　绘制外墙窗洞口

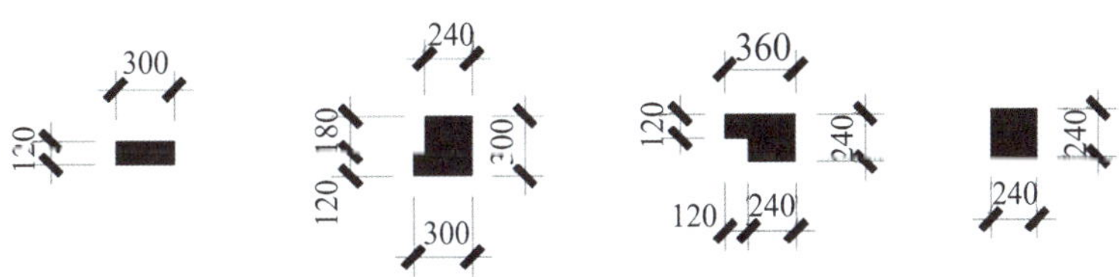

图 9-2-7　绘制构件

（3）绘制窗。调用多线命令（ML），选择多线样式 C（为四条线组成的窗线），在外墙上窗洞位置绘制外墙窗，如图 9-2-9 所示。

剖面图绘制楼板屋顶

第六步：绘制楼板。

（1）绘制楼板和屋顶。设置“楼板”层为当前图层。在每层楼板标高的位置，按图 9-2-10 绘制每层楼板及梁的外轮廓，二层比其他层多一个阳台，然后调用填充命令（H），将剖切到的混凝土构件用“SOLID”填充，如图 9-2-11 所示，调用复制命令（CO）将绘制好的楼板和梁复制到其他层。

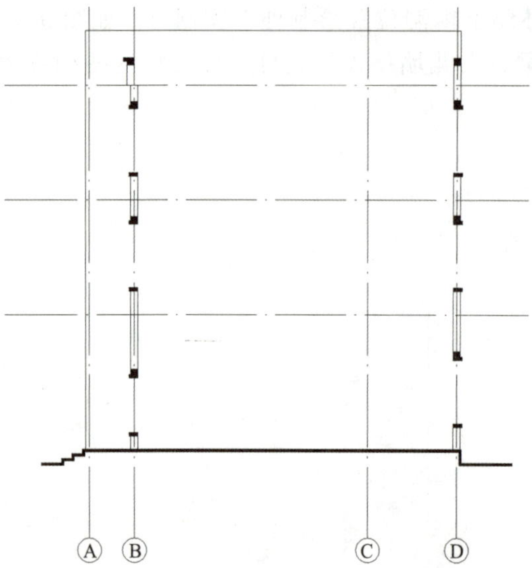

图 9-2-8　放置构件

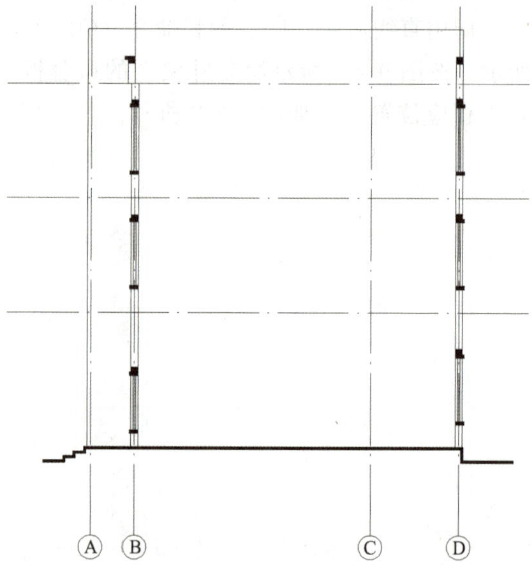

图 9-2-9　绘制外墙窗

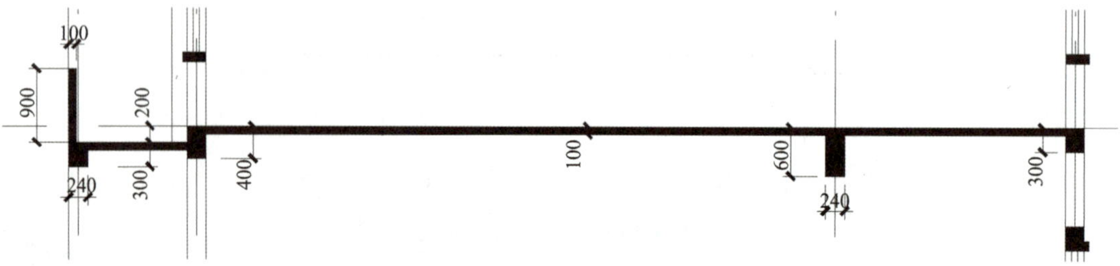

图 9-2-10　绘制楼板及梁的外轮廓

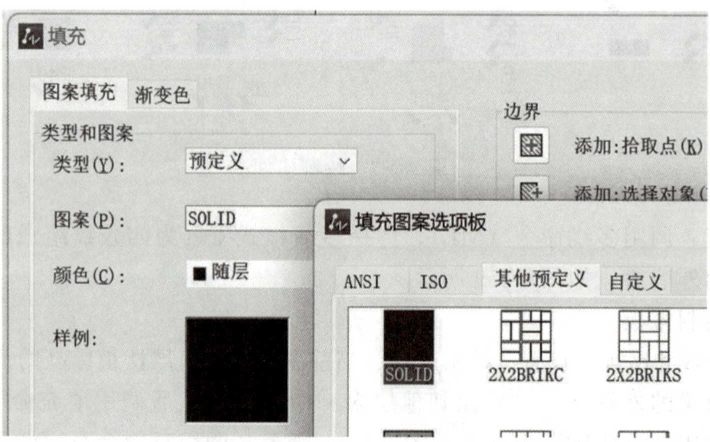

图 9-2-11　选择填充图案

(2) 绘制屋顶。屋顶上绘制了保温层，尺寸如图 9-2-12 所示，其中保温层用填充图案“ANSI37”填充，如图 9-2-13 所示，最终填充后的图形如图 9-2-14 所示。

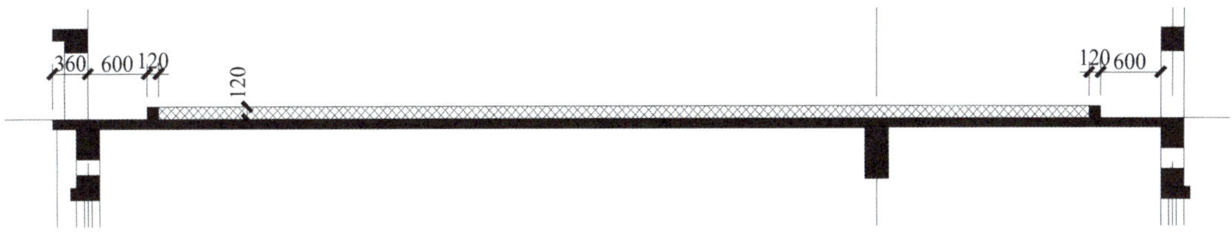

图 9-2-12　保温层尺寸

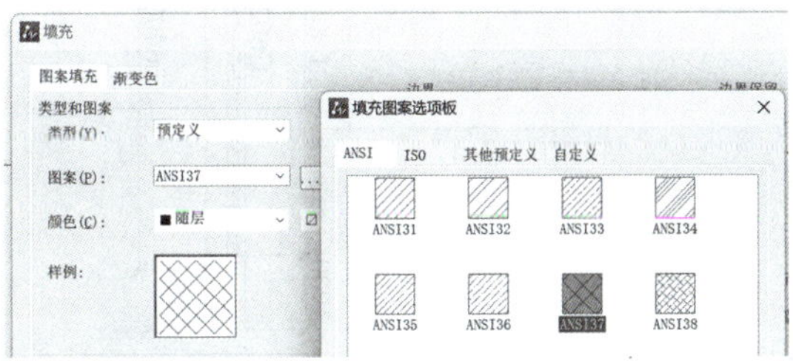

图 9-2-13　为保温层选择填充图案

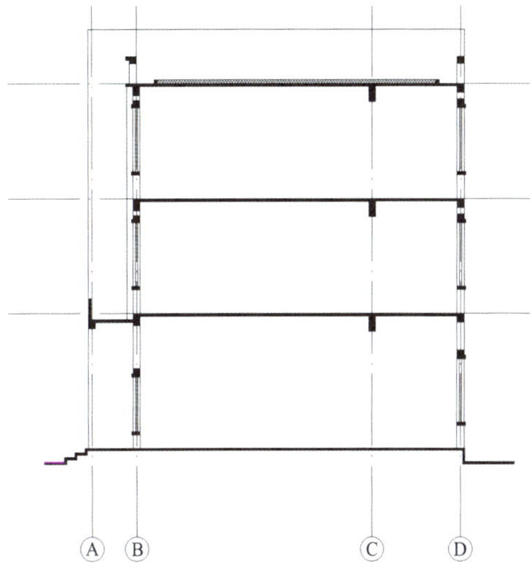

图 9-2-14　填充保温层

第七步：绘制墙体装饰材料图例。

设置“墙线”层为当前图层。调用填充命令（H），如图 9-2-15 所示，将投影看到的未被剖切到的墙体用填充图案“AR-BRSTD”填充，填充后的效果如图 9-2-16 所示。

剖面图外墙装饰材料填充

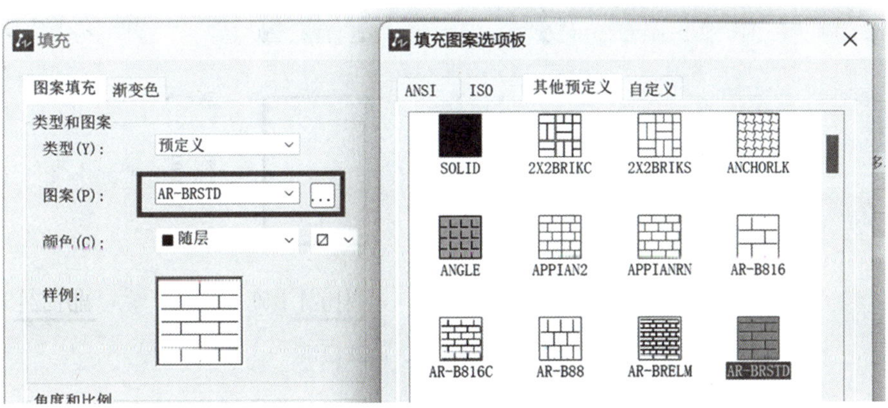

图 9-2-15　为未被剖切到的墙体选择填充图案

第八步：绘制建筑物内门窗。

剖面图建筑物内部门窗的绘制

设置“门窗”层为当前图层。按图 9-2-17 平面图上 2 轴上的窗 C6021 和门 M1521 的位置，绘制图 9-2-18 所示的窗 C6021、门 M1521 以及二三层的门洞 MD1224。绘制后的图形如图 9-2-19 所示。

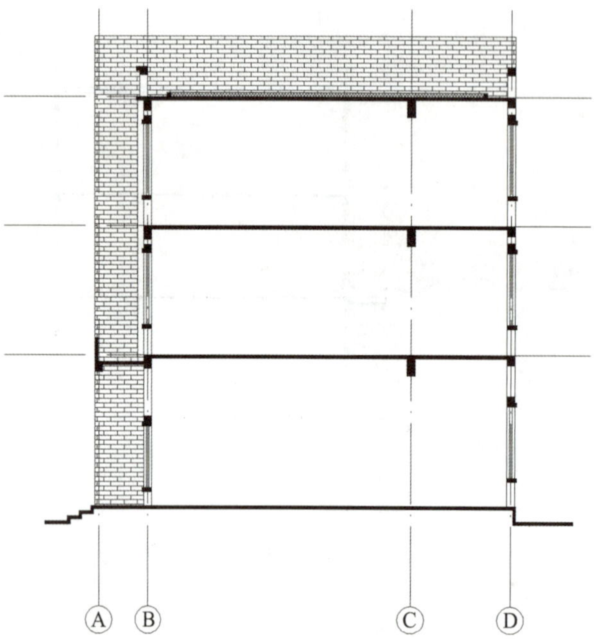

图 9-2-16　填充墙体效果

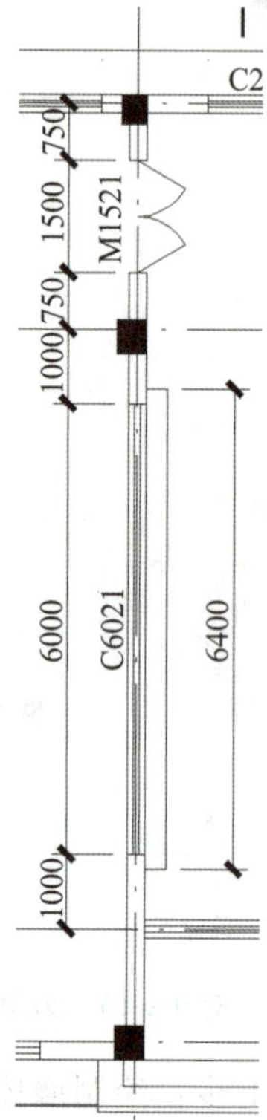

图 9-2-17　选择绘制内门窗的位置

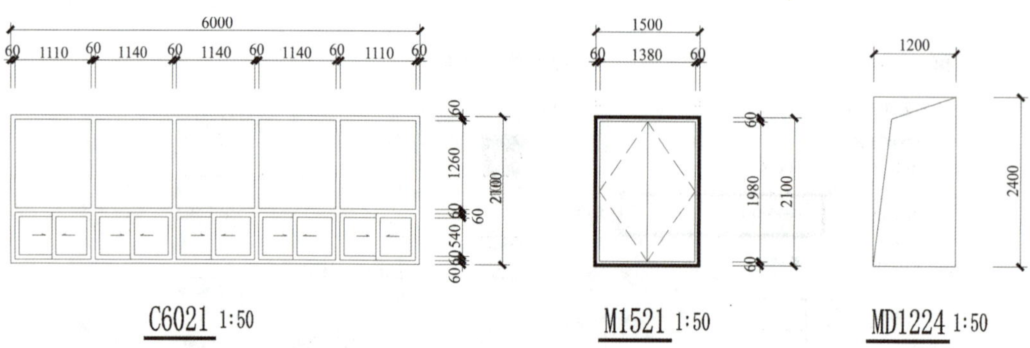

图 9-2-18　绘制窗、门及门洞

剖面图尺寸标注标高文字说明

第九步：添加尺寸标注。

设置“标注”层为当前图层。

按照节点位置，标注尺寸，删除多余线条和标注，如图 9-2-20 所示。

第十步：添加标高。设置“标高”层为当前图层。按照节点位置，添加标高，如图 9-2-21 所示。

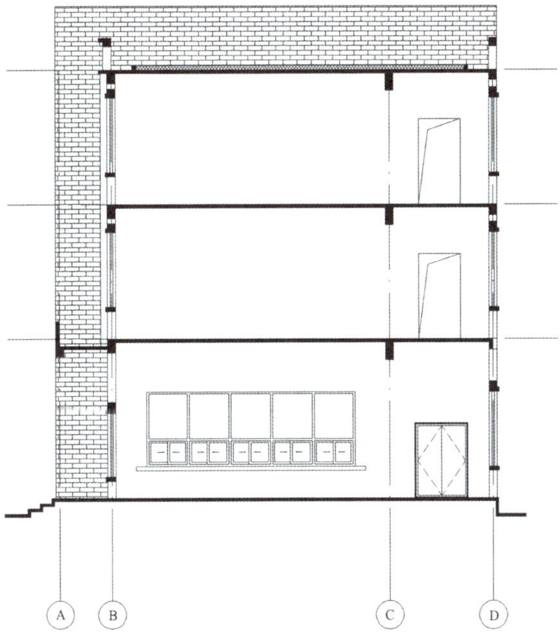

图 9-2-19　绘制内门窗的效果

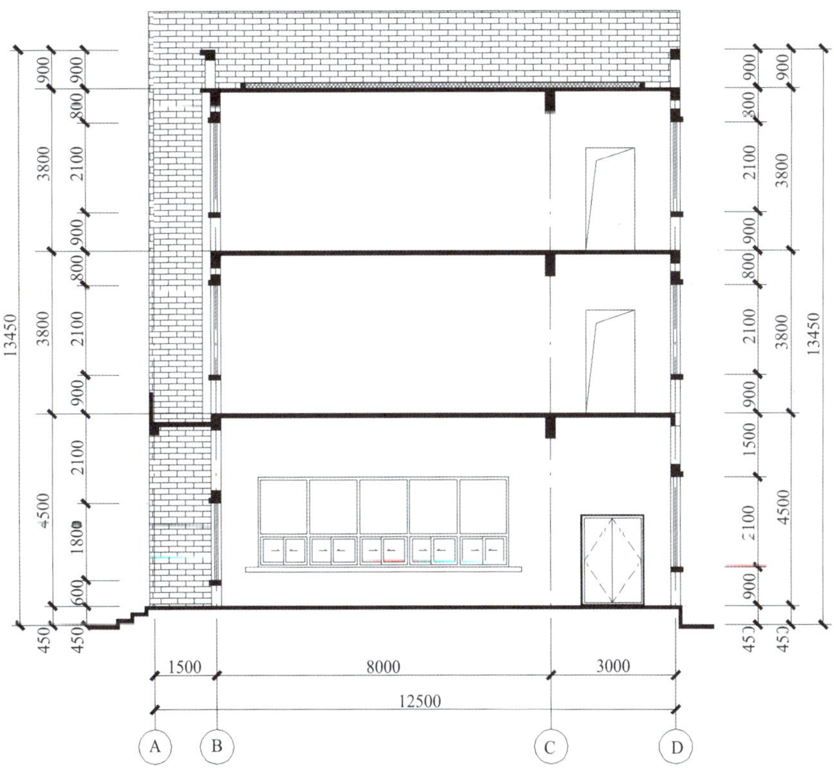

图 9-2-20　添加尺寸标注

第十一步：添加文字说明。设置“文字”层为当前图层。

在各层添加相应的文字说明，并标注图名。文字说明用 5 号字，图名用 7～10 号字，如图 9-2-22 所示。

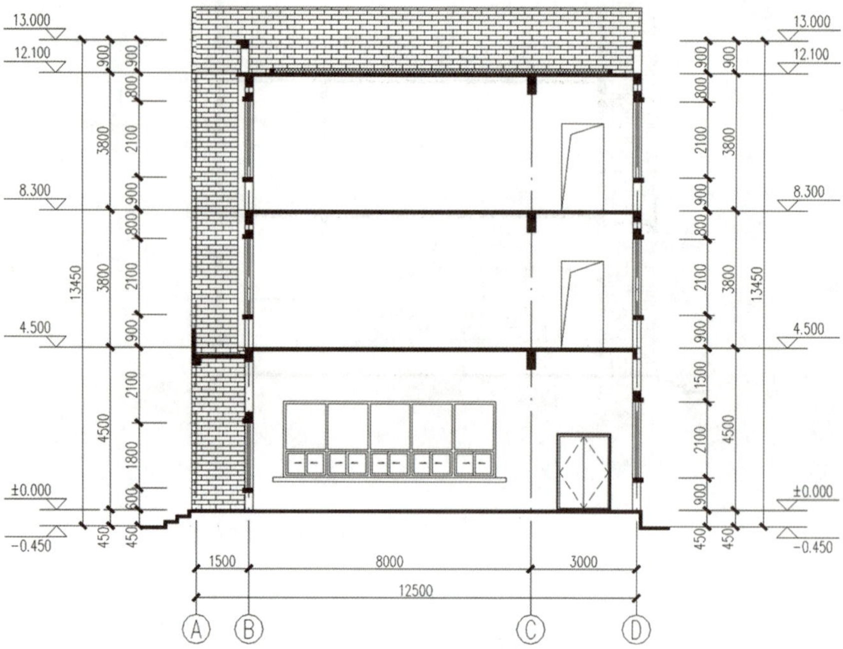

图 9-2-21 添加标高

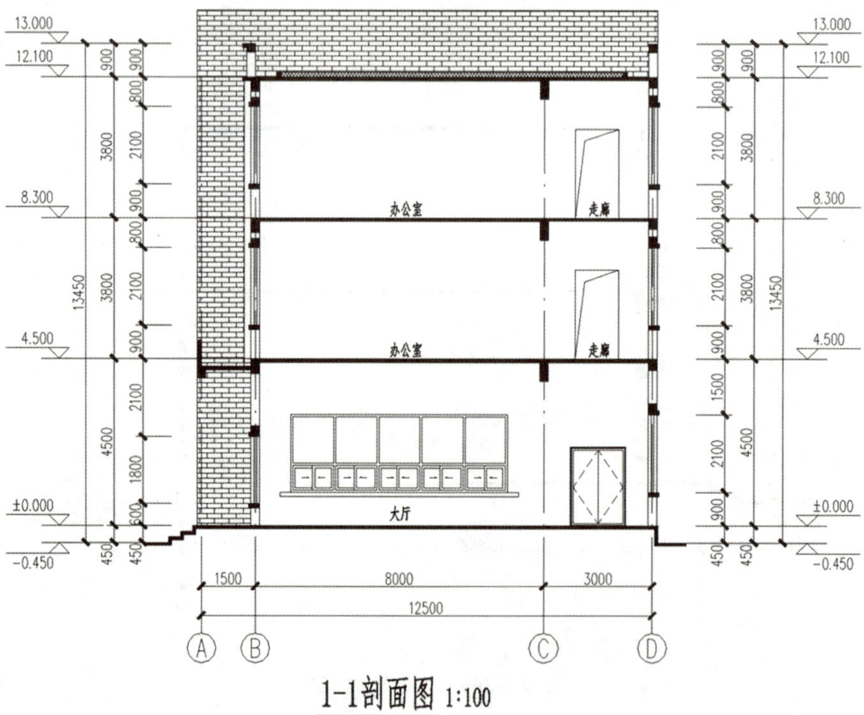

图 9-2-22 添加文字说明

建筑剖面图绘制
认识建筑剖面图
建筑剖面图的定义
建筑剖面图绘制的一般步骤
相关知识
绘制建筑剖面
调用模板文件
绘制定位轴线,并标注轴号
绘制楼层标高线
绘制室外地坪线和地面
绘制外墙及外墙窗
绘制楼板
绘制墙体装饰材料图例
绘制建筑物内门窗
添加尺寸标注
添加标高
添加文字说明

项目 10　建筑详图绘制

项目概述

建筑平面图、立面图、剖面图表达建筑的平面布置、外部形状和主要尺寸，但因反映的内容范围大、比例小，对建筑的细部构造难以表达清楚。为了满足施工要求，对建筑的细部构造用较大的比例详细地表达出来，这样的图称为建筑详图，简称详图，有时也叫作大样图。详图的特点是比例大，反映的内容详尽。

学习目标

了解建筑制图标准，了解剖切位置、投影方向和绘图比例，了解楼梯平面图、剖面图的概念，掌握楼梯详图的绘图要求，并能根据建筑施工图的特点，选用最适合、最便捷的绘图工具、编辑工具和绘图技巧，快速绘制楼梯详图。

关键内容

楼梯详图是由楼梯平面图、楼梯剖面图和楼梯节点详图三部分构成。按照绘图顺序，依次绘制楼梯平面图及楼梯剖面图。

任务 10.1　认识建筑详图

建筑详图包括：

(1) 局部构造详图，如楼梯详图、墙身详图等；

(2) 构件详图，如门窗详图、阳台详图、卫生间详图等；

(3) 装饰构造详图，如墙裙构造详图、门窗套装饰构造详图。

本项目以项目 8 和项目 9 所绘制的建筑物为模型，绘制该建筑物的楼梯详图，如图 10-1-1 所示。

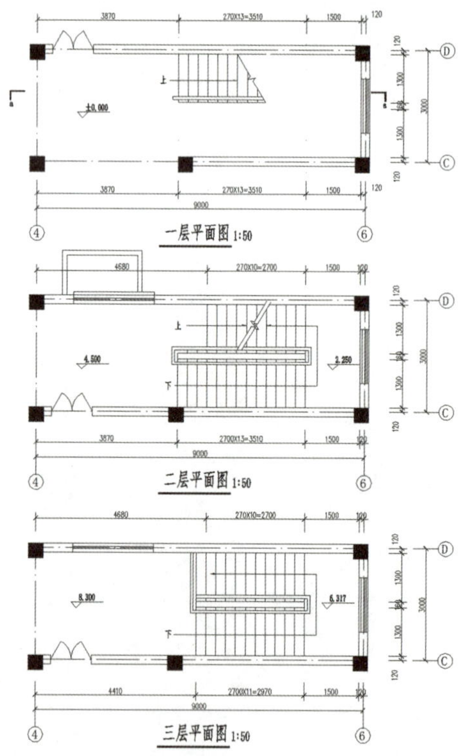

图 10-1-1　楼梯详图

任务 10.2　认识楼梯详图

1. 楼梯详图的定义

楼梯详图分为楼梯平面图和楼梯剖面图。

楼梯平面图就是将建筑平面图中的楼梯间比例放大后画出的图样，比例通常为 1∶50。

楼梯剖面图是用假想的铅垂剖切平面，通过各层的一个梯段和门窗洞口，将楼梯垂直剖切，向另一侧未剖到的梯段方向作投影，所得到的剖面图。楼梯剖面图主要表达楼梯踏步、平台的构造、栏杆的形状以及相关尺寸。

楼梯节点详图主要表达楼梯栏杆、踏步、扶手的做法。

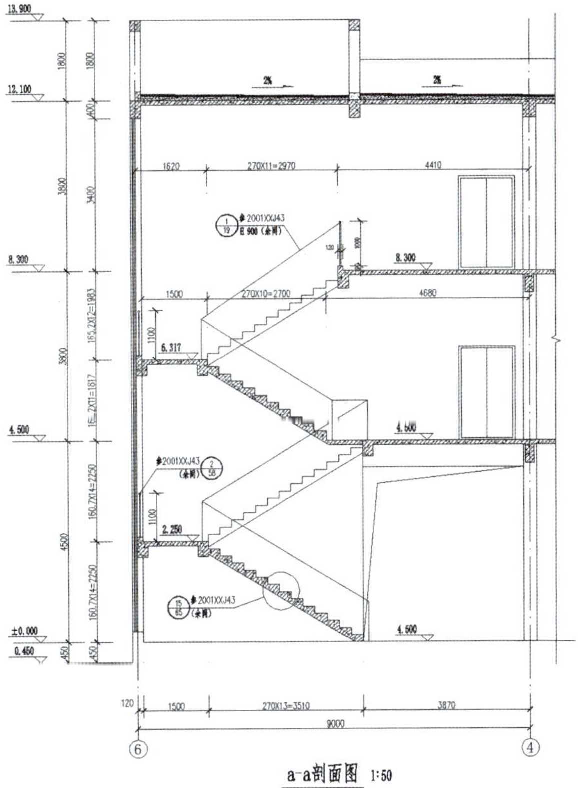

续图 10-1-1

2. 楼梯详图绘制的一般步骤

(1) 绘制楼梯平面图。

(2) 绘制楼梯剖面图。

(3) 绘制楼梯详图。

(4) 检查无误后，删除多余作图线，按图线层次描深。

(5) 画材料图例，注写标高、尺寸、图名、比例及文字说明。

3. 相关知识

(1) 设置绘图环境及 A2 横式图框的绘制。

(2) 构造线及墙体的绘制。

(3) 绘制其他细部尺寸需要用到的命令。

(4) 剖切面材料的绘制。

(5) 文本标注与应用、尺寸标注与应用。

(6) 轴号的标注与标高的标注。

任务 10.3　绘制建筑详图

10.3.1　绘制楼梯平面图

楼梯平面图绘制

第一步：调用模板文件。

打开模板文件的方法与绘制立面图、剖面图时打开模板文件的方法相似。方法一，按照平面图的调用方法，继续调用“A2 样板文件 .dwt”的样板文件，另存为“楼梯详图 .dwg”；方法二，打开“一层建筑平面图 .dwg”文件，另存为“楼梯详图 .dwg”。

第二步：根据楼梯间的开间和进深尺寸，画出定位轴线，画出墙体轮廓；也可以直接从建筑平面图中将楼梯间的墙柱、门窗、轴线等复制过来。

图 10-3-1 所示为二层楼梯平面图中的定位轴线和墙体轮廓。

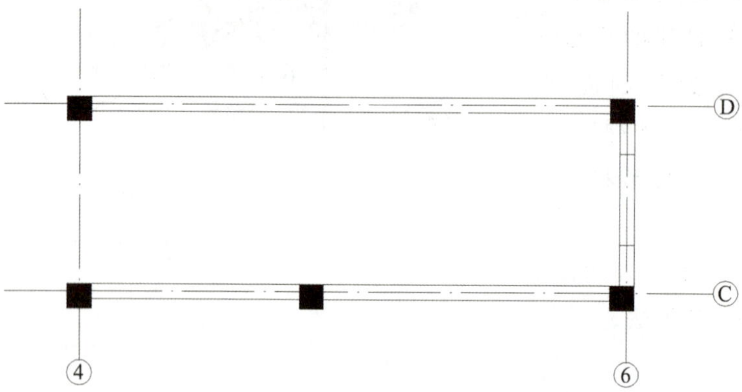

图 10-3-1　二层楼梯平面图中的定位轴线和墙体轮廓

第三步：以楼梯二层平面图为例，画出楼梯休息平台宽度 1500，梯段水平长度 2700 和 3510、宽度 1300 和梯井宽度 160，如图 10-3-2 所示。

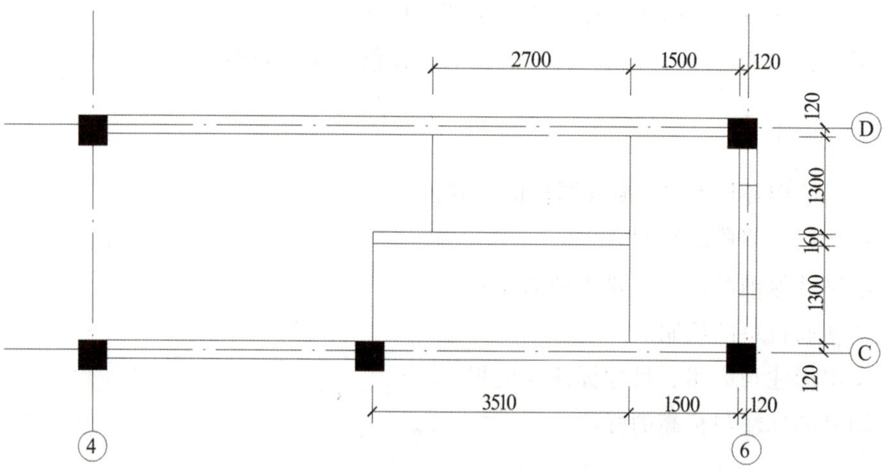

图 10-3-2　绘制休息平台

第四步：根据梯段水平长度、宽度及踏步个数 n，用等分两平行线间距离的方法，画出踏面，其个数等于 $n-1$ 个，如图 10-3-3 所示。

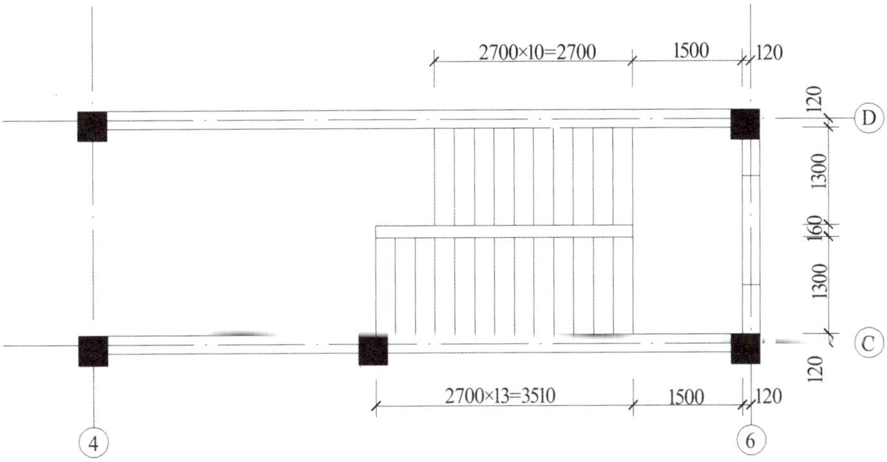

图 10-3-3 画出踏面

第五步：画出洞口等细部。按图线层次描深，注写标高、尺寸、轴线编号、楼梯上下方向指示线等，如图 10-3-4 所示。

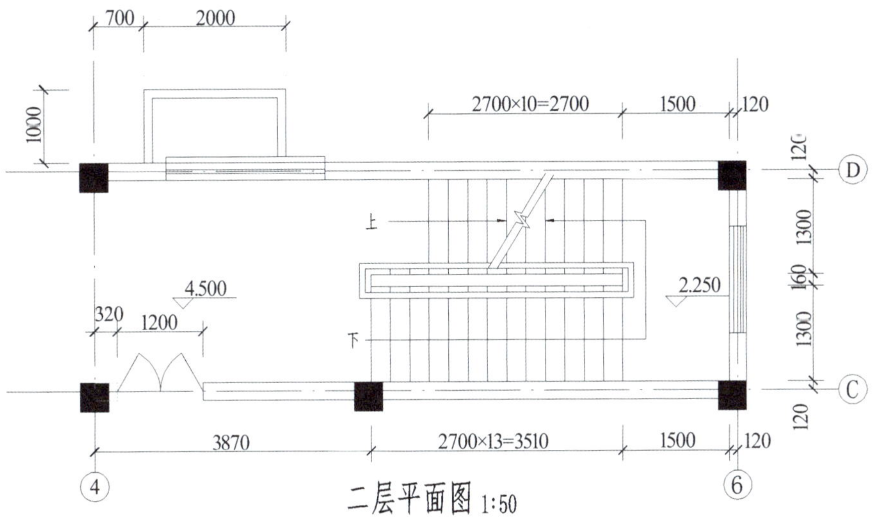

图 10-3-4 画出洞口等细部

楼梯剖面图绘制

10.3.2 绘制楼梯剖面图

第一步：画出定位轴线及墙体轮廓；再根据标高，定出室内外地坪、各楼面及休息平台的高度位置；根据平台宽度和梯段长度，定出梯段的位置，如图 10-3-5 所示。

第二步：确定梯段的起步点，在梯段长度内画出踏步形状。其方法有两种：一种是网格法，一种是辅助线法。

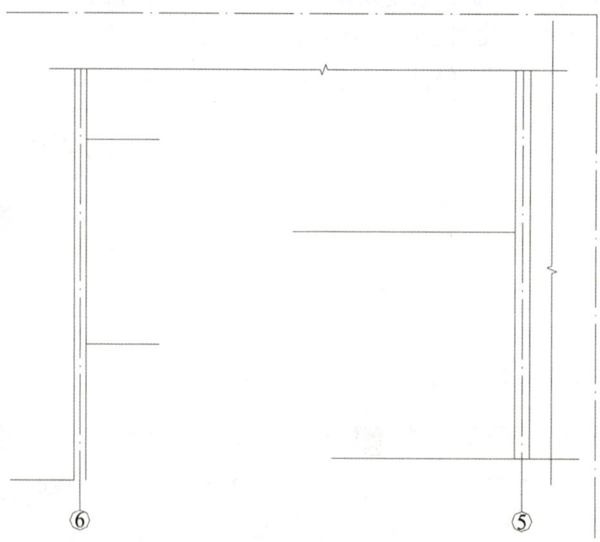

图 10-3-5　确定楼梯位置

网格法：在水平方向等分梯段的踏面数和竖直方向等分梯段的踏步数后，形成网格状，沿网格图线画出踏步形状。

辅助线法：把梯段的第一个踢面作出，并用细实线与最后一个踢面（即平台板边线或楼面板边线）相连，然后用踏面数等分所作的辅助线，过辅助线上的等分点向下作垂线和向右（左）作水平线，得到踢面和踏面的投影，形成踏步。

踏步的绘制效果如图 10-3-6 所示。

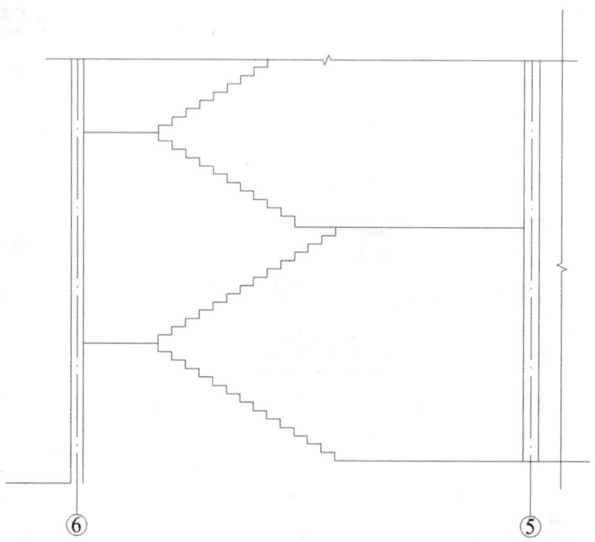

图 10-3-6　绘制踏步

第三步：画楼梯板厚度及栏杆、扶手等的轮廓，如图 10-3-7 所示。

第四步：加深图线，画材料图例；标注标高和各部分尺寸；写图名、比例、索引符号、有关说明等，完成楼梯剖面图，如图 10-3-8 所示。

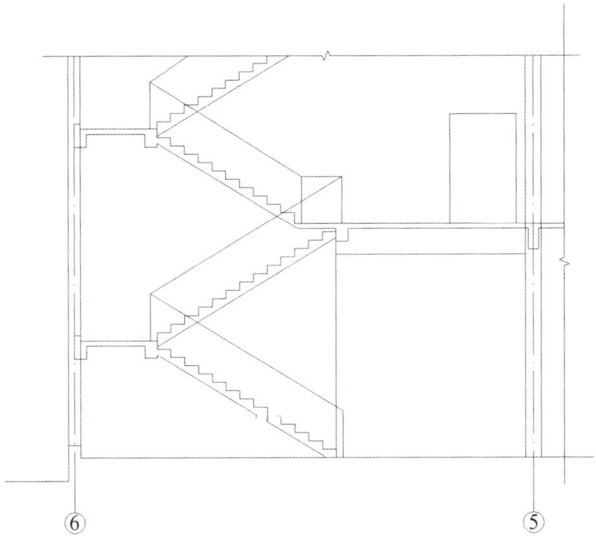

图 10-3-7 画楼梯板厚度及栏杆、扶手等的轮廓

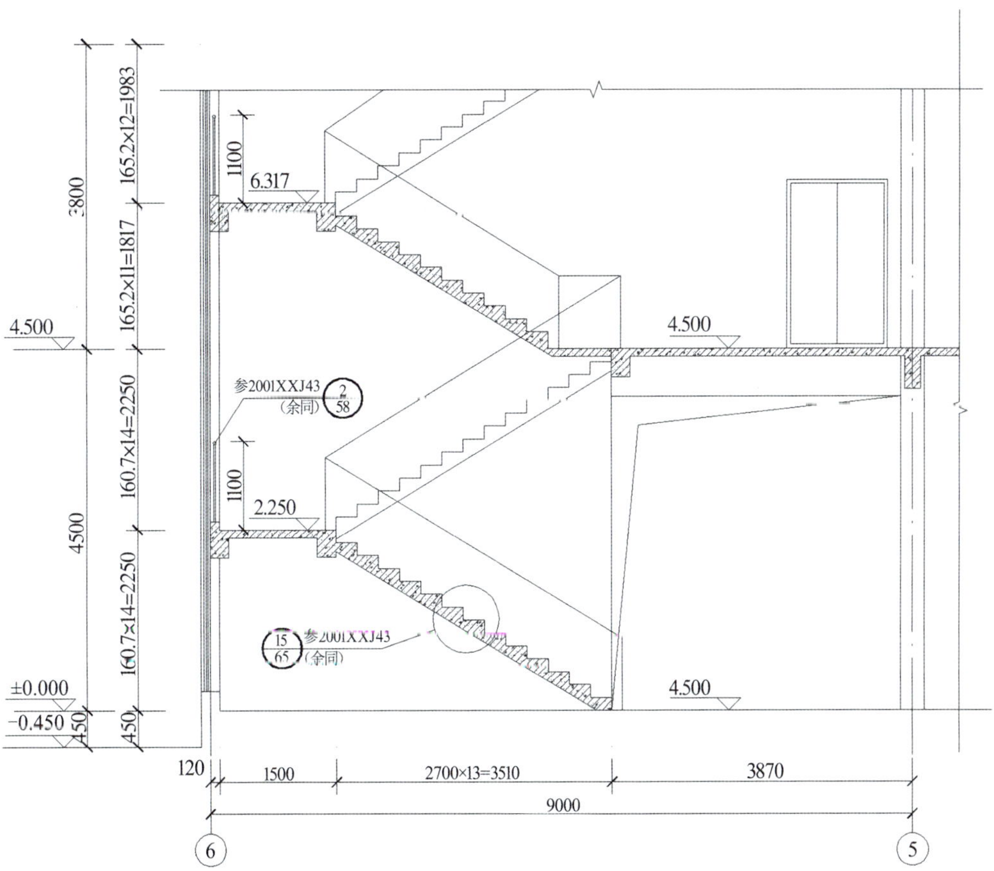

图 10-3-8 完成楼梯剖面图

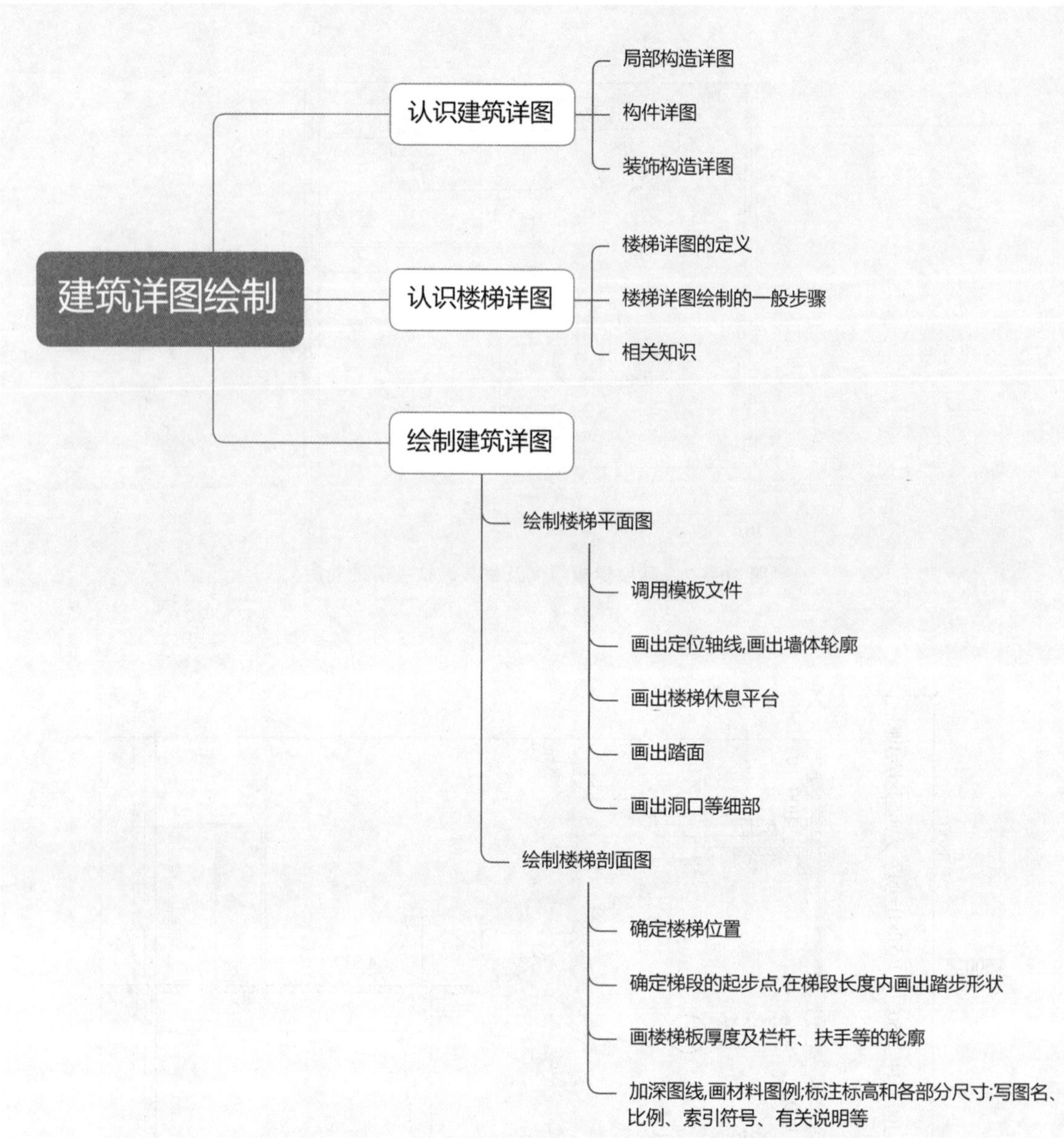
建筑详图绘制
认识建筑详图
局部构造详图
构件详图
装饰构造详图
认识楼梯详图
楼梯详图的定义
楼梯详图绘制的一般步骤
相关知识
绘制建筑详图
绘制楼梯平面图
调用模板文件
画出定位轴线,画出墙体轮廓
画出楼梯休息平台
画出踏面
画出洞口等细部
绘制楼梯剖面图
确定楼梯位置
确定梯段的起步点,在梯段长度内画出踏步形状
画楼梯板厚度及栏杆、扶手等的轮廓
加深图线,画材料图例;标注标高和各部分尺寸;写图名、比例、索引符号、有关说明等

项目 11　图纸的输出打印及布局

项目概述

图纸的输出与打印是绘图工作的重要组成部分。本项目将介绍图纸打印的方法及图纸布局管理、页面设置等。绘图人员在使用 ZWCAD 精确绘制出图纸之后，就可以进行图纸的输出和打印了。习惯上，我们把图形数据从数字形式转换成模拟形式，然后驱动绘图仪或打印机在图纸上绘制出图形，这是通过绘图仪和打印机的驱动程序实现的。

学习目标

掌握图形打印的基本方法和技巧，能够正确对图纸进行输出打印；掌握模型空间与布局空间的切换，学习创建和使用布局。

关键内容

通过图纸的输出打印，将项目 5 绘制的建筑平面图虚拟打印在 A2 横放的图纸上，最后保存成“一层建筑平面图 .pdf”。

任务 11.1　设置图形输出

输出功能是将图形转换为其他类型的图形文件，如 BMP、WMF 等，以达到和其他软件兼容的目的。

图形输出

调用方法：

（1）菜单法：单击“文件”→“输出”菜单 输出(E)...。

（2）功能区：单击“输出”→选择“输出”→ 输出。

（3）键盘输入法：输入“EXPORT”或“EXP”。

打开“输出数据”对话框，如图 11-1-1 所示，通过该对话框将当前图形文件输出为所选取的文件类型。由“输出数据”对话框中的“文件类型”可以看出，ZWCAD 的输出文件有四种类型，都是图样输出中常用的文件类型，能够保证与其他软件的交流。使用输出功能的时候，会提示选择输出的图形对象，在选择所需要的图形对象后就可以输出了。输出后的图样与输出时 ZWCAD 中绘图区域里显示的图形效果是相同的。需要注意的是，在输出过程中，有些图形类型发生的改变比较大，ZWCAD 不能够把类型改变较大的图形重新转化为可编辑的 CAD 图形格式。如果将 BMP 格式文件读入后，仅作为光栅图像使用，则不能进行图形修改操作。

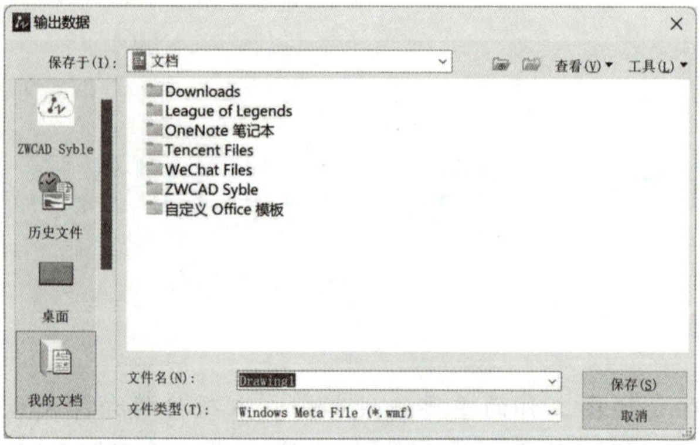

图 11-1-1　“输出数据”对话框

任务 11.2　打印和打印参数设置

11.2.1　打印界面

在完成某个图形的绘制后，为了便于观察和实际施工制作，可将其打印输出到图样上。在打印之前，首先要设置一些参数，如选择打印设备、设定打印样式、指定打印区域等，这些都可以通过打印命令调出的对话框来实现。

调用方法：

（1）菜单法：单击“文件”→“打印”菜单 打印(P)...。

（2）工具栏：单击标准工具栏→“打印”。

（3）功能区：单击“输出”→选择“打印”→ 打印。

（4）键盘输入法：输入“PLOT”。

如图 11-2-1 所示，设定相关参数，打印当前图形。

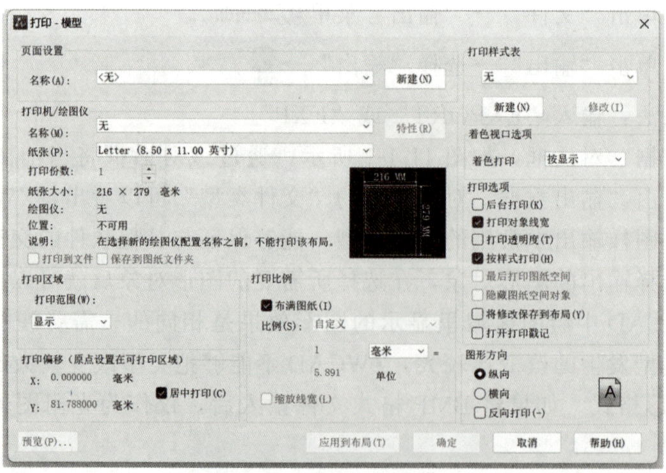

图 11-2-1　“打印-模型”对话框

11.2.2　打印机设置

在“打印机/绘图仪”区域，可以选择输出图样所要使用的打印设备、纸张大小，设置打印份数等，如图 11-2-2 所示。

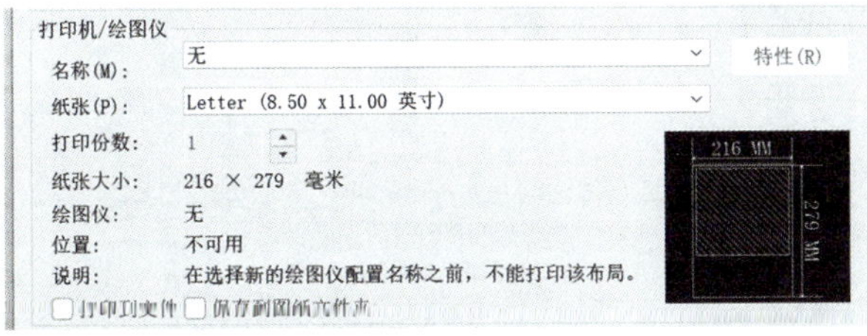

图 11-2-2　“打印机/绘图仪”设置

如果需要修改当前打印机配置，可单击名称后的“特性”按钮，打开绘图仪配置编辑器对话框，如图 11-2-3 所示。在该对话框中可设定打印机的输出设置，如“介质”“图形”“自定义图纸尺寸”等。

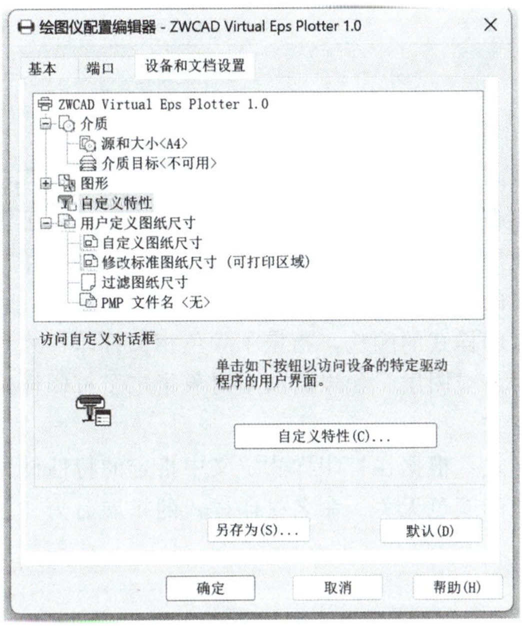

图 11 2 3　绘图仪配置编辑器对话框

11.2.3　打印样式表

打印样式用于修改图形打印的外观。图形中每个对象或图层都具有打印样式属性，通过修改打印样式可改变对象输出的颜色、线型、线宽等特性。如图 11-2-4 所示，在“打印样式表”对话框中，可以指定图形输出时所采用的

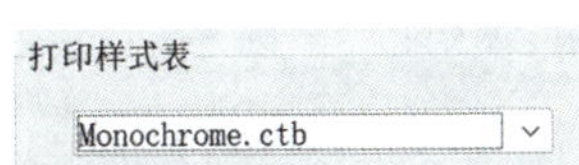

图 11-2-4　打印样式表设置

打印样式，在下拉列表中有多个打印样式供选择，也可单击“修改”按钮对已有的打印样式进行改动，如图 11-2-5 所示，或在下拉样式中单击“新建”按钮设置新的打印样式。

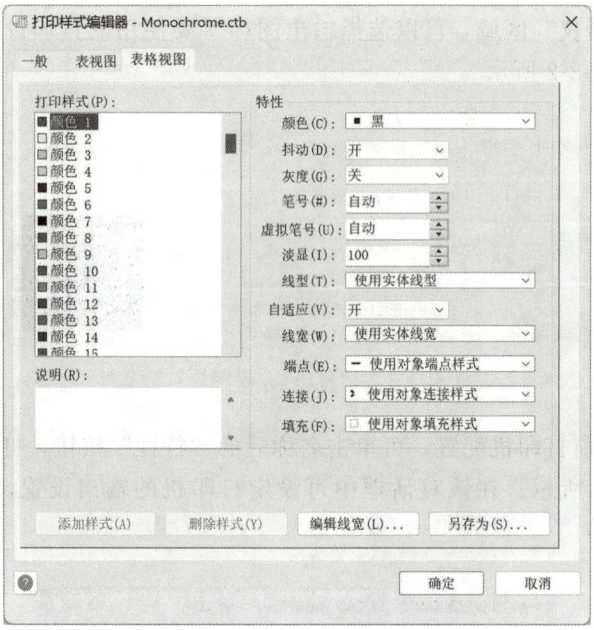

图 11-2-5　打印样式表编辑器

在 ZWCAD 中，打印样式分为以下两种：

（1）颜色相关打印样式：这种打印样式表的扩展名为“.ctb”，可以对图形中的每种颜色指定打印的样式，从而在打印的图形中实现不同的特性颜色限定于 255 种索引色，真彩色和配色系统在此处不可使用。使用颜色相关打印样式表不能将打印样式指定给单独的对象或者图层。使用该打印样式的时候，需要先为对象或图层指定具体的颜色，然后在打印样式表中将指定的颜色设置为打印样式的颜色，指定了颜色相关打印样式表之后，可以将样式表中的设置应用到图形中的对象或图层。如果给某个对象指定了打印样式，则这种样式将取代对象所在图层指定的打印样式。

（2）命名相关打印样式：根据在打印样式定义中指定的特性设置来打印图形，命名打印样式指定给对象，与对象的颜色无关。命名打印样式的扩展命为“.stb”。

11.2.4　打印区域

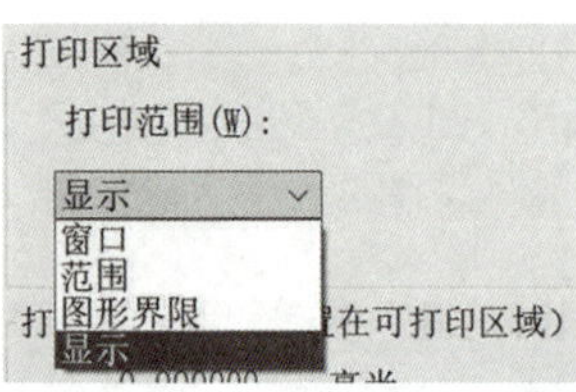

图 11-2-6　打印区域设置

如图 11-2-6 所示，“打印区域”栏用来设定图形输出时的打印区域，该栏中各选项的含义如下：

窗口：临时关闭“打印”对话框，在当前窗口中选择一个矩形区域，然后返回对话框，打印选取的矩形区域内的内容。这是选择打印区域时最常用的方法之一。由于选择区域后一般情况下希望图案布满整张图纸，所以打印比例会选择“布满图纸”选项，以达到最佳效果。但这样打印出来的图样比例很难精确控制，常用于对比例要求不高的情况。

范围：打印当前视窗中除冻结图层中的对象之外的所有对象。在“布局”选项卡打印图纸空间中的所有几何图形。打印之前系统会重新生成图形，以便重新计算图形范围。

图形界限：在打印“模型”选项卡中的图形文件时，打印图形界限所定义的绘图区域。

显示：打印当前视图中的内容。

11.2.5　设置打印比例

在“打印比例”栏中可设定图形输出时的打印比例，如图 11-2-7 所示。在“比例”下拉列表中可选择出图的比例，如 1∶1，同时可以用“自定义”选项，在下面的框中输入比例换算方式来达到控制比例的目的。“布满图纸”选项是根据打印图形范围的大小，自动布满整张图纸。“缩放线宽”选项用于在布局中打印的情况，勾选该项后，图纸所设定的线宽会按照打印比例进行放大或缩小；如果未勾选，则不管打印比例是多少，打印出来的线宽都是设置的线宽尺寸。

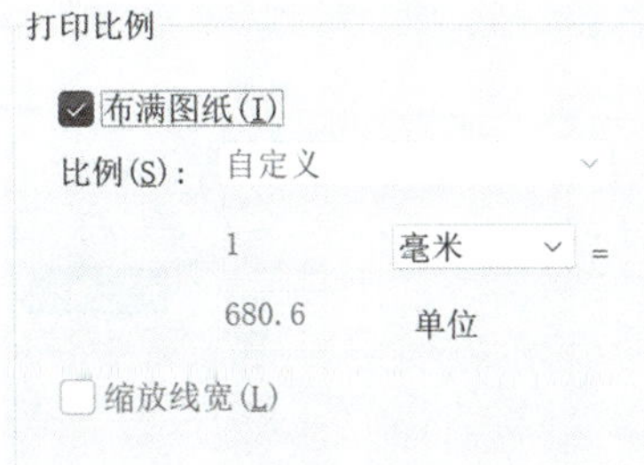

图 11-2-7　设置打印比例

11.2.6　打印方向

在“图形方向”栏中可指定图形输出的方向，如图 11-2-8 所示。因为需要根据实际的绘图情况来选择图样是纵向还是横向，所以在打印图样的时候一定要注意设置图形方向，否则可能会出现部分超出纸张的图形无法打印出来的情况。

“图形方向”栏中各选项的含义如下：

纵向：以图纸的短边作为图形页面的顶部定位并打印该图形文件。

横向：以图纸的长边作为图形页面的顶部定位并打印该图形文件。

反向打印：控制是否上下颠倒地定位图形方向并打印图形。

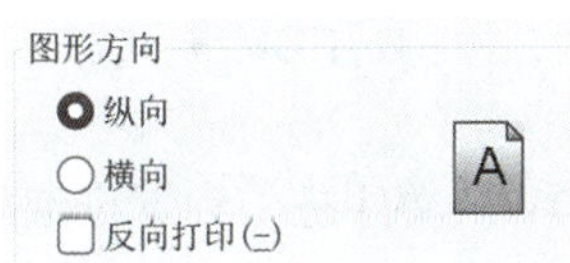

图 11-2-8　设置图形打印方向

任务 11.3　设置其他格式打印

除了使用传统的绘图仪（或打印机）设备打印，随着软件的发展，打印的形式也变得更多样化。很多时候不一定要用纸张的方式来打印，接下来将介绍使用其他格式打印的方法。

模型空间打印

11.3.1　打印 PDF 文件

在 CAD 图样的交互过程中，有时需要将 DWG 格式图样转换为 PDF 文件。ZWCAD 中已自带 PDF 打印驱动程序，不必下载驱动就能够实现 DWG 格式图样与 PDF 格式文件的转换。

打开一张 CAD 图样，选择已配置的 PDF 打印驱动程序，将图样打印成 PDF 格式文件，具体操作步骤如下：

（1）在 ZWCAD 界面功能区，单击“输出”→“打印”，打开打印对话框。

（2）在“打印机/绘图仪”选项组的“名称”栏下拉菜单中选择“DWGToPDF. pc5”配置选项，如图 11-3-1 所示。

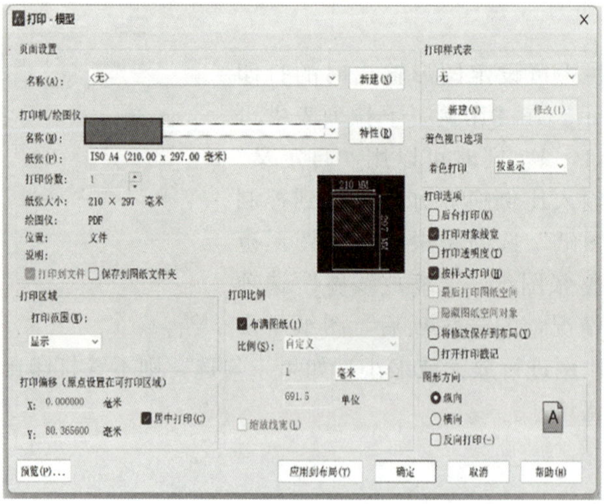

图 11-3-1　选择 PDF 打印驱动程序

（3）单击“确定”按钮，弹出“浏览打印文件”对话框。在该对话框中指定 PDF 文件的文件名和保存路径，单击“保存”按钮，即可将图样打印为 PDF 文件格式。

11.3.2　打印 DWF 文件

DWF 文件是一种不可编辑的安全的文件，其优点是文件更小，便于传输，可以使用这种格式的文件在互联网上发布图形。在 ZWCAD 版本中已自带 DWF 打印驱动程序，可直接使用自带驱动程序来打印 DWF 格式的文件。

打印 DWF 文件的操作步骤如下：

（1）在 ZWCAD 界面功能区，选择“输出”→“打印”，打开打印对话框。

（2）在“打印机/绘图仪”选项组的“名称”下拉菜单中选择“DWF6 ePlot. pc5”配置选项，如图 11-3-2 所示。

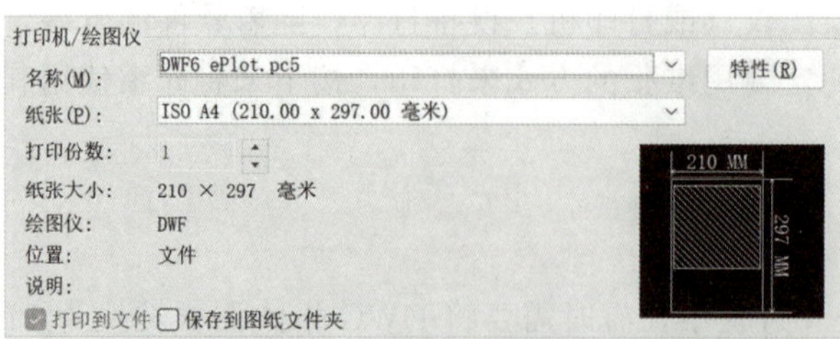

图 11-3-2　选择 DWF 打印驱动程序

（3）单击“确定”按钮，弹出“浏览打印文件”对话框。在该对话框中指定 DWF 文件的文件名和保存路径，单击“保存”按钮，将图样打印为 DWF 文件格式。

任务 11.4　布局空间设置

ZWCAD 的绘图空间分为模型空间和布局空间两种。前面介绍的打印方式是在模型空间中的打印设置，在模型空间中进行打印只有在打印预览的时候才能看到打印的实际状态，而且模型空间对于打印比例的控制不是很方便。从布局空间打印可以更直观地看到最后的打印状态，图纸布局和比例控制更加方便。

11.4.1　布局空间

模型空间是完成绘图和设计工作的工作空间。使用在模型空间中建立的模型可以完成二维或三维物体的造型，并且可以根据需求用多个二维或三维视图来表示物体，同时配有必要的尺寸标注和注释等来完成所需要的全部绘图工作。在模型空间中，可以创建多个不重叠的（平铺）视窗以便于展示。

图纸空间是在切换到“布局”选项卡时使用的，在布局空间中创建的每个视图或者布局视窗都是在模型空间中绘制图形的其中一个窗口，可以创建单个视窗，也可以创建多个视窗。可将布局视图放置在屏幕上的任意位置，视窗边框可以是可接触的，也可以是不可接触的，多个视窗中的图形可以同时打印。布局空间并不是打印图样时必需的设置，但是它为设计图形的打印提供了很多便捷之处。

多视口虚拟打印设置

运行方式：

（1）菜单法：单击“插入”→“布局”→“新建布局”菜单 新建布局(N)。

（2）右键法：在标签“布局”上单击右键，选择“新建”，或单击“布局 2”旁边的 + 按钮。

（3）键盘输入法：输入“LAYOUT”。

图 11-4-1 所示是一个图纸空间的运用效果。与模型空间最大的区别是，图纸空间的背景是所要打印的白纸的范围，与最终的实际纸张的大小相同，图纸安排在这张纸的可打印范围内，这样在打印时无须再进行打印参数的设置就可以直接出图。

11.4.2　从模板中创建布局

在“布局”选项卡的快捷菜单中选择“来自模板”，将直接从 DWG 或 DWT 格式文件中输入布局。可利用现有样板中的信息创建新的布局。系统提供了样例布局样板，以供设计新布局环境时使用。现有样板的图纸空间对象和页面设置将用于新布局中，这样将在图纸空间中显示布局对象（包括视窗对象）。可以保留从样板中输入的现有对象，也可以删除对象。在这个过程中不能输入任何模型空间对象。

系统提供的布局样板文件的扩展名为“.dwt”，来自任何图形或图形样板的布局样板或布局都可以输入当前图形中。

（1）鼠标右键单击“布局”标签工具栏，在弹出的选项里选择“来自模板”按

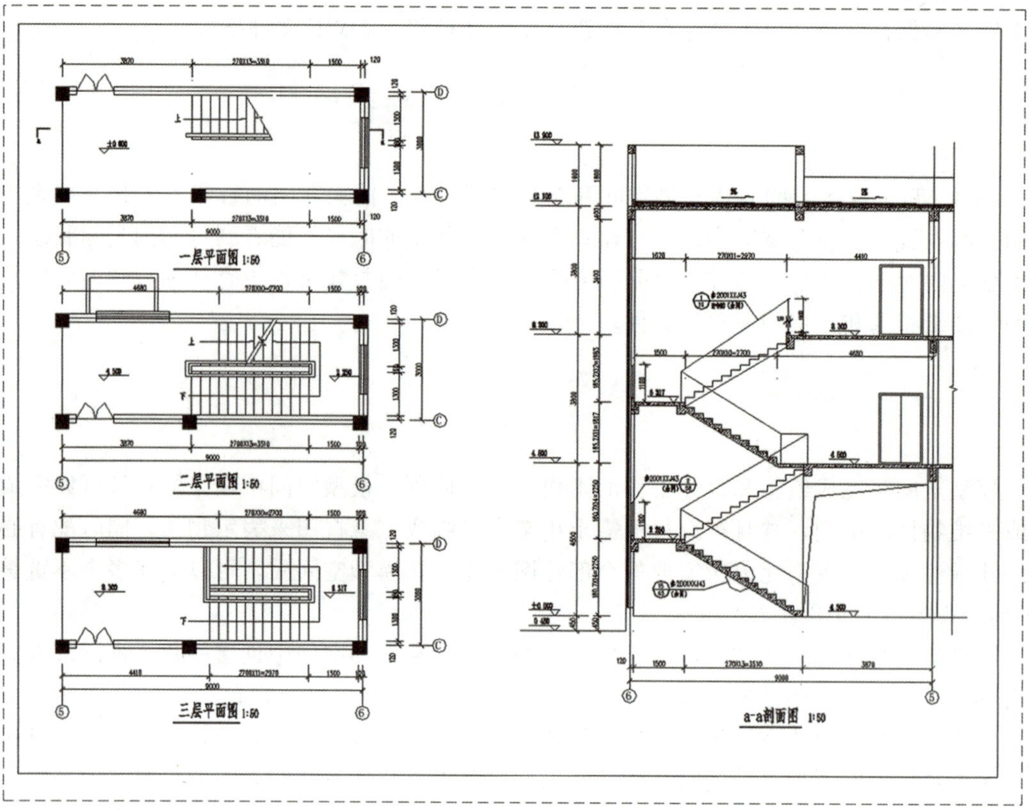

图 11-4-1　图纸空间示例

钮 来自模板(T)... 。

（2）在“从文件中选择模板”对话框中，选择需要的样板文件，然后单击“打开”按钮，如图 11-4-2 所示。

（3）在“插入布局”对话框中，选择要插入的布局，如图 11-4-3 所示，然后单击“确定”按钮。可以按住【Ctrl】键选择多个布局。

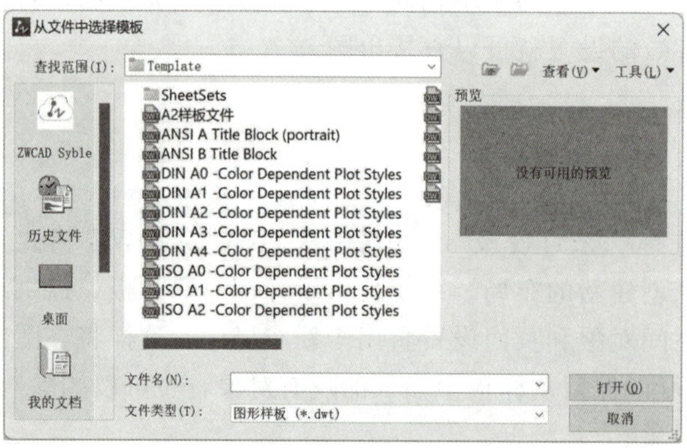

图 11-4-2　选择模板

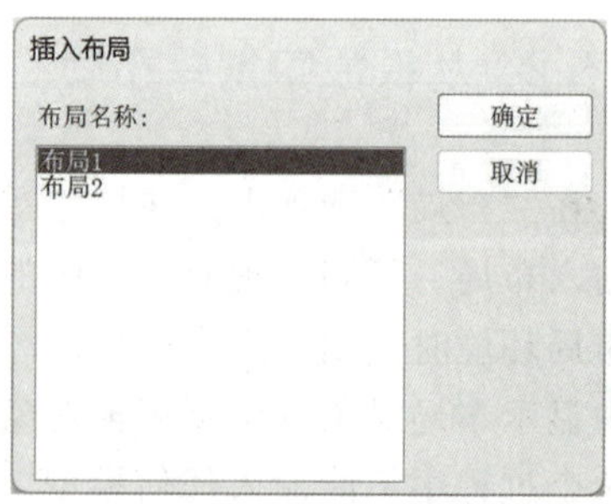

图 11-4-3　插入布局

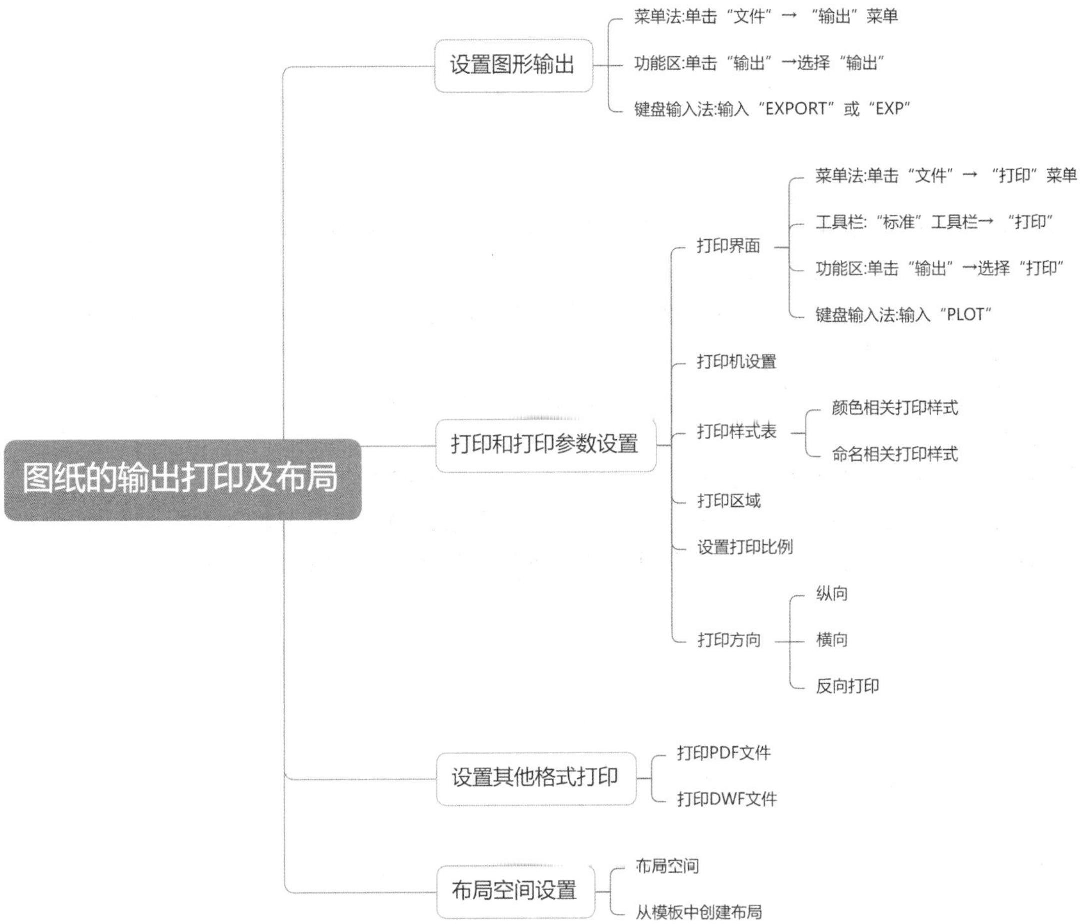
图纸的输出打印及布局
设置图形输出
菜单法:单击“文件”→“输出”菜单
功能区:单击“输出”→选择“输出”
键盘输入法:输入“EXPORT”或“EXP”
打印和打印参数设置
打印界面
菜单法:单击“文件”→“打印”菜单
工具栏:“标准”工具栏→“打印”
功能区:单击“输出”→选择“打印”
键盘输入法:输入“PLOT”
打印机设置
打印样式表
颜色相关打印样式
命名相关打印样式
打印区域
设置打印比例
打印方向
纵向
横向
反向打印
设置其他格式打印
打印PDF文件
打印DWF文件
布局空间设置
布局空间
从模板中创建布局

参考文献

[1] 中华人民共和国住房和城乡建设部. 房屋建筑制图统一标准：GB/T 50001—2017［S］. 北京：中国建筑工业出版社，2017.
[2] 中华人民共和国住房和城乡建设部. 总图制图标准：GB/T 50103—2010［S］. 北京：中国建筑工业出版社，2010.
[3] 中华人民共和国住房和城乡建设部. 建筑制图标准：GB/T 50104—2010［S］. 北京：中国建筑工业出版社，2010.
[4] 董祥国. 建筑CAD技能实训［M］. 2版. 北京：中国建筑工业出版社，2022.
[5] 李瑞，李小霞. 建筑识图与构造［M］. 2版. 北京：中国建筑工业出版社，2022.
[6] 程宗昌，贾少文. 建筑构造与识图［M］. 北京：北京大学出版社，2021.